我
们
一
起
解
决
问
题

领导力
心理学

洞悉人心，激活团队

［英］艾伦·卡特勒（Alan Cutler）◎著

钱思玎◎译

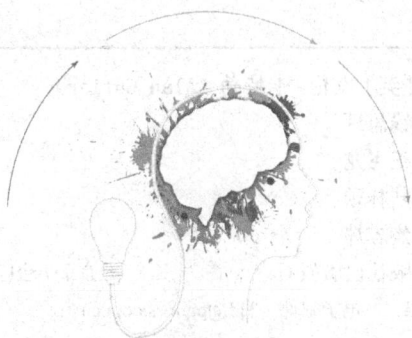

LEADERSHIP PSYCHOLOGY

How the Best Leaders Inspire
Their People

人民邮电出版社

北　京

图书在版编目（CIP）数据

领导力心理学：洞悉人心，激活团队／（英）艾伦·卡特勒（Alan Cutler）
著；钱思玎译. --北京：人民邮电出版社，2017.12
（领导力新经典译丛）
ISBN 978-7-115-47047-8

Ⅰ．①领… Ⅱ．①艾… ②钱… Ⅲ．①领导心理学 Ⅳ．①C933

中国版本图书馆CIP数据核字（2017）第250843号

内 容 提 要

  管理的本质就是管人，管人的本质就是赢得人心。本书综合了马斯洛、麦格雷戈、阿戴尔、弗洛伊德等人的领导力和心理学理论，以麦当劳、联合利华、宝洁、普华永道等世界知名企业为案例，简明清晰地提出了掌握核心领导技能的七个工具，介绍了应对管理创新、人才争夺等未来挑战的五个领导力方法，分析了洞悉人心、激励员工的四套工具、两个模型。本书真正从实践层面上指引领导者借助心理学原理与方法，提高自身的领导情商、发现员工的真实期望、激发员工的潜能和创新力、妥善应对危机和冲突。

  本书可以引导企业管理者、职业经理人和人力资源从业者有效提升领导技能，帮助他们掌握应对危机的经验和心理方法，是世界500强企业领导者推崇的经典之作。

◆ 著 ［英］艾伦·卡特勒（Alan Cutler）
   译 钱思玎
  责任编辑 王飞龙
  执行编辑 陆林颖
  责任印制 焦志炜

◆ 人民邮电出版社出版发行   北京市丰台区成寿寺路11号
  邮编 100164 电子邮件 315@ptpress.com.cn
  网址 http://www.ptpress.com.cn
  北京七彩京通数码快印有限公司印刷

◆ 开本：700×1000 1/16
  印张：18   2017年12月第1版
  字数：300千字   2025年5月北京第24次印刷
     著作权合同登记号 图字：01-2016-5327号

定价：69.00元

读者服务热线：（010）81055656 印装质量热线：（010）81055316
反盗版热线：（010）81055315

不管面向老师、父母还是老板，我们每个人都有被领导的体验，而且大多数人都或多或少有过糟糕的被领导的体验。这种糟糕的被领导体验对于被领导者的幸福感、敬业度及工作表现都是具有破坏性的，而好的被领导体验则能激发出被领导者最佳的一面。

许多书都已经探讨过领导力的相关理论，本书另辟蹊径，在如下两个方面进行阐述：第一，本书基于案例研究和采访实例进行探讨，所采访的卓越领导者都是横跨多个领域的领袖，他们在公共领域和私人领域均有丰富的经验；第二，本书开拓了一个新的领域——从心理学的角度，探索领导者和被领导者的关系。

本书会为负责日常运营和战略谋划的领导者们提供实践指导，同时也将未来的挑战考虑在内，全面细致地介绍了全球领导力和极致领导力的内涵，这些指导均建立在相关理论研究的基础之上。对于当今和未来的每一位领导者而言，本书都值得一读，在这竞争激烈的全球化市场中，它能在如何更有效地领导他人方面为读者提供指引。

盖尔·斯特普托－沃伦博士（Dr. Gail Steptoe-Warren）
考文垂大学心理与行为科学首席讲师

对我来说，领导力是人类最基本的一种能力，是激发他人分享和拓宽自身眼界的能力。数千年前的学者，如具有大智慧的哲学家老子，就深谙领导力的准则。他在其公元前 5 世纪的著作《道德经》中写道："将欲取天下而为之，吾见其不得已。天下神器，不可为也，不可执也。"即好的领导力需要给人们提供机会，激发人们的才能，而不是多加约束。

然而，许多身处领导岗位的人似乎并不知晓这些浅显易懂的道理，或者至少从未实践过这些道理。英国特许管理学会首席执行官安·弗兰克（Ann Francke）曾经对我说："每个人都知道什么样的管理是好的，但却没有任何人去照着做！"她用英国特许管理学会的研究结果进一步阐释说："在官僚、专政、独裁的管理文化中，员工的工作满意度只有 28%；相比之下，在融洽、信任、互助的管理文化中，员工的工作满意度却可以达到 69%。"

对于管理者而言，加强领导才能的需求是长期存在的，我认为本书通过聚焦于领导者和被领导者的心理关系这一层面，在一定程度上可以满足领导者的这一需求。2013 年，我在英国开放大学教授心理学课程，在就领导力领域进行了多年的写作、演讲和授课之后，突然灵光一闪，有了一个想法：如果用最通俗的方式来定义心理学的话，那就是"了解内心的想法及其对行为的影响"，而这也恰恰是领导者们一直设法在做的事情。领导者们的初衷就是影响员工的行为，而唯一有效的方式就是先了解员工的心理诉求，以及这些心理诉求如何转化成行为。心理学的历史不算太短，但心理学的理论知识、基本原理与领导力的应用结合得并不紧密。然而，两者的联结可以为管理者们提供强化其管理技巧的机会，这对于员工和组织而言都是好消息。

虽然市面上有一些关于两大理论相结合的参考书籍，但大多都太过于学术。而在这本书中，我尝试着在理论与实践中找到平衡，同时为管理者和正在学习管理学或心理学的人们提供浅显易用的方法论。本书用心理学解决了这样一些问题：领导者如何在不同的角色中了解被领导者的心理需求？如何运用这些信息来优化被领导者的行为和业绩？同时，通过与卓越领导者们的面谈，本书还基于职业心理学原理揭示了激励领导学的实际运用方法。

一些领导者因为被媒体大肆渲染为激励型领导者而变得家喻户晓，但我更愿意向那些通过了详细且独立的考察、被员工所认可的激励性领导者学习。自2001 年，每年《星期日泰晤士报》都会发布"最佳雇主"报告，该报告由百斯特企业有限公司调研及汇总，由来自1000 余家英国企业的约25 万雇员以其实际工作经验对 70 个颇有深刻意义的问题进行回答。这些问题与八个工作因素相关，其中一个因素就是"领导力"。获选为"最佳雇主"的企业主要被归为四类：最小的企业、最好的企业、最大的企业和最不以盈利为目的的企业。我采访了这四类企业中的优秀领导者，其中包括麦当劳（欧洲区）首席人力官、伦敦最知名律师事务所的管理合伙人和英国社会住房保障部的行政长官。另外，百斯特企业的总经理和英国特许管理学会的首席执行官也向我分享了他们在实际管理中的发现与观点。我们还采访了极地探险家、消防救援部队高级执行长官和获勋的军官，将他们的经验写在本书的一个章节——"极致领导力"之中，为读者呈现一个独特的视角。所有受访者的语录及最佳实践案例均收录在本书之中。

本书开篇对领导力理论进行了简要的回顾，从 19 世纪盛行的伟人理论到现今的团体认同理论皆有阐述。团体认同理论是领导者们新提出的"自己人/圈内人"概念，它主张先赢得被领导者的人心，进而影响他们的情绪与行为。当今的领导者面临的主要挑战是创新、人才管理、全球化和社交媒体，这些挑战在第二章中得到了充分的讨论。

有一个不争的事实是：得到充分激励的员工会表现得更好。因此在第三章中，我们从激励的角度进行探讨，从 20 世纪 50 年代美国心理学家所提出的理论方法，到包括积极心理学理念在内的现代方法均有涉猎。此外，第三章还包括了我的研究发现：早期激励理论时至今日仍然有效，且效力与最初创建时相当。

第四章关注的情商是个相对较新的心理学概念，领导者可以以情商为维度，识别和了解自身与下属的情绪，将其作为增强领导力、建立互利关系的一种手段。

第五章主要关注领导者应该如何提升内在技能——"只有对内管理好自己，对外才能成为伟大的领导者"。

接着，本书在第六章探讨了"心理契约"理论，即雇员和雇主之间未言明的诉求与期望。其中，我们要特别关注不同年龄的雇员对工作的期望值，尤其是 Y一代，毕竟如今他们已经是劳动力市场的主力军，世界迟早是他们的，所以我们应当尽快了解他们对于雇主关系的看法。

我在第七章围绕战略型领导角色做出心理分析之后，又在第八章探讨了极少被谈及的一个领导力话题——"极致领导力"。这是指当生命受到威胁时的领导力，解释了领导者在危机时刻所扮演的角色，比如生死存亡时刻、国际冲突时刻、紧急应对危机的时刻和面对战争冲突的时刻。之后的部分以最佳军事领导者的真实案例为研究样本，提供独家素材进行论证。接下来，延续本书注重应用方法的风格，第八章介绍如何将极端情况下的领导经验运用于商业环境——这常常会为领导者们带来令人惊喜的成果。

最后，第九章展望未来，提出了两个值得 21 世纪的领导者认真考虑采纳的领导力方法，同时又提出了三个本质上具有哲学性质的领导力方法：服务型领导力、伦理型领导力和真诚型领导力。

衷心希望本书所介绍的这些方法论对读者们是充满挑战性和启发性的。领导力是建立在领导者和跟随者之间的关系上的，其本质上是一种心理关系，若没有双方的互相理解，领导者与跟随者就不能产生思维的碰撞，也不能对共同的目标达成共识。对于领导者而言，说了什么和怎么说甚至比做了什么更加重要。因此，请允许我以老子的话作为总结："悠兮其贵言，功成事遂，百姓皆谓我自然。"好的领导者做得更少而收获更多。

　　我必须要感谢并记录下对此书做出贡献的人，感谢他们在我著书期间为我提供的支持与帮助。首先，感谢拨冗接受采访的卓越领袖们，感谢他们允许我将他们的语录记录在本书当中，希望这些语录能为本书增色；同时，也要感谢他们的助理，感谢所有这些无名英雄在采访前后的协调工作与大力支持。

　　我试着将本书所讨论的观点置于具体的工作场景中，并通过相关的调查结果加以佐证，而在这一方面，我非常感谢英国特许管理学会的研究员们为像我这样的会员提供如此超值的服务。他们是米歇尔·詹金斯（Michelle Jenkins）、罗伯特·奥顿（Robert Orton）、萨拉·蔡尔兹（Sarah Childs）和凯瑟琳·贝克（Catherine Baker）。

　　考文垂大学心理系的同事们也为我完成这个项目提供了莫大的帮助，特别是盖尔·斯特普托–沃伦博士和克里斯汀·格兰特博士（Dr. Christine Grant），同时也感谢索菲·布拉特（Sophie Bratt）帮助我抄录几位领袖们的访谈录音。

　　感谢我的朋友安·雷丁（Ann Redding）和安·史密斯（Ann Smith）帮我打字，如果没有她们的帮助，我很有可能至今仍用两根手指在键盘上敲着字。

　　愿本书中的最佳领导力实践案例为读者们带来有用和有趣的体验。我必须感谢彼得·布拉克特（Peter Bluckert）向我提供他的领导力培训项目——"勇气与火花"中的信息，也非常感谢西蒙·库普特斯上尉（Captain Simon Cupples）向我讲述他的亲身经历，这个励志故事为本书的"作战领导力"部分提供了独特的视角。我还必须感谢瑞秋·布伦特少校（Major Rachel Brunt）和莉迪亚·库古达上尉（Captain Lydia Cugudda）协助我向军队申请这些案例的使用许可，感谢斯基特斯少将（Major Gereral Skeates）允许我参观英国皇家桑赫斯特陆军军事学院，并有幸拜访了库普特斯上尉。

希望以上感谢名单均已囊括了所有对这个项目有过帮助的人，若遗漏一二，请接受我的致歉与最诚挚的感谢。

仅以此书献给我优秀的孙辈们，莫莉、托比、弗洛伦斯和玛蒂尔达。愿他们以父母为榜样，成长为有用之才。

同时也将本书献给我的父亲德里克，他是我们这个充满爱的家庭里的大家长，他在本书准备出版的过程中离开了我们。

第一章
领导力来自哪里——提升领导力的七种理论工具

第二章
当今领导者所面临的挑战——从管理创新到全球化的人才争夺

第九章
未来领导者要掌握的五个方法

结　语

Leadership Psychology

How the Best Leaders Inspire Their People

第一章

领导力来自哪里——提升领导力的七种理论工具

在这日益充满不确定性的时代，要有效提升领导者们的领导力，我们很有必要了解一下领导力学自 19 世纪末被正式提出以来是如何发展与演化的。因此，本书在开篇之际先回顾领导力理论在过往约百年间的发展轨迹，再针对领导者们在信息时代所遇到的挑战深入探讨处理方法。变化是永恒的，只有那些能适应改变且时时创新的组织才能成功。

但这并不是说早于现代的学者们和哲学家们不懂得重视领导力理论和人才选拔理论。老子就在其于公元前 5 世纪所著的《道德经》中写道，领导者与追随者的关系是极其重要的。只是在近几十年中，人们对领导力学的研究呈现出了指数级的增长。

在回顾领导力学在过去的发展轨迹之前，我们先来了解一下什么是领导力。1966 年，史密斯·理查德森基金会委托拉尔夫·M. 斯托格迪尔（Ralpha M. Stogdill）先生组织了一次系统化的梳理工作，从既有文献中对领导力进行了总结回顾，并于 1974 年出版了《领导力手札本》（*Handbook on Leadership*）。在该书中，他试着将五花八门的领导力定义归纳为 11 项，即：

- 团体工作的核心
- 个性及其影响
- 说服的艺术
- 施加影响力的方法
- 一种行动或者行为
- 劝说的方式
- 一种权力
- 成果/目标导向工具
- 互动效应
- 不同的角色
- 构建定规维度

虽然领导力有许多不同的定义，但人们普遍将领导力认定为通过引领他人的行动，来共同实现领导者所设定的目标的行为。"领导"（Lead）一词源自盎格鲁—萨克逊语言，是旅程、路途、道路的意思。领导行为既包括在地点迁移上的引领行为，也包括在情境变革中的引导行为。因此，领导行为离不开变化，卓越的领导者往往在时代巨变时诞生——时势造英雄。关于领导力，查尔斯·汉迪

（Charles Handy）给出了一个很好的阐释："一位领导者会向追随者展望和分享愿景，让他们以此为信心，为之努力奋斗。"

如下的理论汇集成了时至今日的领导力学发展史，它们是：

- 伟人理论（Great man theory）
- 领导性格理论（Trait theory）
- 领导行为理论（Behavioural theory）
- 情境领导理论（Situational leadership）
- 功能领导理论（Functional leadership）
- 关系理论（Relationship theory）

01
伟人理论：领导者是生而注定的

自 19 世纪起，历史学家和哲学家才开始思考领导力学的概念，而且主要是在军事和政治背景下讨论由谁主导这个理论。事实上，普世公认的历史英雄人物就是领导力理论的萌芽。伟人理论揭示了只要时代需要，就会有领袖崛起的情形。这些领袖大多拥有神秘的力量，他们能控制局面并引领人们前往安全之地，或带领人们走向成功。因此，有人将这类极具影响力的人物的出现归纳为伟人理论。

苏格兰历史学家托马斯·卡莱尔（Thomas Carlyle）于 1840 年进一步发展了伟人理论。他列举了如马丁·路德、拿破仑等伟人用以佐证其观点。此外，他认为学习这些英雄案例对自身成为英雄毫无帮助，但对培养自身潜在的英雄气节却是有所助益的。

卡莱尔的言外之意就是，这些伟人生来注定就是领导他人的。他们天生带有这种特质，当命运的齿轮开始转动时，他们就会崭露头角，站到台前引领众人。

当然，卡莱尔列举的伟人大多是来自于政治、宗教或军事领域的贵族和上层社会的人。因此，该理论遗漏了那些下层社会的潜在领袖们。该理论认为，伟大的领导者是天生注定的，而不是后天成就的。

02
领导性格理论：成功领导者的性格特质

在伟人理论之后，领导性格理论对成功领导者的性格特质进行了分类，人们可以通过这些特质来识别人才，而拥有这些特质的人是可以被识别、聘用及授予权位的。该理论尤其被运用于军事组织中的军官选拔中，事实上，从某种程度上来说，这一理论直至今日仍在被使用。

表1-1列举了主要的领导力特质（由基因决定的性格特征）和斯托格迪尔列举的才能。表1-2是近几年各方学者所归纳的、领导者们应具备的品质，虽然这些品质不尽相同。

表1-1　斯托格迪尔领导力的特质与才能

特质	才能
环境适应性	聪明（聪颖）
对社会环境的警觉	理性思维
壮志雄心与成果导向	创造性
坚定	有策略，识大体
合作	语言能力强
果断	熟知团队任务
可靠	组织协调（管理能力）
感染力（愿意影响和带动他人）	说服力
精力充沛（长期活跃）	社交技能
坚持不懈	
自信	
抗压性	
愿意承担责任	

表 1-2   各方学者所归纳的领导力特质

作者	领导力特质
德维达勋爵和埃里戈尔（1986）	支配权力、男子气概、保守稳重
柯克帕特里克和洛克（1991）	驱动力（如成就欲望、事业心、精力、坚韧不拔和主观能动性）；激励能力（个人激励或社会激励）；诚实和正直的品质（易于建立领导者与追随者的互信关系）；自信（情绪稳定）；认知能力（能处理大量信息及制定战略）；商业意识（做出明智的决定并知晓其后果）
班尼斯（1998）	团队协作能力（认同组织目标）；对业务的精确理解能力；概念化思维（选择创新型战略）；客户导向（为客户创造价值）；专注度（专注于结果）；利益导向（经济高效的经营手段）；系统化思维（连接流程、结果与结构）；全球化视角（消除文化与地理的差异）；情商（了解自身情绪）
达夫特（1999）	机警、独到、创意、忠诚、自信
阿戴尔（2009）	热情、正直、坚韧、公平、温暖、人性

有意思的是，随着时代的变迁，领导才能也随着领导者们所面对的挑战的不同而发生变化。比如，班尼斯认为领导者们应该以客户为导向，拥有全球化视野，在 21 世纪的国际化商业进程中，考虑以服务为驱动力进行运营。

还要注意的是，早期的德维达勋爵（Lord De-Vader）和埃里戈尔认为男子汉气概也是领导力特质之一。这种思想在近期发生了改变，这是因为近期女性逐渐参与扮演了重要的领导角色，而女性的领导风格有助于促进领导层与员工的互动、信息共享，并能在制定决策方面提高员工的参与度。韦尔特的研究发现，在管理和专业岗位上，女性占有 51% 的比例，因此传统领导模式应该转变。然而，这种具有性别特质的领导风格似乎在谋求更高级的岗位时都不占优势，女性领导者在初级类的管理岗位上任职更为普遍。

卓越领导者之见

大量的女性进入了劳动力市场：69% 的初级经理职位由女性担任。但在中层管理职位上，只有 40% 的人是女性；主管级别的女性管理者仅占 25%；而在首席执行官的职位上，女性管理者的比率只有个位数。

——安·弗兰克，英国特许管理学会首席执行官

　　领导者们普遍认为无论男性还是女性，如果要使管理切实有效，那他（她）们都必须具有一系列的特质，但并没有就特质的清单达成共识。当然，领导者应对不同环境所需要的领导特质是不同的。与此同时，周遭环境对领导者的管理也有一定程度上的影响，比如针对军队、企业或慈善机构的管理就会各有不同。然而即使在同一场景下，人们对于何为最令人信服的领导力特质仍有分歧。

　　人格特质理论更大的局限性在于，该理论认为领导力特质是生来固有的性格特质。扎卡罗、坎普、巴德把该理论阐释为：无论是在何种团队氛围或组织情境之下，领导者自身固有的性格特质都能保证其管理模式是始终不变的。按此说法，领导者们是因为他们所固有的性格特征与岗位所需的特质相匹配而当上领导的。该理论表明性格特质是无法通过培训或积累经验而获得的，而且认为一个人很难通过积累经验或知识来养成领袖特质。

　　人格特质理论在 20 世纪上半叶被广泛接受，它就是否能够后天培养出一位优秀的领导者提出了疑问，但是并没有给出准确的答案。所以，斯托格迪尔同意卡特和史塔特的看法，认为领导性格理论已经陷入了僵局，建议将研究的重心转移到领导者的行为层面。

03
领导行为理论：领导者行为是可以后天习得的

　　领导行为理论的出现恰好回应了心理学家们对领导性格理论的批评，特别是针对领导者应具备的特质和这些特质是生来就有的假设。因此，领导力理论研究的重心转移到领导者行为及其对追随者的影响上。这种观点认为领导者是可以造就的，而非天生的。领导者的行为（他们做了什么）比他们的能力、情绪或精神上的特质要重要得多。并且，该理论认为领导力是可以通过向下属传授相关的技

能和观察其行为而提升的。

早期领导者行为理论的概念由美籍德裔心理学家库尔特·勒温（Kurt Lewin）和其同事提出，他们认为领导者在做决策时会体现出以下三种不同的领导管理模式。

（1）**独裁式**：独裁式领导者做决策时不会采纳团队中任何人的建议。这种领导模式最适用于需要快速做出决策的场景，并且不需要团队参与意见。比如在危机的场景下，人身安全是最为重要的。然而，勒温等人在实验中发现，独裁式领导模式最容易引起团队成员的不满。

（2）**民主式**：民主式领导者在决策的过程中或多或少会让团队参与进来。这种领导模式对于团队之间达成共识是很重要的，而且也受到那些期待实现自我价值的员工的认可。然而，当团队间充斥着各种各样的意见时，民主式的领导模式则很难做到博采众长、兼收并蓄。

（3）**无为式**：无为式领导模式要求领导者退居二线，让下属享有高度的决策权。这种领导模式要求团队成员有能力且有主观能动性，而且对中央统筹的能力要求也不高。无为式领导模式的运用，并非领导者偷懒的借口，而是领导者有意识的一种决定。

勒温、利普特和怀特研究发现，民主式领导模式是制定决策最有效的领导模式。然而，独裁式的领导模式虽然有待革新，但对于团队中那些缺乏自我调节的成员来说，他们在独裁式领导模式下的表现往往会比在无为式领导模式下的表现更好。

在如今看来，虽然勒温等人的实验有一定的局限性，但在当时的年代产生了极大的影响，也为其后的领导力行为模式研究奠定了基础。比如密歇根大学就曾进行过一项研究，旨在找出领导方法和规则的决定因素，从而提高员工的满意度和生产效率。该研究将领导行为划分为两类：一类是以员工为导向，一类是以任务为导向。前一类的领导者更关心组织中的成员，而以任务为导向的领导者则更关注工作任务是否能完成。研究表明，在以员工为导向的领导者手下工作的员工，他们的生产效率往往最高。

　　管理方格理论（Managerial Grid）（如图 1–1 所示）是由布莱克和莫顿提出的理论，这一理论主要通过两种行为方式，研究领导者对员工或对任务的关心程度。

　　（1）对员工的关心：领导者在制订任务计划时，会考虑到员工的需求、利益和个人发展情况；

　　（2）对任务的关心：领导者在制订任务计划时，所设定的目标会更注重生产效率。

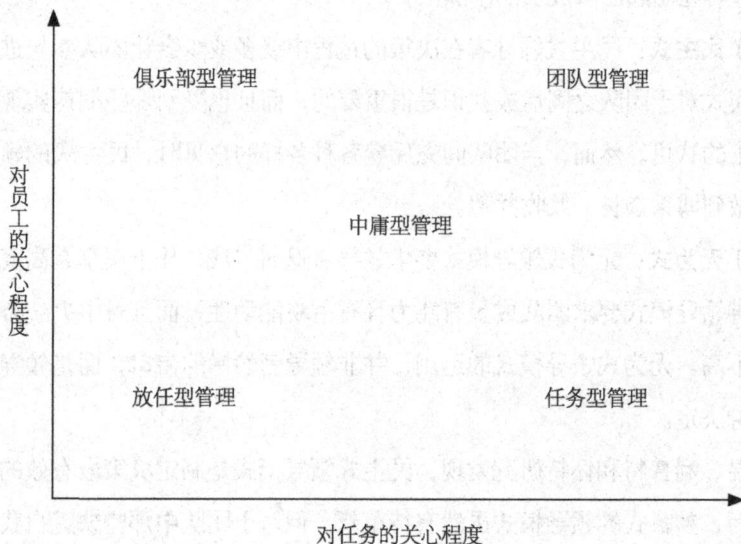

图1–1　布莱克和莫顿的管理方格理论

　　管理方格有两个坐标轴，纵坐标轴标示领导者对员工的关心程度，横坐标轴标示领导者对任务的关心程度，根据两者程度的不同，可以划分出以下五种不同的管理方式。

　　（1）**俱乐部型管理**，即对员工关心多，对任务关心少的管理风格。这种管理风格的领导者关注员工是否能在其岗位上获得安全感和满足感，此类领导者认为只要员工在此岗位上感觉到开心，他们就会努力工作。此种管理方式下的工作氛围是轻松友好的，但效率却因为缺乏工作目标而不尽如人意。

（2）**任务型管理**，即对任务关心多，对员工关心少的管理风格。与库尔特·勒温所说的独裁式领导模式类似，此类领导者认为员工只是完成工作任务的工具。员工的需求永远次于完成工作目标。领导者们借用规章、程序和惩罚等手段来迫使员工完成工作计划。

（3）**放任型管理**，即不关心员工也不关心任务的管理风格。此类领导者最关心的是如何规避风险，以免承担责任，然而却往往在各种乱象之下发生问题。

（4）**中庸型管理**，即适度关心员工也适度关心任务的管理风格。虽然乍一看此类管理风格是最理想的状态，然而现实情况是，在这种管理风格下，无论员工的潜能或者生产力都没法得以充分实现。采取此类管理方式的领导者要准备好接受平平的业绩表现。

（5）**团队型管理**，即同时很关心员工和任务的管理风格。根据布莱克和莫顿的研究，这是领导者们理应追求并采纳的管理模式。在这种管理模式下，员工了解组织目标、理解其重要性并愿意为此目标而努力。当组织中的所有人都为组织目标而努力时，雇员和生产力的需求就是一致的。这一管理文化的关键就是信任与尊重，只有这样的管理文化才能造就出高绩效的团队。

伟人理论认为领导者与生俱来的一系列特质使他们生来就注定是领导者。然而领导行为理论关注的是领导者的行为，而不是他们天生的性格特质。该理论认为管理者可以通过学习和积累经验改变其领导行为。这两种理论不禁引发我们的思考——最高效的领导力到底是天赋其能还是可以靠经验积累来培养的？领导者到底是先天赋能的还是后天培养的？

明尼苏达大学人力资源与产业关系的教授理查德·阿维（Richard Arvey）与其同事在 2005 年进行了一项调查，研究 1961 年至 1964 年间出生并被一起抚养的 325 对同卵和异卵男性双胞胎。早期的实验已经证明，被分开抚养的双胞胎在性格、兴趣爱好、个人风格这些方面更多受到基因的影响，而不是成长环境因素的影响。环境因素的确能使他们有所不同，但基因又使他们相似。同卵双胞胎所拥有的共同基因占 100%，而异卵双胞胎的共同基因仅占 50%。阿维等人的研究试图量化个人基因和环境因素对领导力的影响。

我们问了实验对象一系列的问题，比如希望自己能够如何影响他人、希望自己成为焦点的意愿、当他人放弃时自己能够坚持下去的决心、有他人的陪伴时自己是否感到自在等。该实验的假设前提是：如果领导力包含一定的基因遗传因素，那么实验对象对于上述这些问题的答案将出奇得一致。研究小组接着整理了一份双胞胎们在这一生中所经历过的领导者角色清单，包括主管、总监、副总裁和总裁。阿维进一步阐释说："性格特质很大程度上是由基因所决定的。性格决定了你对于自身的期望，决定了你想要成为的样子，其实这正证明了领导者角色是与基因因素相关的。"

研究发现，大约30%的领导力与基因相关，而剩余的70%取决于环境因素。结论是：虽然环境因素决定了大多数管理者的行为及其所持有的立场，但我们自身的基因对于我们是否会成为领导者仍然发挥着巨大的影响作用。虽然30%这个数字看上去不是很高，但统计数字表明这一影响作用极其深远，证实了领导者也并不仅仅是后天培养的。

然而，在此应当说明的是，这项研究仅仅调研了那些已经成为领导者的人。尽管如此，该项研究还是让人们对"领导力是与生俱来的还是后天塑造的"这一难题有了更进一步的了解，它证明了领导力既不是天生的，也不是全靠后天培养的。而且事实也证明，领导力既包含先天遗传性因素，也包含后天积累的经验。研究还发现，从事管理岗位的个体化差异中，超过四分之一的差异是源于遗传性基因，四分之三的差异是源于外部的影响，比如培训、工作经验、教育和其他形式的环境因素。

领导行为理论无疑有助于人们了解领导者的行为对下属的绩效所造成的影响，但该理论对于领导者在不同场景下所需面对的情况并没有给予足够的关注。领导者的行为或措施对于下属和企业的生产力是有一定影响的。尽管这其中有环境因素的影响，但领导力同时也发挥着一定的作用。为了应付不同的挑战，领导者们也应随着环境的变化而改变其管理风格。

04
情境领导理论：领导者应根据具体情境调整其领导风格

情境领导理论（Situational leadership）也被称为领导权变理论（Contingency model），该理论认为领导者应根据不同的情境调整其领导方式。领导者们应该采取更灵活的领导方式，因为十全十美的领导方式是不存在的。该领导理论主要有如下几种模型。

最难共事者模型（The least preferred co-worker model）

菲德勒被认为是早期情境领导理论的倡导者，他鼓励该理论的使用者设想一下，哪一类人是自己无论如何也不想与之共事的，并对几个维度进行打分。比如寡情冷淡/亲切友善、神经兮兮/轻松平和、充满敌意/互助支持、虚情假意/真实可靠等这些完全对立的维度。根据该模型的推论，以任务为导向的领导者倾向于对下属的表现给出更低的评分和更消极的评价，而重视员工的领导者则倾向于给出更高的评分。

以任务为导向的领导者对于工作目标和进度的态度是：只有当工作任务令其满意的时候，他们才会考虑到与下属之间的关系。与此相反的关系导向型领导者会优先考虑与下属之间的关系，甚至优先于工作任务，他们特别注重人与人之间的联系，总是尽力避免同事之间发生冲突并会及时疏导员工情绪。

菲德勒模型根据领导者所处的情境，对领导效能做了界定，并设定了以下三个情境因素（"领导情势三因素"）。

（1）**领导者与被领导者的关系**：领导者与被领导者之间互相信赖的程度。

（2）**任务内容**：工作目标和任务是清晰明确的还是模糊不明的。

（3）**领导者权力**：领导者是否能直接指挥被领导者，并予以奖惩。

菲德勒认为，以任务为导向的领导者在情境处于极端有利或极端不利的情况下，领导效能最高。

（1）当情境极端有利时：

• 领导者与被领导者之间极其信任，互为尊重，充满信心；

• 任务十分明确；

• 被领导者对领导者的权威性无任何疑义。

（2）当情境极端不利时：

• 领导者与被领导者之间缺乏信任与尊重；

• 团队面临的挑战目标并不清晰明确；

• 团队处于无政府的状态，甚至受到民众的抵触（团队可能正处于危机时刻
  或组织变革中）。

与此相反，菲德勒认为以关系为导向的领导者在非极端的情境（即领导情境
既不是最有利的，也不是最不利的情况）之下领导效能更好。

最难共事者模型是最早将领导力风格和情境结合的理论之一，该模型受到了
如下不同的质疑。

• 菲德勒认为，那个时代的人们普遍认为一个人的性格特质是一成不变的，
  所以他的理论是领导者应依据自身的性格特点与特定的领导情境进行匹
  配，该理论不认为领导者具有潜能去根据不同的情境调整其管理策略。

• 该模型并没有提供帮助领导者通过培训以提升其管理有效性的指导方法。

• 该模型在面对充满变数的现代化工作场景时不够灵活有效。

• 该模型认为，当领导者的管理风格不能适应其所面对的情境时，该领导者
  就应当被取而代之，否则势必会引发许多员工问题。

• 如果你的最难共事者真的是一位搞不清楚状况或极度令人讨厌的人，那么
  根据菲德勒的理论，你应被归类为以任务为导向的人。虽然在现实生活
  中，你可能是位善于和他人交往的人。

路径—目标模型（The path-goal model）

基于菲德勒的最难共事者理论，心理学家罗伯特·豪斯（Robert House）对情境领导理论进行了进一步的研究，于 1971 年将其加以延伸，1997 年又再次进行了调整。该理论指出了最难共事者理论的局限性，并断言领导者可以也应当根据情境和挑战的不同来调整其行为方式，这就是所谓的路径—目标理论。豪斯认为领导者最主要的任务就是通过如下方式激励下属：

（1）通过努力实现组织的目标以维护下属的个人利益；

（2）为确保组织目标的实现，管理者必须明确指明实现目标的路径，并清扫路径上的障碍。

该模型提出，领导管理风格会受到员工的个人特质和环境这两个因素的影响。

员工个人特质包括如下几点。

（1）员工是否自信，工作经验是否丰富。

（2）员工是否有信心把控并实现目标。

（3）员工对于权威和上司所持有的态度。他们是希望被领导，还是希望自行发展？他们是如何看待领导者的？

环境因素包括如下几点。

（1）任务类型包括循环往复、枯燥乏味、按部就班的工作内容，或与之相反。

（2）领导权威性是否被认可与理解。

（3）团队是否有协同合作精神。

通过这两组特质，豪斯确定了四种领导行为风格，详见表 1-3。

路径—目标理论结合了环境和员工个人特质，提出了四种不同情境下的领导风格，但该理论忽略了领导者和被领导者之间可能会产生的情感纽带，以及这些情感因素对后续行为所造成的影响。比如，如果你和上级之间互相尊重，互相信任，你很可能只需花费一点精力就能实现组织目标。

表 1–3　路径—目标领导行为风格

领导行为	环境因素	员工个人特质
指导型领导： 确定工作目标，为下属制定明确的工作标准，希望下属按此执行	·工作任务不清晰，但有趣 ·明确正式授权 ·团队合作好	·团队成员缺乏经验 ·认为自己能力不足 ·希望被指导
支持型领导： 关注下属的福利与需求，为其提供友好的工作环境	·工作任务简单明确 ·授权不明或弱化 ·团队合作差	·团队成员有经验有自信 ·认为自己有能力 ·反感被严格控制
参与型领导： 与下属一起参与决策，并将其意见融入到团队目标中	·工作任务不清晰且复杂 ·授权或明确或不明 ·团队合作时好时坏	·团队成员有经验有自信 ·认为自己有能力 ·希望对自己的工作有掌控权
成就取向型领导： 设定高标准的目标，并对下属实现这些目标持有信心	·工作任务不清晰、复杂或不可预见 ·明确正式授权 ·团队合作时好时坏	·团队成员有经验有自信 ·认为自己不能胜任 ·能接受并尊重领导设定的目标

赫赛—布兰查德模型（Hersey and Blanchard's model）

赫赛—布兰查德模型探讨了领导者和被领导者的关系，于 1969 年由保罗·赫赛博士（Dr. Paul Herey）和肯·布兰查德（Ken Blanchard）（《一分钟经理人》的作者之一）共同发表。他们假设被领导者的能力、信心和个人成长水平对于确定最适宜的领导风格起着最重要的作用。与此同时，该模型要求领导者根据员工的成长过程（也有人将其称为"成熟度"）调整领导风格。比如，当员工处于高成熟度状态时，管理者对员工的指导和反馈就偏少。因此，领导者首先应该评估员工的工作成熟度（经验、技能、自信、忠诚度等），据此来调整其领导管理风格。

该理论按被管理者的不同成熟度，将领导风格分为四种：告知型、推销型、参与型和授权型（详见表 1–4）。

表 1-4 赫赛—布兰查德领导风格模型

员工成熟度	领导风格
成熟度低： 缺乏经验、技巧和自信，也不情愿去完成任务	**告知型：** 领导者给予员工明确的工作指导和任务期限，并时时监督工作进度
成熟度一般/能力有限： 能力欠缺，但愿意完成任务	**推销型：** 领导者对员工的工作目标和任务给予指导，并加以援助
成熟度一般/有能力： 有能力完成任务，但缺乏自信或不愿意完成任务	**参与型：** 领导者与员工共同面对问题，制定方案，并给予员工鼓励与支持
成熟度高： 有能力、有自信、有意愿完成任务	**授权型：** 领导者授权员工自行决策并执行

对于路径—目标模型和赫赛—布兰查德模型的一个共同质疑是：两种模式均假定领导者能够根据环境或被管理者固有的特性来确定领导风格，一旦情境确定，就可以采纳以上所推荐的管理模式。

坦南鲍姆和施密特的领导行为连续体理论
（Tannenbaum and Schmidt leadership continuum）

随着情境的持续变化，领导者们应该学会随之调整其领导行为风格。权变理论学家坦南鲍姆和施密特提出，领导行为有两种极端，一个是高度专制，另一个是高度民主。详见表 1-5。

表 1-5 坦南鲍姆和施密特的领导行为连续体

领导风格	应用场景
独裁式	做决策时不需要下属的意见，并会直接宣布实施，而且不希望下属对决策提出质疑
说服式	做决策时不需要下属的意见，但会试图说服下属执行决策
协商式	下属参与决策，但最终决策权在领导者手上
民主式	领导者将问题抛给下属，鼓励他们提出解决方案，并推进决策进程，最终得出团队意见

05

功能领导理论：平衡好任务、团队和个人

历史最悠久的领导力模式之一是约翰·阿戴尔（John Adair）提出的"以行动为中心的领导模式"（Action–Centred Leadership, ACL）。该理论于 1973 年被首次提出，至今仍在世界通用，在英国也得到了广泛的应用。阿戴尔与英国国家医疗服务组织（NHS）合作期间，也将该模型引入各个医疗体系中进行验证。功能领导理论所关注的是领导者会采取何种方法来完成任务。该理论基于这样一个原则，即领导者以团队为单位，让员工发挥能力完成组织的任务。因此，为了使组织有效地运作，领导者必须将任务、团队和个人这三者结合起来。领导力模型即由三个相互重叠的圆圈呈现（如图 1–2 所示）。

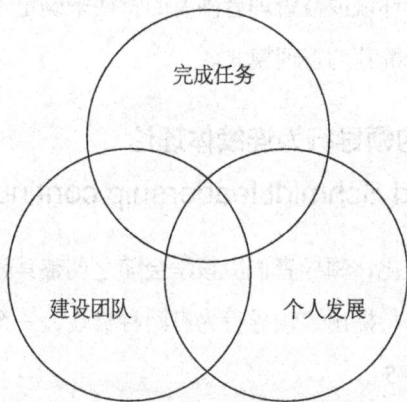

图 1–2 阿戴尔的行动为中心领导模式

三个交叠的圆圈所表述的事实是，如果领导者没有平衡好任务、团队、个人这三个之中的任一维度，那么其他两个方面也会受到影响。以行动为中心的领导理论非常简明地阐释了领导者的行为方式就是为了平衡任务、团队和个人三者之间的关系。此外，阿戴尔提出，领导职能根据管理模块的不同而不同，具体说来有以下三种。

（1）**团队领导者**：为约 20 人的团队中的每个人委派明确的工作任务。

（2）**运营领导者**：负责组织中主要部门的工作，带领多个小团队。

（3）**战略领导者**：作为整个组织的领导者，接受线下的运营领导者向其汇报工作。

三种层级的领导者的角色和职能已被列于表1–6中。以行动为中心的领导理论介绍了统筹全局的领导力方法，适用于组织中各层级的领导者。

表1–6　阿戴尔的领导者角色和职能

领导者层级	领导者角色	领导者职能
团队领导者	· 完成任务 · 提升个人 · 建立并维护团队	· 发布任务 · 制订计划 · 简要通报 · 管理下级 · 提供支持 · 激励下级 · 评估下级 · 树立榜样
运营领导者	· 完成部门级任务 · 为下属提供发展机会 · 建立并维护部门内的团队氛围	除上述之外，还有： · 维护部门声誉 · 通告部门 · 解读政策 · 落实政策 · 建立关系网 · 实施继任者计划
战略领导者	· 实现公司战略性愿景 · 为公司全员提供发展机遇 · 建立并维护公司文化	除上述之外，还有： · 明确方向 · 制订战略计划 · 实现目标 · 协调各部门和组织整体之间的关系 · 建立重要合作伙伴关系 · 传达企业家精神 · 管理现任领导者，培养继任领导者

另外一种功能领导理论模型是库泽斯和波斯纳提出的"卓越领导者的五种行为习惯"，该理论主要针对战略型领导者，比阿戴尔的理论更具有指导性意义。詹姆士·库泽斯（James Kouzes）和巴里·波斯纳（Barry Posner）在1983年至1987年期间所做的研究对人格特质理论有着极大的贡献。他们调研了630位经

理人，并深度访谈了其中的 42 位，从中提炼出他们所认同的 10 个领导力特质：

- 诚实
- 前瞻性
- 感召力
- 胜任力
- 公正

- 为下属提供支持
- 心胸开阔
- 聪明智慧
- 简洁明了
- 值得信赖

不同于以往的课题研究，他们试图在被访者身上找到理想领导者最重要的特质，然而值得注意的是，他们所得出的结论却与现实生活中那些成功领导者身上的特质相左。

在接下来的 20 年里，库泽斯和波斯纳持续扩大了他们的研究范围，访谈了数百位相关人士，收集了数千个案例，分析了许多调查问卷，最终成果收录于他们最畅销的著作《领导力》（*The Leadership Challenge*）中，该书介绍了领导力职能模型，并将其称为"卓越领导者的五种行为习惯"，具体总结归纳如下。

（1）**以身作则**：通过亲身践行共同的价值观来树立榜样，通过建立自信、承担责任、持续进步，来获得小小的成功。

（2）**共启愿景**：描绘一个令人振奋、鼓舞人心、有意义的未来，通过感召员工分享各自的价值观、利益和抱负，找到共同的目标。

（3）**挑战现状**：寻找挑战的机会，让员工去改变、成长、创新和发展，让员工勇于尝试，敢于承担风险，并从错误和失败中汲取经验。

（4）**使众人行**：通过共同的目标，搭建起与下属之间的信任，从而增进合作，领导者在授权下属提升其个人能力的同时也给予他们支持。

（5）**激励人心**：认可并奖励个人对组织的贡献，经常为团队共同取得的成果进行庆祝。

库泽斯和波斯纳总结道："卓越的领导力是能够让追随者理解并追随的。"卓越的领导力是身居高位的领导者们经过培训和经验积累之后所做出的一系列领导力行为，这些领导力行为可以积极地影响被管理者的行为。对于他们来说，领导力是可以习得的一项技能，不是少数人所拥有的天生特质。领导者是可以锻造的，而不是天生的。

06
关系理论：关心和激励下属，引导员工同心协力

关系领导理论的主旨是领导者激励和关心下属，并与之建立良好的关系。领导者努力去理解下属的需求，与下属更好地沟通；同时，领导者通过搭建积极融洽的工作环境，让下属享受他们的工作。领导者相信，一个组织的成败与在这个组织中工作的人息息相关。

该方法论探讨了管理者与其根据下属或情境的不同调整其领导力风格，不如找到有效激励下属的方法。团结协作的公司文化能够感召员工，能让员工的态度和责任心有所转变，从而更好地实现激励的效果。以下我们将探讨关系理论下设的两个天差地别的分支，分别是变革型领导理论和领导—成员交换理论。

变革型领导理论

詹姆斯·伯恩斯（James Burns）在其著作《领袖论》（*Leadership*）中首次提出"转变型领导力"的概念。该理论所描述的场景是：当人们共事时，无论是在动机层面还是在道德层面，领导者和员工都会有所改变。巴斯进一步提出将伯恩斯的"转变型领导力"更改为"变革型领导力"，因为这种转变的影响力是由领导者强加于员工身上的，而不是双方互相影响的。

变革型领导模式认为人们愿意追随的领导者是那些提出宏远目标并有能力实现目标的人。与事务型领导力不同，研究者们认为人们只能由奖励和惩罚驱动，他们完成任务的初衷只是为了应对领导者。

巴斯与同事沃利奥将变革型领导模式的特征分为如下五个方面。

（1）**理想化影响**：下属都支持和认同领导者的愿景与规划，领导者自身也拥有强大的使命感。

（2）**鼓舞性激励**：鼓励下属表达对未来的期望值；为下属描绘出美好的愿景；鼓舞他们一定能实现目标；对他们的能力给予肯定。

（3）**智力性激发**：启发他们发现解决问题的不同角度；鼓励他们创新性思考；对从未质疑过的事情提出疑问。

（4）**个性化关怀**：花时间培养和指导下属；重视员工的个人需求、能力和特长。

（5）**理想的品质**：互相尊重、有能力、愿为他人牺牲、培养他人自信心。

霍珀和波特则提出变革型领导者应具备的七个重要特质。

- 设定目标；
- 树立榜样；
- 协调沟通；
- 合理分工；
- 激发下属潜能；
- 授权给下属；
- 在危机困顿的情境下，给出明确的指导意见。

关于变革型领导者所需要的特质，很多人都认为是人格魅力。诚然，那些站在世界舞台上做出非凡成就的领导者们的确是独具人格魅力的，如政治领域的圣雄甘地（Mahatma Gandhi）、温斯顿·丘吉尔（Winston Churchill）、马丁·路德·金（Martin Luther King），如商业领域的企业领袖史蒂夫·乔布斯（Steve Jobs）、理查德·布兰森（Richard Branson）、杰克·韦尔奇（Jack Welch）。他们的人格魅力折服众人。毫无疑问，他们都拥有出色的沟通技巧，并能将其运用到情感层面。魅力型领导者十分注重群体的认同度，希望所在的团队拥有区别于其他团队的优越感。群体认同感与团队对领导者的情感依附是分不开的，领导者借由人格魅力，潜移默化地对团队产生极大的影响。那么，变革型领导者是否必须是有人格魅力的人呢？这个问题我们将在第八章里进行深入探讨。

吉姆·柯林斯（Jim Collin）在《从优秀到卓越》（*Good to Great*）一书中介绍了他历时五年的研究成果，得出了如何使公司从优秀到卓越的答案，并将其贯彻了至少十五年。他还为了找出决定公司成败的关键因素，将那些不够卓越的公司或没有坚持贯彻他的理念的公司设定为对照组。从优秀到卓越的公司包括了许多全球知名公司，如吉列公司、金佰利公司、富国银行等。柯林斯发现，在这些公司里任职的领导者们事实上本人都十分谦逊，在任何情况或场合下都不会去出风头。从这一方面来看，与其说他们富有人格魅力，不如说他们谦虚有礼。但也不是说他们就没有自我、不会利己，事实上，他们很有野心，他们的雄心壮志自始至终都是排在第一位的。他们将小我放在一边，将自己投身于创建卓越公司的伟大目标之中。他们真可谓是精神领袖，虽然他们本身并不一定是独具人格魅力的领导者，但他们会鼓舞下属一同创建伟大的公司。

领导—成员交换理论（Leader-member exchange theory, LMX）

关系理论主要是鼓励领导者努力工作，与组织中的所有人建立互为支持、奖惩有序的合作关系，而领导—成员交换理论与关系理论不同，该理论研究领导者和每个下属之间的关系。该理论认为，领导者与团队成员的关系是各不相同的，并且假设领导者与下属的关系往往是交换关系。领导—成员之间交换的质量会影响这些员工是否认为自己受到了领导者的尊重、信任和关照。领导—成员交换理论结合心理学，对团队中的成员关系和工作流程做了补充。

当团队中产生小团体，在小团体内的成员就被称为"圈内"成员，其他成员就被称为"圈外"成员。圈内成员会成为团体的智囊团，受到领导的器重，得到领导更多的关注与支持，而圈外成员得到的资源就相对较少。由于圈内成员受领导关注更多，他们工作也会更积极，工作表现也会更好，所以不足为奇的是，该类员工离职率更低，并且倾向于提升自我能力，在公司内部寻求晋升机会。

这种良性关系通常会在组织扩张时期得以形成，一般会经历如下三个阶段。

（1）**角色确定**：领导者会迅速评估新人的能力，并会根据其能力提供相应的机会。

（2）**角色定制**：在此阶段，双方都进行过非正式场合下的谈话，为了回馈员工对工作岗位的忠诚和责任心，领导者会为员工创建某种岗位角色。在这一阶段，员工取得领导者的信任是极其重要的，因为如果在此期间辜负了领导的信任，他们则会被划为圈外成员。同时，在个人特质上（包括性别等）与领导者拥有共同点的成员则更可能被认定为圈内成员。

（3）评估阶段：领导者与成员之间的交换体现在日后的工作中，通过建立互信互重的关系来确定个别员工是否属于圈内成员。

圈内成员更有机会获得额外的工作奖励、被授予额外的职权以及被邀请参与领导决策过程。领导者对圈内成员显而易见的偏袒之心无疑会使圈外成员的工作满意度偏低。因此，现任领导者要意识到自己的偏好会影响整个团队成员的积极性和组织的效率。对于一些组织来说，组织分化可能是好事，但对一些组织来说并不是。利登、史拜罗和韦恩研究发现，组织中适度的分化是有益处的，因为那些圈外成员会意识到他们需要表现得更好才能得到领导者的赏识。

领导—成员交换理论作为理论依据，对于理清领导者和下属的关系是大有裨益的，但对于领导者的何种行为可以促成与员工的高质量交换关系并没有阐明。该理论的最大优势是，它鼓励领导者对亲近的下属信任、尊重并保持开放性。而该理论最大的弊端是，领导者会对圈内成员更为关注，而对圈外成员来说这有失公平。

07
社会认同理论：建立共同愿景，调动员工的主观能动性

海斯兰、赖歇尔和普纳托在其著作《新领导心理学——认同、影响和力量》（*The New Psychology of Leadership: Identity, Influence and Power*）中提出了关于领导力的新看法：不能只是让下属去做事，而是要让下属自己想做事。正如他们所建议的，领导者应该从主观能动性上给员工施加影响力，而不仅仅确保员工完成任务，最重要的是要赢取他们的心，调动他们的能力和积极性。领导力不能通过向员工施加强权或制定严格的奖惩措施而实现，那反而是领导不力的体现。研究者们发现，敲打不听话的员工或者向他们提出诱人的奖励措施固然能够督促他们完成任务，只是如此一来员工很难对公司和工作产生归属感和荣誉感。他们的努力不是由心而发的。相比之下，如果领导者激发员工的主观能动性，即使在没

有监督的情况下，他们也能自行完成任务。

研究者们认为，有效的领导方式应该与高压政策和激励政策恰恰相反，领导者需要关注员工的精神状态，在过程中给予员工鼓励，让下属们为共同愿景而奋斗。心理学的进程往往依附于当下的社会内涵，良好的心理状态反映的是我们在这个世界上的长远追求，而不仅仅是我们当下的需求。更具体地说，社会因素包括了团队文化，比如组织性质及领导者所采取的管理风格、领导者的性别等。这些要素都会影响"心灵契合度"，这种默契将管理者和下属绑在一起，共享同一个愿景，驱使他们向着同一个目标共同前进，鼓舞着他们继续努力。

该书尝试着为传统的管理心理学提供新方法。在此之前，人们都将关注重心聚焦于领导者的性格、特质和品质上。他们将领导力描述为"我的事情"。

引用德鲁克的话就是：

"高效的领导者从不说'我'。因为他们已经自我训练过不说'我'，他们并不认为工作的主体是'我'，而是'团队'。他们知道他们的任务是让团队运作起来，让团队中的成员（常常是无意识的）对工作和团队产生认同感。"

作者在书中提到，高效的领导管理过程从来不是处理"我的事"，而是"我们的事"，也就是说领导者和下属们应该将对方视作团队中普通的一员。社会认同感鼓励团队里的每一个成员都互相包容、接纳对方。成员们不再认为自己是独立于组织之外的个体，而是组织中的一部分。该方法论所蕴含的心理学原理建立在如下四个规则的基础之上。

1. 领导者必须认为自己是"团队的一员"

如果领导者将自己视为圈内成员的一员，认同其身份标签并与圈外成员区分开，那么领导者的管理将十分高效。领导者应当被视为"圈内"成员的组织代表，而不应独立于组织之外。

卓越领导者之见

我们公司的首席执行官坐在开放式的办公室里，大多时候都穿着便装，你很少有机会看到他穿西服打领带。公司里很多新人初来乍到会说"我刚刚遇上首席执行官了，但是我都没认出他来"。因为首席执行官认为自己与员工是平等的。在沟通方面，他个性十分随和，人性化，不打官腔，不是独裁式的领导风格。因为他言行一致，所以我们都相信他是我们其中的一员。

——安东尼·史密斯（Antony Smith），
伯恩旅游集团有限公司企业文化与发展经理

2. 领导者必须认为"（此事是）为我们自己而做的"

领导者的行为必须与组织利益密切相关，这样做可以鼓舞员工全力以赴去实现共同的愿景。领导者必须维护团体认同的标签，该行为优先于领导者的个人利益，甚至优先于圈外团体的利益。

3. 领导者必须培养下属的"归属感"

领导者不用在工作中事先划定工作界限，而是需要积极给团队培育出一个理念——"我们是谁"。在此指引下，下属们会积极地寻找自身的定位，描绘愿景，思考团队模型。组织标识、自身价值、道德标准、首要任务等都对团队成员回答"我们是谁"这一问题有着重要的指引作用。纳尔逊·曼德拉（Nelson Mandela）就是有力的例证，在橄榄球世界杯庆典中，他和南非团队一起身着羚羊图案橄榄球衫，南非队最终赢得了1995年的世界杯冠军。

4. 领导者必须告知下属"我们很重要"

成功的领导者是身份认同专家，能够引领大家进行自我身份代入，比如明确目标、流程践行、团队活动等，确保将"我们"这一概念灌输到团队价值中，让团队中的成员理解并认可。

卓越领导者之见

我们从不将员工称为雇员，所以我们从不以雇员之道对待员工；我们从不将员工称为职工，所以我们从不以职工之礼对待员工；员工是我们的家人，所以我们待员工如家人。我们这样做的唯一所求就是，希望员工也报以同样的心态，如对待家人一般对待公司里的每一位同事。

——卡伦·弗雷斯特（Karen Forrester），星期五股份有限公司首席执行官

| 本章小结 |

众所周知，几个世纪以来，聪明的领导者对下属行为的影响力更大。本书旨在为 21 世纪的领导者提出一种面对未来挑战的方案，虽然领导力这门科学在近几年才起步，但了解领导力学从初创至今的发展史还是很有必要的。

19 世纪关于领导力的初步构想顺应了那个时代的需要，认为领导者（伟人、领袖）会顺势出现并引领人们走向福祉之地。这些伟人都是生而成为领袖，领导者特质是他们与生俱来的。基于这样的理解，人们尝试着通过归纳、总结领导者特质去辨识潜在的领导者。一些人认为这些领导者特质对于从事领导工作是必不可少的。

然而，由于领导者特质并没有统一的标准，因此学者们转而开始研究成功领导者的行为以及他人应如何习得并运用这些技能。沿着这一研究方向，学者们提出观点，认为恰当的领导者管理风格对于被领导者的行为是有积极影响的。

之后，领导情境理论应运而生，该理论认为管理者应该根据情境的不同而调整领导管理方式。同样，大量相关理论也相继出现，大部分理论认为情境与工作任务的多样性、被管理者的性格特质和工作环境有关。功能领导理论提出了个相似的概念，认为领导者必须以团队的形式与下属共同完成工作任务。

关系理论认为，优秀的领导者认为下属完成组织目标是十分重要的，因此与其说领导者会确定采取某一种领导管理风格，不如说领导者会想方设法鼓励员工，通过分享共

同的愿景去激励他们实现自我价值。结合关系理论，现代心理学家认为，领导力方式是基于对团队标签的理解基础之上的，领导者和跟随者都应将彼此视为团队中的一员，领导者成为团队的"圈内"代表，跟随者们也愿意维护团队的利益和荣誉，所有的沟通和行为都是为了增强团体认同感。

人们对于领导力的理解与应用启蒙于伟人理论，基于"领导者是命中注定"的假设发展至今，我们普遍认为无论面对何种境遇，人们都不会再盲目追随一位领导者。在我和本书中接受采访的领导者们看来，21 世纪的领导者必须努力与下属建立互信关系，因为没有下属的支持，领导者就会孤立无援，无论面对何种情境或挑战，最终都不会成功。

Leadership Psychology
How the Best Leaders Inspire Their People

·······

第二章

当今领导者所面临的挑战——从管理创新到
全球化的人才争夺

在第一章里，我们已经讨论了领导力理论与实践在过去的几个世纪是如何发展的，但是成功的领导者如何应对未来的挑战呢？在 20 世纪末 21 世纪初，互联网使信息传播变得简单又便利，人与人之间的沟通交流凭借社交媒体得以加强，然而这些在以前都是不可想象的。随着工作环境的变化，领导者不得不在抓住现代科技所提供的巨大便利的同时，从全球视角应对经济危机所带来的巨大挑战。与此同时，随着顾客对产品和服务的期望值与日俱增，企业则不得不以客户为中心，关注企业一线员工的发展状况。

在西方社会，就员工来说，旧时那种自发崇拜和尊敬管理者的时代已经不复存在。当员工受到不公平对待的时候，他们更倾向于质疑这些影响他们工作和生活的公司制度。对于 21 世纪的大多数上班族来说，生活和工作的平衡与个人发展的机会都是他们所期望的。组织中的人才期望自身的能力被认可，如果在一个组织中没有施展才干的机会，他们就会准备去其他公司发挥才干，体现个人价值。

因此，展望下未来，领导者将面临一系列的挑战，其中最为主要的是：

• 创新；
• 人才管理；
• 社交媒体；
• 全球化。

01
创新：员工和客户的声音是企业创新的源泉

这里所说的创新并不是指从竞争对手那引入的新技术，也不是指为了给公司股东或顾客增值而创立的新理念，这里所说的创新是指为提升生产效率或增加收益所提出的新尝试，如与人力资源管理相关的员工激励政策、生产率提升方法、人员留用制度，或者改善客户体验、提高销售产量的新策略等。而领导者所面对的挑战则是如何营造出一种能够激励创新的、具有企业家精神的文化氛围，因为这种公司文化有能使公司在与竞争对手的较量中抢得先机。创新型的公司文化包容并鼓励员工不断地去探索对公司既有的体制进行改善和优化的方案，甚至会对员工这样的行为进行物质上或其他方面的嘉奖。

卓越领导者之见

商人们往往错失大量有价值的建议，因为他们不允许人们随便发声。但对我而言，最有价值的事情就是有人发问："我们为什么这么做？如果换种方式是不是会更好？"当有人建议其他更好的方式时，那常常会对事情带来积极的影响和转变。世界很奇妙，你难以预料下一秒将发生什么。若员工可以轻松蹦出来说："嘿，我有个想法！"那才是你真正想要的组织氛围。

——威廉·罗杰斯（William Rogers），UKRD集团有限公司首席执行官

未来能成就一番霸业的企业，都是那些不仅在自己国家做得出色，同时也能在国际平台，特别是经济高速发展的国家站稳脚跟的企业。此外，企业专业领域的界限正逐渐被模糊化，跨行业跨部门的企业正逐渐增多。英国电信集团、英国天空广播公司和维珍集团都拓宽了他们的业务范围，横跨电信行业、媒体行业和娱乐行业。对于商业领袖来说当今的商业形势很清楚，除非他们能找到满足客户需求的新方式，否则他们就会被竞争对手取代。领袖们只有将创新意识融入到经营理念之中，他们的客户才不会因为厌倦他们而流失。

但是这些创新的想法从何而来呢？高级管理者可能本来就有些创意，但是聪明的领导者会确保员工们不断产生新的想法，并对这些主意予以肯定、认真考虑。里卡多·塞姆勒（Ricardo Semler）在《塞氏企业》（*Maverick*）一书中描述了他如何继承了自己父亲的公司，他将该公司定义为"一家极为传统的公司，它有着金字塔结构和各种应急方案的规则说明"。由于里卡多相信下属的能力，包

容性高，公司的文化焕然一新，员工向上沟通机制不再停留在口头鼓励的层面。

如下一段话摘自塞氏公司给每位新员工的员工手册：

> "我们公司的理念就是参与和融入。不要保持沉默，给出你的建议，抓住契机，说出你所想。不要觉得你的意见对公司而言是可有可无的。即使没人询问你的意见，你的意见也仍然是重要的。与顾问委员会保持联系，融入到组织中去。让你的想法掷地有声。"

为了从组织中的员工身上获得创意，领导们必须对组织的未来有个清晰的规划，更重要的是，要确保组织的未来是光明的，是可实现的，并且对组织中的所有人来说都是有益的。加里·霍根（Garry Hogan，英国福莱特旅行公司常务董事）曾引述卡特勒的话："员工必须对组织'光明的未来'做出贡献。"

然而，真正的创新型领导者会让公司的所有利益相关方都参与进来，为公司做出贡献，这些利益相关方包括员工、客户、供应商和其他战略合作伙伴，特别是客户，客户也可以作为创意的源头。

迈克尔·戴尔（Michael Dell）（戴尔公司董事长兼首席执行官）说：

> "有许多事情都是我想不到而我们的客户能想到的。像我们这种规模的公司，不应该只有几个人为它的发展出主意，而应该有数以百万计的人来提供创意，我们要收集众人的智慧。"

2005 年，当杰夫·贾维斯（Jeff Jarvis）开了名为"戴尔去死"（Dell Hell）的博客，用来吐槽他新买的戴尔笔记本所遇上的各种问题时，迈克尔·戴尔就意识到了客户反馈的重要性。在此之后，戴尔公司就创建了"戴尔直通车"官方博客，随之又搭建了"思想风暴"这一门户网站，鼓励用户一起加入到创新活动中来。

瓦卡罗等人的研究表明，变革型领导者和事务型领导者都对企业创新管理方面有影响，同时组织规模与领导者在创新过程中所取得的成功是挂钩的。他们研究发现，在推动创新的过程中，变革型领导者体现了如下特征：

- 他们会基于共同的目标与团队建立互敬互重的关系，鼓励团队发展创新，使组织的管理实践、管理流程和管理架构发生改变；
- 他们会考虑到员工的个体情况，倾向于去改变工作任务、工作模块和工作流程；
- 他们甚至可能要求员工重新定义组织既有的架构和业务的专业性，探索能够"做好事情"的新办法；
- 他们可能对创新只有个模棱两可的概念，对创新的目标和成果产出也不甚明朗。

卓越领导者之见

　　运用最佳的创新点子去营造一个充满机遇的环境。不要害怕改变。就好比在生活中你新买了一个电视机，你并不会感到害怕，而是会很高兴，因为你知道它会给你的生活带来愉悦。工作也是，我们常常认为改变就是令人不安的过程，但事实上改变应该是令人愉快和振奋的。

　　　　　　　　　　——菲尔·洛奇（Phil Loach），西米德兰兹郡消防署署长

　　另一方面，瓦卡罗等人发现，在推动创新的过程中，事务型领导者会体现如下特征。

- 他们对清扫创新路上的潜在障碍有所贡献。
- 他们对创新方案的实施阶段有所帮助。
- 他们能通过奖励制度，引导组织成员完成创新目标。

研究报告显示，组织规模会对创新过程产生如下影响。

- 组织规模会影响变革型领导者和事务型领导者的效率。
- 变革型领导者在较大组织的创新过程中所扮演的角色越发重要。创新也可

能会对组织中森严的等级制度产生负面影响，只有当员工都认为此举有意义时，创新才执行得下去。

- 事务型领导者在规模较小的企业中实现创新改革会更高效。领导者和被领导者的期望值很容易就能被构建出来，通过面对面的交流，领导者可以实现对过程的完全把控。在事务型领导者的管理下，员工在推行创新性变革时享有更高度、更灵活的自主权。
- 当组织规模较小时，领导者常常更致力于实现短期目标，运用事务型管理方式奖惩员工有助于完成工作计划；然而随着组织规模的扩大，领导者需要具有变革的能力才能够将危机感逐步传递给员工。

此项研究探讨了两种管理风格在创新过程中的意义。规模较小、结构较简单的组织会更得益于事务型管理办法，而规模较大的组织则应采纳变革型领导风格，用以解决公司中各类复杂的情况，从各个方面促成创新变革的成功。

02
人才管理：人才争夺战成为商业现实

"人才管理"一词是由麦肯锡公司于 1997 年首次提出的，其著作《人才战争》（ *The War of Talent* ）对之进行了深入的探讨。英国特许人事发展协会将人才管理定义为：人才识别、人才发展、人才雇用、人才保留和人才部署，每一个模块对组织都有特别的意义，可以用于鉴别员工的"巨大潜能"，或是分辨他们是否可以胜任关键性岗位。

值得注意的是，该定义并不仅仅包含吸引人才，还包含发展、管理和留用人才的内容。人才管理不仅包括识别外部人才，也包括从组织内部中培养现有人才。

迈克尔、汉德菲尔德和阿克塞尔罗德在麦肯锡公司的研究基础之上进行拓展，他们进一步证明了在如今这个充满竞争、以知识为力量的世界，一个企业的成功取决于其人才的素养。随着商业环境的变化，吸引和留住优秀人才变得日益困难，优秀人才供不应求。有言道，人才的争夺战已经成为商业现实。眼下和未来的商业状况是全球化市场竞争日益激烈，跨领域的技能短缺，人口跨国流动，员工对公司治理存有更高期待，并且管理者的经营策略需要更灵活、更富有创新精神。领导者们必须将人才管理策略与如下策略整合在一起。

- 人才管理策略必须要结合公司战略，人事经理需要能识别并提供符合组织和业务需求的人才和相关技能；
- 人才管理要关注组织中所有人才的发展需求，同时也要特别关注核心团队和成员的需求。
- 人才管理还要调动起组织中的各种力量发挥作用，即优秀人才、总监和高级管理者对组织内的人才管理提供支持与指导；直线经理愿意承担职责，在其部门中甄别并培养人才；人事经理在设计和实施过程中起带头作用。

卓越领导者之见

数据显示，从外部引进的管理者表现并不好。我更希望从公司内部提拔有才干的人，他们在公司沉淀了几年，了解公司的运作与文化。培养内部人才，从公司的角度来说更为稳妥，这对于公司的未来是很重要的。

——亨利·恩格尔哈特（Henry Engelhardt），Admiral集团有限公司首席执行官

领导管理学会所发布《培养未来领导者2010》的报告中记载了他们对50位高级人事专家的采访，这些专家大多来自于雇员人数达千人以上的企业。研究发现，领导者的品质中最受到重视的是其性格特质，这与人际关系息息相关。人事经理们会寻找那些有远见的、有雄心的、积极向上的人，因为这样的人会比较可靠，也容易沟通。其中，他们认为领导者最重要的性格特质是能鼓舞人心的能力（占36%）和高情商（占34%）。

研究进一步发现，有些知识和技能可以为性格加分，主要体现于如下几个方面。

（1）（56%的受访者认同）特殊领域的专业类技能，如法律、财会或工程方面。

（2）（54%的受访者认同）商业和财务方面的技能，因为这些技能有助于未来领导者掌握全球化的商业走向。

（3）软技能，如人员管理（26%）、人际沟通（24%）、指导与反馈（20%）和团队管理技能（20%）。

丰富的经历也是很重要的，特别是跨专业、跨行业的经历。足够的经验可以保证领导者有能力应对现代商业社会的巨大压力。

两年之后，领导管理学会（ILM）于2012年出具了一份更详细的报告——《领导力和人才管理渠道》，该报告分析认为，英国已有充足的人才应对21世纪的各种挑战。领导管理学会委托了一家独立研究机构，调研了750家公立和私立的组织，用以明确各组织在招聘和发展所需人才方面将要面临的挑战，主要的结论如下。

（1）**人才储备缺失**：93%的受访者表达了他们的担忧，认为不佳的管理技能会直接影响他们实现业务目标。研究发现，大多数组织缺乏人才管理策略，有的组织更是完全没有任何人才发展计划。

（2）**依赖外部招聘**：内部人才发展策略的缺失导致内部人才的短缺，大多数英国公司都依赖从外部招聘人员填补高级管理岗位。只有一半高级经理的任命是来自组织内部培养的人才梯队。

（3）**人才技能不匹配**：雇主根据应聘人的专业技术能力决定是否将其雇用为一线管理工作者，然而这些人很有可能缺乏管理人员所应具有的战略眼光和财务常识。"专家级新手"所表现出的领导力和管理能力往往差强人意，事实证明他们通常无法胜任管理岗位。

（4）**人才计划差强人意**：管理者缺乏必备的管理技能，特别是情商、激励和创新能力，而且只有57%的雇员有清晰的个人发展计划，明确知道自己应该哪些依靠工作能力踏上未来的领导岗位。所以该份报告最重要的建议是——人才供应链，即人才管理计划必须与业务发展需求相匹配。

麦肯锡公司2001年提出了一种人才管理的新思路，有助于领导者更好地应对21世纪的挑战，如表2–1所示。

表2–1　人才管理的新思考

	旧模式	新模式
1.人才理念	（1）拥有优秀员工是高绩效的基础 （2）人事部门应对人才管理负责，包括招聘设定、薪酬设定、绩效考核和继任计划	（1）拥有最合适的人才是关键性的竞争优势 （2）从首席执行官那一层开始，每一层级的经理都对吸引人才、培育人才、激励人才和人才留用负有责任。事实上，每一位经理应对他/她所搭建的人才库优势了如指掌
2.员工价值主张	（1）期望员工尽职尽责，能先从基层做起，再升职加薪 （2）拥有坚定的价值主张，吸引到客户	（1）认为员工都是自律自主的。领导者也明白如果想要留住这些员工，必须要试着去帮助员工实现其梦想 （2）有明确的价值主张，用以吸引和留用人才
3.招聘	（1）招聘就像买东西，需要从很长的候选人清单中选出最好的那一位 （2）只从特定的六七所院校中招聘初级岗位人员	（1）招聘更像是做营销策划与销售，这是所有管理者的重要职责所在 （2）从各种途径招纳各层级的人才，无论是初级、中级、还是高级岗位
4.人才发展	（1）人才的发展是靠培训 （2）当足够幸运遇上一位很棒的老板时，就有机会得以成长	（1）一系列富有挑战性的工作和有效的培训可以助力员工成长 （2）人才发展对绩效和人才留用都十分重要，培训方式可以是制度化的
5.组织分化	（1）组织分化会破坏团队合作	（1）对表现优异的人员予以充分的机会和认可；发展和培养表现一般的人员；帮助表现较差的人才提高绩效或将其淘汰

【领导力最佳实践】

麦当劳公司认为人才管理最大的挑战就是要搞清楚人才管理和经营策略的关系，而不是将人才发展看作组织中的未知因素。

麦当劳（欧洲区）首席人力官大卫·费尔赫斯特（David Fairhurst）认为，要确保领导者发挥其卓越的领导力，同时关键性岗位的管理者要有责任心，确保高效产出，这样才能保证企业在未来也获得如今这般的成功。在人才管理方案中，未来领导者的人才需求特质应与企业经营策略相匹配；同时要盘点组织现有的人才中，不符合这些条件的人员；做好锻造人才、聘请人才或（从其他公司）外部引进及借调人才的计划，以保证人才的及时供给。

03
社交媒体：科技让人与人的距离变得很近

21 世纪知识型经济的崛起对领导者影响深远，主要体现在领导者们所管理的人员和团队上。越来越多的员工使用社交媒体网站作为非语言沟通的主要手段，组织也应尝试运用新技术来提升员工的工作满意度并让其有所成长。然而具体情况具体分析，随着知识型员工的增长，有些人不太依赖社交网络，而有些人的个人生活和工作则与社交网络密不可分。

越来越多的客户开始使用手机和交互式设备，用来决定到哪里去买东西和买什么。客户会迅速成长为一名专家，对产品和服务的利弊都了如指掌，同时他们会将自己的评价与体验通过社交网络与其他潜在客户进行沟通。因此，具有前瞻性的领导者们应寻求利用这些新的信息技术来进行创新，实现与客户之间的更有效的交互。客户的忠诚度对企业的未来越发重要，而不良的用户体验会通过社交媒体平台传播开来，这将对企业构成可怕的潜在威胁。2012 年，Clearswift 软件安全公司调查发现，只有四分之一的企业计划在社交媒体上做更多的投入，而那些仅仅将投资局限于销售或市场活动的企业，与那些将社交媒体融入组织计划中的公司相比，毫无疑问会处于劣势，并会彻头彻尾地输掉这场战役。

在组织内部，领导者需要将现有的通信工具利用起来，以满足员工对公司制度透明度的期望值。

印孚瑟斯技术有限公司英国和全球销售总监斯里坎特·艾扬格（Srikanth Iyengar）说：

> "我认为领导者们别无选择，只有使用社交网络。人们想要与你对话，他们想得到一个反馈。如果你的下级管理者们对此置身事外，那就是一个危险的信号。作为领导者你必须要在那，必须要有所回应，也必须信任下属的管理者们有能力判断对公众说些什么是最恰当的。"

一些公司会使用社交媒体网站与员工进行交流，如脸谱网和推特，而一些公司则自行搭建内部交流平台以满足沟通需求，比如英国大乐透基金会就开发了名为 Big Connect 的用户平台，人才主管佩里·蒂姆斯（Perry Timms）将其描述为脸谱网、推特、领英和 Yammer 的综合体。该产品有个对员工专业技能进行内审的功能，要求员工用该产品将个人技能和工作经验记录在案。无论企业使用的是内部平台还是外部平台，社交媒体为企业带来便捷性的程度实际上都取决于各方对社交媒体的接受程度，及其将个人和公司的相关数据上传到社交媒体平台上的意愿。

对于企业和管理者来说最大的挑战是，他们需要意识到社交媒体平台给那些心怀不轨的人也带来了强大的力量，他们需要意识到公众不满所引发的破坏力之大。也因为这样，他们更需要通过社交媒体发声，也需要通过社交媒体来认真聆听客户的不满，并秉持着开放和坦诚的态度答复客户。消费者个人的投诉一旦经过脸谱网和推特的曝光，就很可能会像病毒一样传播开来，相关的例子数不胜数。

卓越领导者之见

一旦有人抱怨你的品牌如何不好，推特上的消息就像爆炸一般传播开来，然后你就要头疼应该如何处理这些言论。所以在我看来，21 世纪管理者所面临的最大挑战就是保持真实，贴近客户，因为科技让人与人的距离变得很近。

——卡伦·弗雷斯特，星期五股份有限公司首席执行官受到脸谱网传播的申诉案例处理起来会很困难，处理不当会引发严重的后果。正因为如此，企业必须学会恰当地使用它们来处理那些似乎并没有威胁到企业存亡的舆论与负面情绪。对于任何一家公司来说，想预测社交媒体上的言论都是不可能的，企业所能做的就是确保批判性的言论得到妥善的处理，全力以赴控制事态，维护好公司的名誉。

领导者们有责任运用好新时代的数字化交流工具，以确保与员工、客户和公众之间能够积极有效地互动交流。所有利益相关者对于新合作模式的要求都是开放、透明和协作。在过去，企业所创建的品牌形象都经由严格的管控，以确保公司声誉不受损害。然而，在通信时代，管控变得日益困难，企业文化背后所隐藏的秘密会给客户带来不信任感。以猫途鹰（Trip Advisor）为例，相较于品牌的推广信息而言，客户更倾向于根据其他用户的反馈购买产品。这种新模式必须建立在开放、透明和协作的企业文化基础之上，企业能意识到自身的错误和缺点，并即刻采取补救措施。在如今这个信息广为传播的环境之下，企业一旦碰到负面消息，不能再坐视不管或是一味期待这些消息被掩盖起来。企业需要做的是举起双手，承认错误，发表声明并期待这件事尽快翻篇。

该方法同样适用于员工管理，如果领导者希望每一层级的下属都爱岗敬业，那么双方必须保持透明互信的态度。越来越多的员工期望能够事先从公司层面得到公司经营方面的消息。领导者的角色就是要建立开放、透明和协作的公司文化。

联合利华公司领导力和组织发展高级副总裁莉娜·纳尔（Leena Nair）建议：

> "对社交网络给组织的未来发展所带来的改变，我们可以拭目以待，那会非常有趣。但我要强调，企业要关注的是其真实性。人们可以了解到管理者的博客何时是他们自己写的，而何时是由他人代笔的。"

不幸的是，在数字化时代并非所有的领导者都能够恰如其分地运用不同的工具来满足不同的需求，特别是在社交媒体的运用方面，然而有些公司却在积极地做出尝试。由诺特和格兰特主导的社会媒体调查显示，在广泛运用社交媒体工具的公司中，将近一半（44%）的受访者担心领导者缺乏对新型交流工具的关注和应用，并且84%的受访者认为领导者的参与很可能会为其企业创造竞争优势。

【领导力最佳实践】

Admiral集团有限公司的首席执行官亨利·恩格尔哈特经常上网聊天，其主页的平均日访问量是700~800，员工可以通过其主页询问任何他们想问的问题，从"我们公司什么时候到法国拓展业务"到"你觉得哪个棒球队会赢"，亨利都会直言不讳地回答大家。网上还有一个"问亨利"的链接，允许员工在任何时候向亨利提出问题。

New Charter Housing有限公司有个社交媒体反馈平台，便于公司内的双向沟通。首席执行官伊恩·门罗（Ian Munro）也经常在上面写博客，话题从工作方面到私人方面均有涉及。

《麦肯锡季刊》2013年第一期曾提出，领导者应具备六大技能，才能在个人和战略层面满足社交媒体领袖能力素质模型的条件，详见表2-2。

表2-2 麦肯锡社交媒体领袖的六大技能

个人层面	
制片人	创新能力（真实性、讲故事的能力、艺术感）
	磨炼技能（特别是视频制作方面）
经销商	了解跨平台的动态情况，以及如何让信息爆炸式传播
	建立并维系好与追随者之间的联系
信息接收者	通过选择性的回复与他人产生共鸣，并建立关系
	了解言论、谣传的原因
战略层面	
顾问	接受并全方位地运用好社交媒体
	在一定范围内，协调控制好各个渠道的动向
构架师	把控纵向的问责制度和横向的协作制度之间的平衡
	在关键性的业务领域上运用社交媒体的力量
分析师	对社会媒体动态监测
	了解文化和行为背后的影响范围

04
全球化：不同的文化背景要求不同的领导风格

在全球化的商业世界里，组织和领导者必须意识到不同国家、不同文化对领导力有不同的阐释和领悟。在商业领域，即使那些没有跨国经营的企业，它们所雇用的员工也不会全是当地人。国际劳动力的流动意味着大多数企业中都有一部分雇员来自五湖四海。比如一家大型伦敦酒店的雇员可能来自超过 40 个不同的国家。所以，具有远见的领导者们会意识到团队成员多样性的好处。

在 2008—2009 年，宝洁公司总裁及首席执行官麦睿博（Bob McDonald）（详见第九章的案例学习）在美国大学巡讲时说过，他个人信条之一是"多元化团队比同质化团队的创造力更强"。对此，他进一步解释道：

> "在宝洁公司，多元化是必须的，这样更能满足客户的需求，从而促进创新，这是我们五大核心竞争力之一。领导者的职责就是创造协同合作的工作环境。领导者团队应当遵循'白金法则'，即对待他人要遵循他们想被对待的方式。领导者应当了解他们的员工，相信他们能胜任自己的工作，并且了解他们希望如何被对待。"

人们常说，跨文化的工作团队会给领导者带来极大的挑战，从人际沟通方面到员工健康与安全规则执行方面皆是如此。不同国家对管理的理解、对领导力准则的实践会随着文化的不同而千差万别。因此，领导者需要关注信息传达和领导者行为是否能被来自不同文化背景的员工所理解。

卓越领导者之见

在这个办公室里我们有多元的文化。多样性是我们必须理解与信奉的准则，这极其重要。不同的文化会对领导力有不同的要求。你们是否来自于同源文化，这并不重要，重要的是你不能以同样的方式对待每一个人。

——威尔·斯科菲尔德（Will Schofield），普华永道合伙人

通常来说，英国人相信工作环境中的工作机会是平等的。严格的管理层级结构正逐步被解构重组，导致：

- 岗位角色更多元；
- 来自上级领导的指挥与管控更少；
- 员工被授权做决策并承担一定的风险；
- 鼓励员工向上沟通，甚至可以挑战权威；
- 男女平等。

然而，在其他一些国家，严格的管理层级仍然存在，在工作机会平等等方面所取得的进展甚微。体现在：

- 员工期望从上级那得到明确且清晰的指令；
- 员工期望岗位角色和职责分工明确；
- 企业要求员工自发尊敬上级，或至少尊敬权威；
- 员工不许质疑决策；
- 员工不习惯被征询意见；
- 接受性别不平等。

因此，为了管理好团队中的每一位员工，管理者就需要对团队中每位成员的不同预期做出评估。对于一些具有西方文化背景的员工来说，他们会趁着良机展现自我，表达观点。然而，对于那些习惯了独裁式领导风格的员工，管理者用平等的管理方式反而会造成他们的困惑，甚至会引发他们的害怕和不安全感。

此外，有阶层文化背景的员工，他们希望被上级领导者管控，甚至是被支配，对待这些员工，若采取授权式、协商式的管理方式，管理效能可能会很弱或无效。员工会想："为什么他们老问我的意见？""他们难道不知道自己的工作职

责吗？""做决定这件事不是我的职责范围。"同样地，英国员工对于工作环境有个明确的期望，那就是希望不要遇到要求下属无条件服从命令的管理者。

事实上，管理者和下属之间的沟通方式和风格恰恰很好地体现出不同文化之间的差异。某些文化（如德国、美国和北欧国家的文化）倾向于采用直截了当的风格：

- 无论情绪如何，都据实告知；
- 直面难题；
- 说什么比怎么说更重要；
- 凡事没有解释的余地；
- 不使用非语言（包括肢体语言）有意或无意地传达信息。

来自于偏含蓄内敛的文化背景的员工，特别阿拉伯人、印度人以及英国人都认为直截了当的方式是很粗鲁的、不周到的，有时会令人尴尬。与来自这些地方的人员沟通时，往往要注意：

- 不仅仅要注意对方说了什么，而且还要关注他们怎么说；
- 避免针锋相对；
- 要考虑到信息接收者可能会将信息完全理解成另外一种意思。

【领导力最佳实践】

海文度假公司是伯恩旅游集团有限公司的下属企业，它会根据季节性需求雇用大量东欧员工，让他们与已在公司服务多年的欧洲员工一同工作。公司与其期待来自各地的新员工接受直接上级对他们的工作进行指导和培训，不如从众多非英国籍员工中挑选出一位管理者，鼓励并支持他扮演好导师和朋友的角色，运用其自身的经验与知识，帮助新人更好地融入团队。同时，导师也能从该岗位角色中获得锻炼，对他们来说也是职业发展的一个机遇。

《福布斯》杂志所出具的一份题为《全球领导力：发展培养明日的领导者》的报告分析了全球范围内 30 576 份领导力评估调研结果，罗列出不同国家的领导力特质。该报告也覆盖了新兴市场，特别评估了来自印度和中国的领导者特质，数据显示这些国家的领导者更为注重公司管理的执行层面，更愿意采用亲力亲为的管理方式，关注运营流程的把控和个人绩效的管理。另一方面，比荷卢经济联盟（比利时、荷兰、卢森堡）和北欧国家的领导者更关注战略规划和沟通，并主导管理变革。美国和英国的领导者更倾向于混合型的领导者模式，比如美国很看重管理变革，并且倾向于在项目执行过程中实行个人问责制度。

那么在多元文化的大环境下，领导者们应当具备何种管理者特质与技能才能实现更高效的管理？豪斯等人在全球领导力和组织行为有效性研究项目的第二阶段，与来自超过 60 个国家的约 170 位研究员探讨了何种领导行为是被广泛认可的，而何种行为又被普遍认为是发挥优秀领导力的阻碍。研究发现："领导行为不能千篇一律。"即管理人员必须根据特有的文化调整领导行为。

奈尔说道：

"近期，我与来自印度尼西亚、巴西和中国的青年员工沟通。我问他们对于未来领导者的期待是什么，他们的回答使我大吃一惊。他们希望领导者要有同情心、怜悯心，也希望领导者能够将员工置于他们的工作重心。他们不需要领导者们有超凡的人格魅力，反而希望领导者们能足够谦虚，愿意承认自己并不是知道所有问题的答案。"

专注于变革型领导风格（见第一章），豪斯的研究发现具有不同文化背景的团队对领导特质中最重要的因素的认知是不同的。在某些文化中，领导者会采取强硬果断的措施以督促员工将自身利益放于一边，优先实现组织目标；而在某些文化中，为了实现同样的目标，领导者会采取一种民主协商型的管理模式，所达到的管理效能却更好。

> ### 卓越领导者之见
>
> 我们的业务覆盖了 38 个细分市场、7 427 家跨区域的门店，业务范围从摩洛哥的南部和西部到俄罗斯的北部和东部，并且 75% 的店铺是特许经销商。所以，若使用同一种"指令式"的管理模式是极其不合理的。而对于我来说，领导力的关键词是"影响力"。
>
> ——大卫·费尔赫斯特，麦当劳（欧洲区）首席人力官

该研究定义了 22 种领导力的行为指标，这些属性被普遍认为对跨文化管理效能大有益处。即：

- 值得信赖
- 公平公正
- 诚实坦率
- 具有远见
- 提前规划
- 鼓舞人心
- 正面积极
- 精力充沛
- 唤醒潜能
- 信心缔造
- 员工激励

- 可靠实在
- 聪明机灵
- 坚定果断
- 有效谈判
- 双赢解决问题
- 管理技能
- 沟通交流
- 通知到位
- 统筹协调
- 创建团队
- 追求卓越

八大对管理效能不利的行为指标是：

- 独来独往
- 不喜合群
- 不喜合作
- 易怒急躁

- 讳莫如深
- 冷酷无情
- 独裁专横
- 以自我为中心

有趣的是，该研究发现有 35 项行为指标需要依据情况而定，有些指标在一种文化中是有利因素，而在另一种文化中则是不利因素。如下指标后括号中的数字代表着：在全球范围内为这些指标打分时，这些影响领导力效能的因素所得到的分数。一共 7 分，其中 1 分代表"最不利"因素，7 分代表"最有利"因素。

- 乐于参与（3.84~6.51）
- 壮志雄心（2.85~6.73）
- 有权自治（1.63~5.17）
- 谨慎小心（2.17~5.78）
- 阶层意识（2.53~6.09）
- 有同情心（2.69~5.56）
- 精明世故（1.26~6.38）
- 独断专横（1.60~5.14）
- 崇尚精英（1.61~5.00）
- 满腔热情（3.72~6.44）
- 闪烁其词（1.52~5.67）
- 官方正式（2.12~5.43）
- 一成不变（1.93~5.38）
- 独立自主（1.67~5.32）
- 隐晦迂回（2.16~4.86）
- 个人主义（1.67~5.10）
- 鼓励组内竞争（3.00~6.49）
- 规避组内冲突（1.84~5.69）

- 形象直观（3.72~6.47）
- 逻辑清晰（3.89~6.58）
- 微观管理（1.60~6.58）
- 井然有序（3.81~6.34）
- 按部就班（3.03~6.10）
- 煽动员工（1.38~6.00）
- 承担风险（2.14~5.96）
- 制定规则（1.66~5.20）
- 谦逊自知（1.85~5.23）
- 自我牺牲（3.00~5.96）
- 体察入微（1.96~6.35）
- 真诚可靠（3.99~6.55）
- 权位意识（1.92~5.77）
- 节制克己（1.32~6.18）
- 独一无二（3.47~6.06）
- 顽固任性（3.06~6.48）
- 圆滑世故（3.28~6.18）

虽然文化敏感性并不能作为领导力管理指标，但是在开展国际业务的过程中这一点也是极其重要的，否则领导者会犯下代价不菲且令人尴尬的错误。下面有两个例子。

一家美国电话公司拍了一则广告，试图向拉丁美洲人推销他们的产品与服务，广告中拉美裔的妻子叫丈夫致电给他们的朋友，告诉朋友他们会晚点到。然而广告一经播出就受到了舆论的狂轰滥炸，因为现实中拉美裔的妇女并不会指挥他们的丈夫做事，而且拉美人也不会打电话跟朋友说自己将会迟到这件事。

在某美国公司任职的日本裔经理被上级要求给一位下级的绩效表现做出评价。因为日本人使用的是高语境语言，对直接给予他人反馈这件事十分不适应，所以这位经理尝试了五种版本才表述得足够清楚，使美国人明白该名员工业绩不佳。

结论显而易见，21 世纪的领导者所面临的最主要的挑战之一就是在组织中做好部署，既要应对组织内的多元文化团队协作，也要应对跨国间的贸易往来。2008 年，阿什里奇商学院和联合国全球盟约合作开展了名为"全球领导者明日发展"的研究，该研究表明，76% 的高级管理者认为他们需要提升全球领导力，仅 7% 的人认为他们目前的行为十分高效。

卓越领导者之见

在我们公司里有着太多来自不同文化背景的管理者，所以我们公司需要创造某种工作和生活两相宜的文化与环境。但我们所倡导的理念可能适用于英国，却不适用于美国或印度。因此有些地区的管理者可能会说"我们理解你们想要达到的目标，但是在这里我们需要按自己的方式来才行，或者需要对总部的规章做些细微的调整。"优秀的管理者会学着在不同的文化背景下，如何更好地表达和准确地传递信息，这样的尝试比千篇一律的教条式指令要好得多。

——格雷戈尔·塞恩（Gregor Thain），洲际酒店全球领导力发展副总裁

全球化市场的竞争要凭借"创造性张力"，以下三点有助于全球化团队和公司提升其影响力。

（1）为了维持业务重心及统一口径，全球化团队需要有清晰的运营流程。若一味简单地去鼓励团队"着眼于全球，进行思考与行动"，领导者和员工都将无

法认清团队的多元化对业务成功所带来的重要影响。研究表明，全球化团队必须非常清楚他们独特的角色与使命。这份理解可以减少失败和重复性工作，建立起多元化的、具有发散性思维的团队，解决由交流障碍、语言壁垒或处于不同文化层面所带来的问题。

由运营流程中所提炼的简单规则往往能够减少多元化市场经营给公司管理所带来的不良影响。这份调查报告引述了一位来自中国的一家全球性IT公司的首席执行官的观点："通常来说，某些人会知道他们是否需要寻求外界的帮助再做出决定。但在中国，每一件事都略有不同。我们需要分辨出细微的差异，包括何时做出决策以及由谁去执行这项决策。"讽刺的是，使这项决策落地的过程更像是在制定决策一般。

（2）高效的全球化团队应具备敏捷性与灵活性，需要根据突发事件进行调整。愿意授权给其他人做决策被视为是高效全球领导力的十分重要的环节。传统组织架构的决策风格可能不适应国际化的舞台。翠丰集团，一家建材家具零售集团，其市场范围涵盖西方国家、东欧国家、土耳其和中国。为了更好地体现公司的全球化产品特性，该公司舍弃了传统的层级管理模式，比如供应链经理或网络开发专员等岗位。集团首席执行官伊恩·柴郡（Ian Cheshire）解释道："我们作为一个智能网络化共同体，网络化有助于我们建立数据库分区。"

（3）全球化团队必须要能够先于组织中的其他团队进行变革与调整，这样才能引领他人向着充满不确定性的未来前进。他们可以：

- 直面具有挑战性的想法和人，以便明确未来将面对的情境；
- 分析大量信息，以便预测未来的发展趋势与影响；
- 首席执行官和高管团队需要担负起引领组织走向未来的职责。

全球领导力最大的矛盾可能是越发便捷的沟通方式和知识的易获得性缩小了国际业务的地域性差异，然而由于个体文化的存在，我们始终无法做到真正的全球化。成功的企业可以充分理解不同的文化，并从中发现细微的差异，随之提供相应的服务。成功的领导者能根据国际环境的特点、任务的本质、文化的敏感性和人们的期待值等调整自己的风格，对内调整自身组织架构，对外调整跨国家、跨区域的战略和体制。

正如约翰·阿戴尔所述：

"一种新兴的全球化理念正悄然崛起，多元化组织的领导者应当对他们的角色拥有更清晰的认知，那就是鼓励来自不同文化背景的人分享共同的价值观或愿景，同时尊重他们自有的独特文化与生活方式。"

| 本章小结 |

职场中的变化正逐渐成为领导者们全新的挑战，包括了雇员和用户两方期望值的变化。所有挑战中最重要的是如下几点。

☆ 创新

在创新方面的挑战主要体现在如何构建一种具有创新性和企业家精神的公司文化，从而更好地应对客户日益增长的需求，以便确保组织中的主要团队，无论是在国内还是国外，都能高效地运作。

寻求发展是值得鼓励的，公司应当力求与所有的组织利益相关者共同发展，如雇员、客户、供应商和其他所有战略合作伙伴等。研究表明，变革型和事务型领导者对于组织中的创新性管理都有着不同的积极影响，在规模较小的组织中，事务型领导者效能更高，而在规模较大的组织中，变革型的领导方法则更有效，能够鼓励各个层级的相关人员参与创新。

☆ 人才管理

人才管理不仅仅是要能够吸引杰出的人才，而且还要能够发展并留用人才。在知识经济商业环境下，一家企业成功与否更取决于人才管理是否成功，吸引人才和保留人才已日益成为一个巨大的挑战。

正如领导管理学会所建议的，高级领导者有责任制定人才管理战略，但同时人事经理需要清楚地知道未来领导者所应具备的技能，主要包括人际关系管理能力、人才管理渠道开拓能力等。

☆ 社交媒体

21 世纪是知识经济时代，这对于领导者来说既是挑战也是机遇。使用信息科学技术的用户日益增多，这一行为也影响了他们的购买行为，并且他们会将用户体验分享给其他的潜在客户。因此，企业必须抓住互联网带来的机遇，特别是要运用好社交媒体平台，以更好地进行产品创新、吸引客户群体、与客户形成积极的互动。

同样，企业必须满足雇员对于信息透明化和信息公开化的期望。领导者必须认识到，这项工作势在必行，而且需要切身投入，以创造一种互信共享的企业文化。因此，毋庸置疑，领导者们无论从个人层面还是战略层面，都需要利用好数字通信这一沟通方式。

☆ 全球化

随着全球业务的拓展，企业和管理者们不得不面临一个挑战，那就是多元化团队协作问题。文化因素对于领导者与追随者双方的行为和期望都有影响。

本章列举了一些对于管理者的管理效能或有利或有害的跨文化因素。管理效能最佳的领导者会根据被管理者的文化背景而调整其对内和对外的领导风格。

Leadership Psychology
How the Best Leaders Inspire Their People

第三章

员工激励——带团队，就是要激励人心

在本章，我们将探讨由美国心理学家开创性地提出的关于激励的定义。该理念是现今快速发展的一个心理学分支，它专注于提升雇员的幸福感，并以此作为增强员工工作积极性的手段，所以该理念也被称为积极心理学。

激励一词是从拉丁文单词"movere"派生而来，意为行动。因此，有动机就意味着有刺激因素去采取行动。所谓的刺激因素是指内在需求，有意识的、半意识的甚至是无意识的内在需求都会影响行为。乔治·米勒（George Miller）是认知心理学的奠基人之一，他将激励定义为"因所有生理上的、社交上的、心理上的推动而克服自身的懒散，促使自己采取自愿或不情愿的行动"。而工作场景下的激励被定义为"心理驱动力——决定了人在组织中的行为、努力程度和在面对困难时的持久力"。显而易见，了解和合理运用对个人和组织的激励，是领导者的基本能力要求。

一个人的行为、努力程度、意志力都可能受到内因或外因的影响。内因是由任务本身的有趣程度或愉悦程度决定的，相对于外因（如奖惩）来说，内因的驱动力更强。内在激励来自于工作本身，与个人的成就感或工作目标息息相关，它受到诸多因素的影响，如认可度、成就感、责任心和授权程度等。

另一方面，外在激励适用于推进行动，赋予人们行动的目的。外在激励有员工报酬（经济方面或其他方面）、员工福利、职位晋升等。竞争也可以作为一个强有力的外在激励因素，以鼓励员工超越他人，而不是简单地享受由内在激励带来的成就感。所以，外在激励既包括正向激励因素"胡萝卜"的鼓励，也包括反向激励因素"大棒"的惩罚，无论是"胡萝卜"还是"大棒"对员工都可能有激励的效果。

20世纪50年代和60年代，针对人类动机的因果分析曾兴起了一波研究的浪潮，尤其是在美国。有三个著名的理论，它们是：

· 马斯洛的需求层次理论；

· 麦格雷戈的X–Y理论；

· 赫茨伯格的双因素理论。

01
马斯洛的需求层次理论：
要留住人才，就帮他实现更高阶的内在需求

动机决定了行为，这一观点是由西格蒙德·弗洛伊德（Sigmund Freud）先提出的，他认为人类的外在表现是由冲动、欲望决定的，而且还不是人们的有意识行为。人们所表现出的外在性格特征其实只是冰山一角，其余的特质都隐藏于内心深处的无意识中。从心理分析的角度，就其本质而言，人类行为实际上是基于大脑的主观判断所产生的行为。

弗洛伊德之后的心理学家，特别是斯金纳试图采用客观的、可观测的数据进行量化分析，并理解人类的行为。一些包括斯金纳在内的行为学家研究动物的行为是否会受到外在刺激因素的影响，他们进行实验，通过开关门阀或摆放拼图进行投喂食物这样的外部刺激来改变实验对象的行为，这种实验被称为条件反射实验。

亚伯拉罕·马斯洛（Abraham Maslow）于1951年至1969年就职于布兰迪斯大学，担任心理学教授，他将自己定义为心理学的先驱者。他于1954年出版了《动机与个性》（*Motivation and Personality*）一书，阐释了需求层次理论模型。经过一系列的精神分析和行为测试，马斯洛将其称为"第三种力量"。该理论认为一个人具有内在需求和自我实现的潜在需求，而且这种力量是人类心理活动的第一驱动力，这一观点为21世纪的积极心理学打下了理论基础。马斯洛认为，一个人不仅仅会受到外在因素，如奖励或惩罚的刺激，也会受到五大内在需求的影响，需求层次模型详见图3-1。

马斯洛认为所有人都是由需求驱动的，人与人之间的关系是动态的、相互依存的。从最基础的生存需求开始，我们必须按部就班地满足各个层次的需求。一旦较低阶的需求得到满足后，它们就失去了激励的作用，我们就会将目光集中在满足更高阶的需求上，一层层往上，直到满足了自我实现的需求。然而，低层次需求在整个需求层次中的需求强度较强，也是高层次需求的基础。因此，如果低

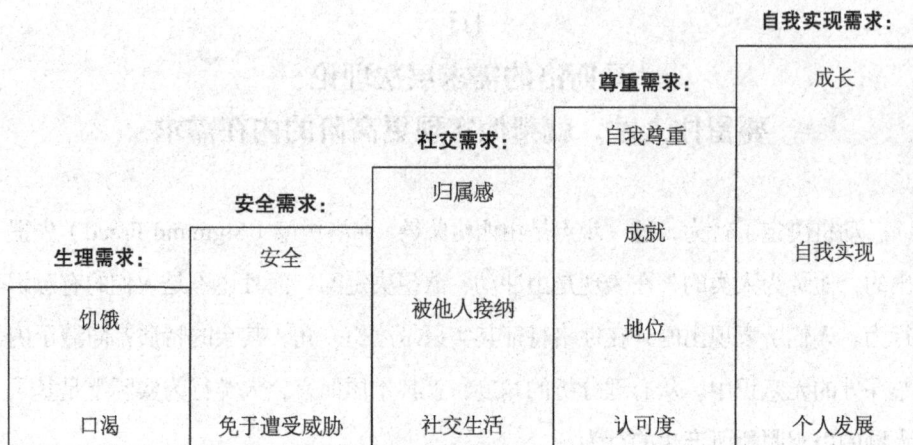

图 3-1　马斯洛的需求层次理论

层次需求无法得到满足时，人们便会将注意力转回到低层次需求，以确保此层次的需求被满足。比如，如果我们团队现阶段所属的需求层次是社交需求，当面对外在的威胁时，即使尊重需求没有得到满足，我们也是可以妥协的。相反，当员工的饭碗都快保不住时（安全需求），他们也很难在团队中建立良好的合作关系（社交需求）。

马斯洛的理论在当时就被广泛接受，如今该套理论仍然被旁征博引，不过在实际的工作环境下，我们很难验证领导者是否严格按此执行管理。跨越到更高阶需求层次的关键点就是满足该阶层的需求，一旦这一层级的需求被满足，人们就可以将注意力转移到如何满足下一阶段的需求。每一位员工都有各自不同的需求和价值观，这些需求大多都被马斯洛的五类需求层次理论所囊括，但每个人的需求层次并不一定是根据马斯洛的优先级别进行排序的。以创新型员工为例，他们可能更热衷于制作出完美的艺术品（自我实现需求），而相对忽视生理方面的需求；以登山者为例，他们更追求实现登顶的梦想，而准备好将个人的安危置于一边。马斯洛认为，自我实现这一需求是人类最终的需求，他将其描述为"成为你能够成为的一切"，但只有少部分人可以达到这一境界。在本章后半段，我们会更多地引述当代心理学家的研究发现来解释自我实现这一概念。

虽然一些社会科学家认为，马斯洛模型可以为领导者判断下属需求提供参考，从而有效激励员工，但若想严格按照马斯洛模型将人类的需求对号入座是不现实的。最佳的管理者应该在确保员工较低的需求被满足的同时，致力于让员工实现更高阶的个人需求。为了便于明确领导者在不同阶段可以为员工提供何种保障，表3-1列出了五类需求所对应的工作应用场景，以供参考。

表3-1　马斯洛需求层次理论的实际应用场景

需求	工作应用场景
生理	提供员工餐食；提供饮用水；可调节的工作安排；公平合理的排班
安全	安全与健康的培训与政策；工作防护服；岗位安全性；解决工作中霸凌的现象；合理分配员工津贴；提供咨询服务
社交	团队发展；社交活动；包容文化多样性；促进团队成功
尊重	认可并庆祝个人成就；表扬员工的优异表现；分享客户的正面反馈；认可服务使命
自我实现	提供培训机会；职业生涯规划；委派与授权；岗位轮换

02

麦格雷戈的X-Y理论：参与式的管理模式激发员工创造力

在马斯洛的需求动机理论之后，美国社会心理学家道格拉斯·麦格雷戈（Douglas McGregor）写了一本《企业的人性面》（*The Human Side of Enterprise*），建议管理者们重新审视人类行为假设。不幸的是，一些不开明的领导至今仍然坚信这样的人类行为假设：员工是不喜欢工作的，而且会竭尽全力偷懒耍滑；工人们害怕承担责任，渴望安全感，毫无雄心壮志，因此必须要在严格的监督之下工作。麦格雷戈对这种人性假设的描述为："大多数人都必须在强迫、管控、指导和严惩下工作，这样他们才会付出努力去完成工作目标。"他将这个假设命名为X理论——独裁式的管理模式。

然而马斯洛建议，应该换一个角度看待员工，即员工可以很好地建设自己的心理预期，并能高效完成工作内容。马斯洛的观点假设：人们也是会对工作产生兴趣的，工作就如同玩乐和休息一样自然；大多数人都具有创造性；一般人都会接受并认真完成自己的工作职责，也经常谋求额外的职责，承担责任；完成工作目标对于人们来说是种实现自我价值的过程。麦格雷戈将这个理论命名为 Y 理论——参与式的管理模式。

在试图将该理论推广给领导者们的过程中，麦格雷戈提出，信奉 X 理论管理模式的领导者们的最终管理结果将不可避免地达不到预期，甚至会彻底失败。如果他们相信员工都是平庸之辈，那么他们的公司业绩也只会是平庸无奇。然而如果他们相信大多数员工都是有潜能的，相应地公司也会产出不错的业绩。那些信奉 Y 理论的管理者们，他们的主要特质有：

- 坚持自己的信仰；
- 愿意授权下属，以助团队成员成长；
- 明确工作行为标准；
- 能够也愿意相信他人，并得到他人的信任；
- 坚决支持团队工作；
- 对人们的期许、担忧和尊严持开放态度；
- 能够正视事实；
- 鼓励个人与团队成长；
- 确保员工在愉快有偿的环境下工作。

可以看出，麦格雷戈 Y 理论管理模式以马斯洛的研究为基础。Y 理论认为人们有更高阶的追求，尤其是在自尊和自我实现方面。管理者们会运用他们的权力制定相关政策，给予员工实现各自愿望的机会。麦格雷戈将需求动机理论与工作环境相结合，将理论以具象的形式呈现出来，以便管理者们理解与应用。

马斯洛的著作大多是针对普通大众而言的，而非针对某一特定团体，相比之下，麦格雷戈作为心理学的先锋，他的理论主要是基于实证研究之上的。他的假设认为并非只有少数人，而是所有人都能发挥较高的想象力、聪明才智和创造力。虽然这一理论在当时并没有遭到很多反对，但这一理论更像是未经证实的假设。所幸的是，差不多在同一时期，当代三大动机理论学家之一的心理学家弗雷德里克·赫茨伯格（Frederick Herzberg）基于马斯洛和麦格雷戈的学说和心理学准则做了进一步的研究。

基于我自身在领导力发展领域的经验，我对赫茨伯格的理论进行了深入的研究，从而得以验证，赫茨伯格关于动机因素的主张时至今日仍然可行有效。该理论的确是久经考验的，也值得现今的管理者熟知应用。同时，我与初级和中级管理者的合作经验可以证明，20世纪中叶激励员工的因素至今仍切实有效，因此我有理由相信在今后相当长的一段时间内这套理论同样切实有效。

03
赫茨伯格的双因素理论：
成就感和职业发展空间，比薪资更能激励员工

> 在人类文明这个层面上，了解我们的工作动机比起其他事项来说显得更为重要。在所有心理学相关的问题之中，关于动机这一课题也有着许多不同的解读，大多数动机因素的假设都与个人态度或有限的工作经验相关。
>
> ——弗雷德里克·赫茨伯格

赫茨伯格是位临床心理学家，他认为"精神上的健康是人这一生最核心的问题"。从上述赫茨伯格的引言中可以窥见他对于工作动机心理学的理解，他认为了解这一动机是十分重要的。然而，在当时几乎没有证据可以证明人类日益增长的需求是可以被满足的。基于以上的原因，赫茨伯格与同事伯纳德·莫斯纳（Bernard Mausner）、芭芭拉·斯奈德曼（Barbara Snyderman）在该领域里开展了第一项课题研究，并于1959年合著了《工作的激励因素》（*The Motivation to Work*）一书。

有趣的是，赫茨伯格在书的前言中所描述的经济场景，正是21世纪初西方国家所经历的，如下引述。

> "我们的经济状况是充满变数的，当影响范围涉及公众这一层面时，事态就会变得很糟糕。我们已逐渐将关注的重心从员工工作懈怠和产能过剩

问题，转移到高失业率和工业危机这些更为严重的社会问题上。在所有这些问题中，员工与其工作的关系仍然是最根本的问题。尽管随着经济的起伏就业充分或不充分的情况会出现，但是我们不应该忽略个人对于工作的态度与岗位留任之间的联系。事实上，在就业低潮期，是否留任一名员工应更多地取决于该员工的工作积极性。"

稍后我们会证实，赫茨伯格的理论不仅仅适用于 2007 年的全球金融危机，他对于工作环境下动机因素的理解如今依然适用。

赫茨伯格的研究目的比较简单明了，即"在工作中，什么事情是让员工满意的，就要加强他们这种感受；什么事情让员工不满意，就要减少此类事项"。研究人员对来自于美国匹兹堡（重工业地区）的 9 家公司的 204 名工程师和会计师进行调查，其中 8 家公司是规模大小不一的制造业公司，另外一家是大型的公共事业公司。每一位调查对象都被要求回忆他们对工作最满意和最不满意的部分，回忆内容包括长年累月的事项或短期突发的事项，以及他们对此事的感受。每位调查对象平均写下了两到三件事，并且被鼓励写下自己的真实感受，无论是正面情绪还是负面情绪。研究者们试图找到所发生的事件与员工感受之间的联系，以及这些影响所导致的结果。实际上，研究者是想找到员工转变态度的原因，所发生的事件以及这些事件对员工士气的影响。

研究者分析了调查对象的反馈之后，以百分比的形式将激励因素进行了排序，罗列于表 3–2 中。

表 3–2 影响动机的激励因素

因素	百分比（%）
1.工作中的成就	41
2.对工作成绩的认可与赞赏	33
3.工作本身的魅力	26
4.工作责任	23
5.职业发展空间	20
6.薪资	15

（续表）

因素	百分比（%）
7.个人成长的可能性	6
8.人际关系——下属	6
9.社会地位	4
10.人际关系——上级	4
11.人际关系——同级	3
12.来自上司的监督——技术层面	3
13.公司政策与管理方式	3
14.工作环境	1
15.个人生活与工作的关系	1
16.岗位安全性	1

因为有时影响事件的因素不仅仅只有一个，所以激励因素的总占比超过100%。

第1~5项是可鼓舞员工达到激励效果的激励因素，第7~16项是可预防员工不满但无法真正激发员工积极性的激励因素。第6项薪资因素则自成一派。对于第一类激励因素的具体阐释如下。

- **工作中的成就**：调查研究显示，对工作满意的事项中，成就感这一因素占41%之多。每一位调研对象（无论是工程师还是会计师）都提及完成工作的成就感。

卓越领导者之见

人们喜欢成功，律所里的每一位员工都因我们律所被《星期日泰晤士报》评选为"年度最佳律所"而高兴。这些荣誉称号是很重要的，就我个人而言，我因拿到《星期日泰晤士报》这个奖项感到十分骄傲，同时也佐证了我们的员工认为我们是很棒的。

——凯文·戈尔德（Kevin Gold），Mishcon de Reya 律所合伙人

- **对工作成绩的认可与赞赏**：认可与赞赏来自于多个维度，包括上级、同事、客户或下属，通常与完成某种特定任务有关。

> ### 卓越领导者之见
>
> 我认可所有员工的存在价值，会同样关注前台接待人员或管理者们，因为他们在这个公司里都同等重要。作为一家包容性很强的企业，我们的管理者团队为各个层级的员工发声。
>
> ——卡门·沃森（Carmen Watson），Pertemps 公司首席执行官

- **工作本身的魅力**：工作本身的魅力可以提升员工的工作满意度，无论是工作本身的特性，还是由该项工作内容带来的成就感或认可度。在完成工作的过程中，员工所遇到的创新、挑战、变动以及机遇都有助于工作满意度的提升。

> ### 卓越领导者之见
>
> 工作本身的魅力与你是否享受工作息息相关，它在一定程度上决定你是否愿意接受挑战、尝试新鲜事物并积极创新，是否愿意与同事协作，是否希望受到领导的赞许及认可，是否渴望受到组织栽培并为下一步发展做准备。这些都与你是否能够在工作中体验到乐趣有关。所有的这一切会使人们相信自己的付出是值得的。
>
> ——伊恩·门罗，New Charter Housing 公司首席执行官

- **工作责任**：工作责任感使员工在无需上司监督的情况下完成工作，对自己应完成的工作负责，对他人的工作负责，以及对新委派但尚未正式授予或提前说明的工作负责。

卓越领导者之见

在我们公司里，我们会最大限度地将权力下放给管理者和团队，让他们享有自主权。你授予下属的工作职责越多，说明你越信任他们，你给予他们的发展空间越大，他们就会越努力，因为他们会深刻地感受到自己正在参与公司业务。这不是随便说说的，我们公司就是这么做的，这也是我们未来的发展方向。你需要给员工一些权力和责任，让他们自己做出更多的决策。

——威廉·罗杰斯，UKRD集团有限公司首席执行官

• **职业发展空间**：不言而喻，职业发展空间就是指员工是否能被提升，职位升迁很多时候是在出人意料的情况下发生的。这一因素往往与员工的成长感受、对工作的认可度和成就感以及工作职责完成情况有关。

卓越领导者之见

我们的人才策略致力于解决两个非常简单的问题——"公司需要什么样的人才"和"员工如何在公司里体现其价值"。第一个问题的答案是训练有素的员工；第二个问题的答案是能够施展才能并获得成长的平台。虽说这两项准则平平无奇，但结合在一起所发挥的作用是巨大的。我们将企业的需求与目标同步给员工，员工也在交付的过程中获得成长，从而形成强有力的良性循环。

——大卫·费尔赫斯特，麦当劳（欧洲区）首席人力官

赫茨伯格认识到，上述5项激励因素与工作本身息息相关，然而表3-2中的第7~16项与工作条件的关联度更高。这些因素与员工的工作满意度实际相关，若缺少这些因素可能会引起员工不快。我们对于后一类因素的描述如下。

• **个人成长的可能性**：基于工作条件的变化，随着工作经验的积累，员工因工作所取得的个人成长或增多或减少。虽然岗位的转换可能会带来晋升的

可能性，但是也会有员工被告知基于之前的经验自己缺乏晋升岗位所需要的资质。

- **人际关系**：人际关系是否优质不仅仅指与客户或与其他员工的沟通是否顺畅，而且还包括与上级、下级、同级的相处是否愉快。

- **社会地位**：在此次调查中，受访者将这一因素作为影响他们工作满意度的指标，主要体现于公司是否会配备秘书或公司用车这些方面。

- **来自上司的监督**：指上级对于员工是否能胜任工作的监督方式是否公允，除此之外，还包括员工是否愿意被监督，或者上级是否授权或指导下属等方面。

- **公司政策与管理方式**：主要有两种类型，其一是公司组织层面的政策，比如组织内部如何有效地沟通；其二是对于员工来说喜忧参半的公司政策，比如人事规章制度。

- **工作环境**：包括很多因素，比如办公场所的通风条件、照明环境、办公用品、办公空间和其他工作环境要素。

- **个人生活与工作的关系**：调查对象仅仅只提及了工作中某些方面对于其工作态度的影响，比如员工家人对于公司强行搬迁的决定就不是很高兴。

- **岗位安全性**：岗位的安全性与不安全性会影响公司员工结构的稳定性。

研究者们试图确定所有这些因素是否构成导致工作满意度提高或下降的主要原因。基于调研，他们推断表3–2中的前1~5项极少会引起员工的不快，然而其他因素则是引起员工不满的主要原因。提高员工对工作的满意度和提升员工对工作的积极性，这两者的影响因素是要分开而论的，并且要与那些引起负面情绪的原因作区分，因为这两者并不是对立面。对工作满意的对立面并不是对工作"不满意"，而是"没有满意"；同样，对工作不满意的对立面并不是对工作"满意"，而是"没有不满意"。

赫茨伯格基于上述原因，将那些与工作本身相关的因素命名为"激励因素"，如工作中的成就感、对工作成绩的认可与赞赏、工作本身的魅力、工作责任、职业发展空间。而那些与工作本身无关的因素被命名为"保健因素"，因为这些因素所扮演的角色与医疗保健卫生相似。良好的医疗卫生条件本身不会创造健康，但是没有这些条件的保障就容易引发疾病。此外，对任何一家医疗机构，人们都期许着良好的医疗卫生环境，但很少有病人会夸赞医院是多么干净的，可一旦医疗机构的卫生情况不尽如人意，就会被严厉指责。这也正如马斯洛先前所言，满足员工的基本需求并不是有效的激励因素。

最后，研究者们想借由数据分析出积极态度的形成能持续多久。研究表明，与工作本身相关的因素，如工作魅力本身、工作职责和职业发展，大多对形成积极的工作态度具有长远的影响。然而，工作的成就感和认可度这些因素对于工作态度的影响力则是短期的。但这并不意味着成就感和认可度对于员工形成积极的工作态度是不重要的。在长期激励的过程中，这两者仍然经常被广泛应用。

薪资

在《工作的激励因素》一书中，赫茨伯格将薪资作为独立的激励因素来考量。在采访过程中，关于经济报酬的课题总是围绕着薪资涨幅或其他类似的、尚未被满足的期许。正如我们在表 3-2 中所看到的，薪资对员工的工作满意度也是一个重要的影响因素。除了上文提及的五大激励因素之外，该因素也可在任何重要的场景之下被用来激发员工的积极性，提升他们的工作满意度。而进一步的研究结果表明，增加薪资的激励效果在长短期来说几乎是一样的。然而，降低薪资所带来的长期负面影响却可达到短期影响的三倍。因此研究者认为，薪资这一因素是为了减少员工不满的保障因素，而不是增加员工满意度的激励因素。

除此之外，在将薪资作为保障因素的场景下，该因素往往与公司内部薪酬体系的公平性挂钩。一旦薪资涨幅不高或迟发薪水，抑或工资性收入体现了不公平性，那企业就会立刻受到指责。相反，在将薪资要素作为激励因素时，该因素往往与个人成就、工作成果的认可度挂钩，薪资越高，越是证明了个人价值。而研究者们之所以将薪资要素作为保健因素，是因为它解决了两大问题：一是有助于避免收入不公平的现象，二是有助于消除被不公平对待的感受，这也是基于所有参与调研的调查对象的回答而言的。赫茨伯格认为，每当员工们被问起"你不满意工作的哪个部分"时，工资与奖金是最常被提及的答案，而这个答案同时也是"你最想从工作中获得什么"这一问题的常见答复。同时，赫茨伯格也将员工工作的士气纳入调研之中，结果表明，比起所得到的具体报酬，员工更注重的是薪酬体系的公平性。因此，结合了所有的数据我们可以得出这样一个结论——薪资更像是保健因素，而非激励因素。

卓越领导者之见

人们用金钱作为衡量工具，"我是个价值 30 000 英镑的人"或者"我值 50 000 英镑"。当你对现状不满意时，如果得到了更多的钱，那时你就会想"哇哦，现在我感觉好多了"。可一旦当你稍感不称心时，这种感觉就会消失殆尽。所以，金钱只是保障，它所起到的激励作用比自尊、成功、成就感和赞赏小得多。

——亨利·恩格尔哈特，Admiral 集团有限公司首席执行官

值得被提及的是，薪资这一因素在《工作的激励因素》一书中的定义是工人的周薪或月薪，不包括任何其他的奖金或与经济相关的激励因素。赫茨伯格力求解释内在因素与成功的关系，并在书中给出了现实情况中生产力、员工工作满意度和忠诚度同时提升的企业案例。他的确证明了他的观点。然而在很多案例中，调研对象往往都是具有高度工作责任心并且工作也受到了认可的员工，而责任心和认可度本来就是激励因素，因此该调研结果受到了些许质疑。

自我实现

在马斯洛的需求层次理论中，"自我实现"是最高层次的需求，意味着"个人所有的需求或理想全部可实现"。他将自我实现等同于心理健康，健康的心理可以助力于人的成长并激发人的所有潜能，可以使人"充分运用和探索自己的天

资、才能和潜力等"。

马斯洛在其书《人性能达到的境界》（*The Farther Reaches of Human Nature*）中是这样解释的：

> "追求自我实现的人，他们无一例外地会对高于小我的事业赋予意义，并将其作为自己的使命去实现。他们愿意投身于工作或其他对于他们来说极其重要的事情中去，将这些事情称为事业。自我实现的人为着他们称之为使命的事情工作，因此在他们看来，将工作和生活所带来的愉悦一分为二来看是不可能的。"

赫兹伯格从中采纳了"自我实现"这一术语，并且认为"自我实现"是影响员工工作态度的五大激励因素之首，员工只有实现了自我价值才能提升工作满意度。

人倾向于在生活中的各个领域实现自我价值，其中最重要的一个领域就是工作。如果他们的工作环境并没有为他们提供这份基本保障，他们就无法真正激发出实现自我价值的潜力。只有领导者基于员工工作表现而给予他们的奖励才能激起他们的斗志。

赫兹伯格解释道，与工作条件相关的外因（保健因素）可以有效控制员工的不愉快情绪，而激励因素则为员工提供发挥其潜能的契机。前者能起到预防作用，后者能促使人上进。两类因素都能满足员工的各类需求，但激励因素可以真正激发员工的工作积极性并提升其工作满意度，从而达到激励的效果。

将赫茨伯格的主张和马斯洛的需求层次理论结合来看，一旦员工生理方面、安全方面和社会需求方面的需要没有被满足，员工就会心生不满，但这些因素对员工的激励作用却相对较小；而若满足了员工自尊、自我实现方面的需求，员工的积极性和工作满意度就会被激发出来。因此马斯洛和赫茨伯格都强调了，领导者们可以运用激励因素来提升员工效率，更好地实现工作目标。

后续调查

赫茨伯格在《工作的激励因素》一书中的调研，其调研对象只有两类工种：男性工程师和男性会计师。研究结果记录了调研对象所提及的对工作满意或不满意的几处情况，这不禁让研究者们争论由 204 份样本所得出调研结果是否适用于所有情况。虽然他们明白这仅仅是个推论，但这项研究的调研采样范围应该更广，应扩大调研对象的教育和职业背景。

1968 年《哈佛商业评论》上发表了赫茨伯格"再论如何激励员工"的论文，他在这篇论文中发表了基于原调研之后的 12 项不同的调查结果。这项后续调查的范围扩大到各个国家，调查对象涵盖了各个不同的专业领域，男女雇员的取样人数达 1 685 人。

后续调查的结果汇总在图 3–2 中，这一研究成果佐证了赫茨伯格原先的推论，即激励因素是员工工作满意度提升的主要原因，而保健因素则是员工工作不满意度降低的主要原因。

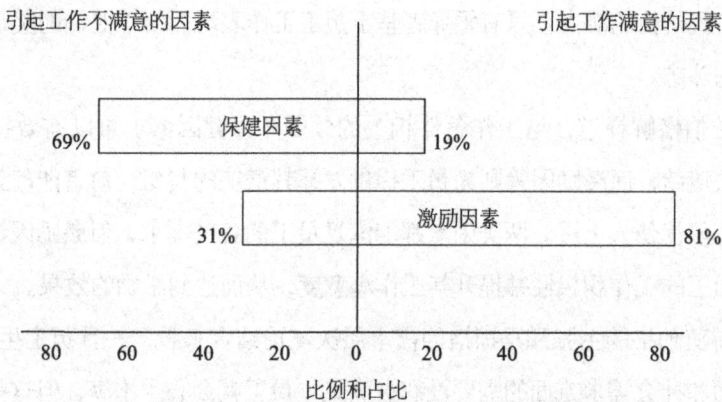

图 3–2　基于 12 项调研得出的影响工作态度的因素

为了深入研究赫兹伯格的理论，巴塞特–琼斯和劳埃德调研了 3 200 位工作者，他们得出结论：金钱和认可度并不是激励员工努力工作的主要原因。然而，他们与赫茨伯格的推论一致，认为内因的激励效果更好。

近来，由《麦肯锡季刊》在 2009 年所组织的全球性调研覆盖了来自各领域的 1 047 位总裁、经理和雇员，这项调研所得出的结论佐证了一个事实，那就是非经济类的激励因素，如奖励、与上级的沟通、岗位升迁的机会，都比经济类的激励因素来得有效，详见表 3–3。

表 3–3 《麦肯锡季刊》在 2009 年 6 月的全球调研

	有效性［调研对象回答"极其有效"或"非常有效"的百分比（%）］
非经济类激励	
来自上级的及时表扬	67
来自管理者的关注	63
带领项目或团队的机会	62
经济类激励	
基于工作表现的奖金	60
基本工资的提升	52
股票或期权	35

结论

综合了赫茨伯格的调研以及所有类似的后续调查研究，我们得出如下结论。

（1）有关于工作本身的、可提供个人成长机遇的、可实现自我价值的激励因素能够在更大程度上激励员工，激励效果也更持久。激励因素包括工作中的成就感、对工作成绩的认可、工作本身的魅力、工作责任和职业发展。

（2）与工作有关的外因被称为保健因素。如果员工的基本生理需求没有得到满足，员工就会对工作产生不满情绪。然而这些因素的激励效果较小，随着保健因素的增加与改善，员工的期望值也越来越高，或者会将其看作应得的权益。保障因素包括上级的指导、社会地位、岗位安全性、办公条件及公司政策等。

（3）与其将薪资作为激励因素，不如说薪资这一因素对于降低员工工作不满意度这方面的作用更大，鉴于以上原因，薪资通常被归类为保健因素。

（4）保健因素和激励因素的分工是独立且明确的，两者只是所面对的需求不同，但并不是互为对立的。

我的调研成果

我花了一辈子的时间与英国服务行业的企业打交道、带团队，发现比起与工作相关的因素，内在因素更能激发员工。比如从服务对象那里收到积极的反馈、为更好地服务客户所做出的额外努力得到了客户的认可，这些都是服务行业的工作者所能获得的潜在激励。在过去的 15 年间，我为不同部门和不同层级的管理者们培训领导力课程，从而有机会在他们身上验证自己的设想。在大多数课程临近结课之前，我会要求学生们罗列出 11 项因素，以对自己的激励成效为标准，为这些因素进行评分。虽然受训者并未意识到激励机制的重要性，但是实际上那些因素就是赫茨伯格所提出的保健因素和激励因素。

我们将这些因素进行解读之后，要求学员将最有效的激励因素评为 1，将激励效果最不显著的因素评为 11。经过一系列的问题收集与分析环节之后，我会在稍后的课程中介绍赫茨伯格的理论。之后我将所有个人做出的因素评分相加，并除以反馈因素的数量，从而得出小组的平均分，受访者则可以将自己的分数与小组分数作对比。

无数次课堂实验所得出的结果都高度一致。虽然每个人的观点不同，所写的影响因素不同，但不出意外的是，前五大影响因素正是赫茨伯格的激励因素。虽然影响因素的排列顺序略有变化，但是保健因素从未占据过五大影响因素的榜单。因此我坚信，我自己的实验与设想正好得以验证赫茨伯格的理论。推行赫茨伯格理论势在必行，领导者们必须了解激励因素对于团队成员的重要性，也必须为下属们提供成长和发展自身潜力的机会。

2013 年我与就职于一家国际性奢华酒店的各级管理者共事。在团队管理者分组讨论的环节，我邀请了部门主管和管理团队共同完成了上述的这一系列调研。表 3–4 记录了影响因素的相对排名与得分，分数是所有参与者的小组平均分，这次我们同样将最有效的激励因素评为 1，效果最差的激励因素评为 11。

值得一提的是，此次调研的样本规模和特定行业领域保障了调研结果的权威性和价值，我们的最终结果高度一致。同时，此次调研成果也为心理学理论提供了极具说服力的依据。领导者们都应运用相关的策略丰富员工的工作生活，从而调动员工持久性的工作激情。

表3—4　关于激励因素的调研结果——以某奢华酒店三个管理层作为调查样本

执行团队		部门主管		团队领导	
分数	因素	分数	因素	分数	因素
1.2	成就感	1.6	成就感	2.9	成就感
2.2	工作本身	3.4	工作本身	3.2	工作本身
4.2	责任感	4.0	认可度	4.3	责任感
4.4	认可度	5.7	成长与发展	4.6	成长与发展
5.8	成长与发展	5.8	责任感	5.0	认可度
6.2	上级的指导	6.1	薪资	6.5	薪资
7.6	地位	6.5	地位	6.9	上级的指导
7.8	岗位安全性	6.9	岗位安全性	7.3	地位
8.0	薪资	8.4	上级的指导	7.3	岗位安全性
8.4	工作环境	8.6	工作环境	8.6	工作环境
10.2	公司政策	9.1	公司政策	9.3	公司政策

04
积极心理学：提升员工的幸福感，他们的工作效率会更高

对于赫茨伯格来说，"激励"与"快乐"这两个词实际上是对等的。在阐述保健因素与激励因素的相互关系中，他提到"研究表明，员工工作开心的因素与导致其对工作不满意的因素是完全不同的"。开心的工作有助于提高工作满意度，也有助于提升绩效。

自21世纪，一个人的幸福程度成为心理学的一个分支，这一分支被称为积极心理学。有趣的是，积极心理学这个词还是由马斯洛首次提出的，他将《动机与个性》一书中的一个章节命名为"通往积极心理学"。在近现代中，积极心理

学则是由前美国心理学会主席马丁·塞利格曼（Martin Seligman）首先提出的，塞利格曼在其著作《真实的幸福》（*Authentic Happiness*）中对此有所阐述。

塞利格曼是心理学界公认的权威，对心理学的多个方面均有研究，如抑郁、悲观主义及自我救助等。他曾发起一场运动，颠覆性地提出心理学应当调整其研究方向，从关注人的"疾病"模式（即致力于找出一个人到底哪里出了问题，并找到解决之道）转向关注可以提升人们幸福感、满足感和心理健康的方法。积极心理学推广了积极情绪与个人力量的益处，这些益处能带来很好的结果。人们在工作场合或其他地方的行为会影响他们的想法和感受。如果一个人情绪低落或不开心，比起那些开心的、受到鼓舞的、倾向于实现自我价值的人，他们可能会相对缺乏创造力和生产力。

从本质上来说，积极心理学关注的是人的长处而非人的弱点，主要探讨人们如何从生活中的各个方面获得力量。事实上 2011 年 7 月，塞利格曼曾建议英国首相大卫·卡梅伦（David Cameron）将国民的幸福指数作为衡量国家繁荣与否的一项指标。塞利格曼列举了模型中的三大支柱。

（1）**积极的体验**：主要研究人们以往的幸福感、满足感，人们对于当前幸福的感受，以及人们面对未来的乐观心态。

（2）**积极的人格特质**：让人们享受由工作、智慧、正直和希望等特质带来的快乐生活。

（3）**积极的体制环境**：培养及鼓励人们从有意义的工作中获得积极性的体验。

我们在此讨论的是最后一点——领导者们如何应用积极心理学作为激励员工的一种手段，并让员工意识到自己的潜能，从而产出更好的绩效，使得员工更有归属感，人才也得以保留。

心理学家罗伯特·毕斯沃斯-迪纳博士（Dr. Robert Biswas-Diener）是积极的橡果公司（Positive Acorn）的创始人，他在波特兰州立大学的演讲中说道：

"组织并不需要确保雇员无时无刻地感到开心愉悦。这是不现实的。人总会遇到不开心的日子，堵车、收到违章停车的罚单以及其他各种各样的困扰。然而，我认为组织的确有一定的责任为员工营造无害的工作环境，一旦企业这么做了，他们自然能拥有积极向上的员工，并取得成功。"

卓越领导者之见

我坚信工作中要有乐趣，来公司工作的员工需要度过一段美好快乐的时光。我也相信，员工一旦在工作中获得乐趣，他们的工作效率会更高。员工越努力去寻找乐趣，也会越投入到工作之中。这在工作前期可能需要企业投入一定的时间或精力，但最终所取得的成功会远远超出预期。

——凯文·戈尔德，Mishcon de Reya 律所合伙人

约翰·路易斯的幸福准则

关于"幸福准则"，最为世人所熟知的拥护者就是约翰·路易斯合伙公司（John Lewis Partnership）。这一准则是由史派登·路易斯（Spedan Lewis）构想出来的，他的父亲在伦敦牛津街上开了这家百货公司。在一次意外事故之后，为了给员工提供更好的工作条件，也为了使公司利润分红更为公允，史派登·路易斯开始重新规划公司未来业务的发展方向。1920 年，该公司第一份股份制方案诞生，让员工代表一同参与到股份认购当中。如此看来，史派登真是一位眼界远超同辈的卓越领袖。

让员工成为公司合伙人的理念一直延续至今，公司表示，此行动在让公司里所有的员工都感受到自己正在一家成功的企业里做着一份有意义的工作，从而感到幸福。

斯图尔·特汉普森爵士（Sir Stuart Hampson）于 1982 年至 2007 年间担任公司主席，他向我们解释道：

"在零售行业，有些工作岗位是很乏味也很辛苦的。我们的公司组织结构能让所有的雇员共同承担起公司未来发展的这份责任，同时也共享利润、信息与权力，这些都有助于提升员工的工作满意度和敬业度。人都是很现实的，如果没有优秀管理者的约束，员工是不会有意识地投入到工作中去的，而我们的奖励机制和晋升策略则可以兼而得之。"

该方法从本质上来说是与投资人所推崇的"股东价值"这一理念相左的。比起通过经济上的回报来刺激员工的做法，约翰·路易斯合伙人公司推崇让员工从自己的劳动中获得合理的报酬，这一理念真正刺激了员工，因为组织的成功就是他们自己的成功，员工可以获得自己应得的那份分红。这样做的最核心目的是让员工感到开心，开心本身是不可估量的，同时它也是企业可持续发展的基石。

以人格优势为本的方法论

在塞利格曼关于积极心理学的初步研究中，他试图证明人是存在性格优势的，并且这些性格优势可以中和人性的弱点。他总结了一些个体的人格优势。他在 2006 年提出，一些个性特质如热情、对未来充满希望、好奇心、感恩和爱，能让人在一生中都感到幸福与满足，因此幸福的关键在于培育自身的人格优势，他将此称为"标示性优势"，这也恰好能为管理者所用。

亚历克斯·林利（Alex Linley）是积极心理学应用中心的创始人，他在其著作《从平凡到卓越》（Average to A+）中提到了人格优势的表现形式是"一种原本就有的能力，比如行为方式、想法或感受等，会以某种特别的形式存在着，能真正给予人力量，能让人发挥出最佳的水平和最优的表现"。除了认同塞利格曼所提出的人格优势具有普适性，亚历克斯还认为人是有其他"特殊优势"的，并且他与他的团队已经识别出超过 100 种其他优势。他认为，所有人都有"标示性优势"和"特殊优势"这两种，而对于"如何让人格优势得以发挥"这一话题的探讨是永无止境的，因为每个人的经历和个性的组合不同，在不同的环境下，他们所表现出的人格优势也会有所不同。

林利积极心理学的方法论认为领导者应该辨识并利用好员工的天然优势，作为提升员工幸福感的方式，最终员工的绩效表现才会得以提高。他说："积极心理学关注于人们可以将什么事情做得很好，什么事情是他们特别擅长的，做什么事情可以让他们展现出自己最佳的一面，并做出突出贡献。"

林利指出，在人事管理中，以下两项常用的方法论实际上是有悖于积极心理学的。

（1）**绩效评估**：林利预估绩效评估让管理者们花费了近20%的工作时间去讨论员工擅长什么，员工需要在哪些领域做出改进。"这是个使人疲惫、沮丧、产生疏离感的过程。"林利如是说。他进一步建议，这几十年的研究都证明了员工很少会花费大量的时间去改变自己。如果一位员工待在组织里十年，有了10份年度评估报告，那么对于他的改进建议可能只是年复一年的重复性意见罢了。

（2）**能力模型**：这一模型要求每个人在自己岗位上的各个领域都要能力出众，但林利认为，在英国工业界，这种"一刀切"的方法对于平凡岗位上的人员来说就是种"诅咒"。

当员工欠佳的工作表现影响了工作产出时，管理者就需要予以指正并采取相应措施。诚然，团队的领导者需要鼓舞团队成员，但是将员工的能力通过书面报告详尽地记录下来就显得不那么重要了。

了解人格优势的目的是将之与内在激励因素联系起来，让员工享受其中的乐趣，从而更有意愿、更富有激情地工作，而不是通过外部刺激其做事。只有当我们真正发挥自己的特长，经历过许多做事的过程之后，如快速学习、忙碌得忘却了时间、高效地完成任务、全身心投入工作以及享受工作的乐趣，才会切身体会到这种参与感。

莎拉·路易斯（Sarah Lewis）在其书《工作中的积极心理学》（*Positive Psychology at Work*）中列举了优势理论的几个基本要素：

（1）专注于什么是合适的、有效的、有利的；

（2）意识到人格优势是我们天性的一部分，每个人都有其长处，都有值得尊敬的地方；

（3）坚信一个人最有潜力的领域就是其人格优势最出众的领域；

（4）坚信只要充分发挥我们最大的优势，就能弥补自身的弱点；

（5）坚信只要运用我们的优势，即使是最小的事情，我们也可以做出一番成绩；

基于人格优势的积极心理学所运用的激励原则要求管理者从战略的高度来看待团队中的成员，从而识别每个人的特别能力。有时候这些优点显而易见，但并不是一直如此。当人们有机会发挥其长处，展现他们真正实力的时候，有些人甚至会因为过于专注手上的工作而忘记了时间。

有一系列的工具能帮助领导者们识别自己和员工的优势。其一就是由VIA优势调查提供的在线问卷调查。完成调查问卷之后，调查对象会得到一份结果报告，上面会列出他们的五大"标示性优势"，比如有毅力、爱、感恩、诚实和对未来充满希望。

一旦明确了员工的人格优势后，管理者们就有责任提供可以将员工的优势发挥至最优的机会。这意味着领导者们需要重新分配任务或安排工作角色，以帮助员工在其擅长的领域投入更多的时间。优势互补的员工可以两两组队，或者根据特定的任务组成一支具有不同人格优势的团队。

来自于积极心理学应用中心的亚历克斯·林利和尼基·佩奇（Nicky Page）提出了构建以人格优势为基础的组织的五个步骤，具体如下。

1. 对于人格优势做出深刻全面的了解

优势并不仅仅是指"人们所擅长的事情"，我们对优势的定义是"一种先天的能力，会通过特定的行为、思考方式或感受表现出来，能够真正激发人表现出最佳的一面"。

2. 知道从哪里着手搭建组织是最好的

所有的企业都是一个个团队的集合。正因为如此，建议以人格优势为本的企业可以从搭建一个以人格优势为基础的特别小组开始。之后，你可以选择将此小组列为核心领导小组。

3. 更广泛地了解构建组织可采用的方法

构建组织的方法包括传统的阶梯式模型、组织深化分析、根据特定业务或地理位置划分组织或者依循员工的积极性为考量标准构建组织。

4. 识别出关键性因素

现存的评估程序是否适用于人格优势方法论？现有的绩效管理方法如何？若将人格优势素作为考量，你就能轻松回答上述问题，进而了解到下一步该如何做。我们需要做的只是转变理念与重心。

5. 耐心

创建一个以人格优势为中心的团队和组织并不是一蹴而就的。我们需要花点时间，确保在变革的每一个阶段都根据实际情况对方法论做出及时、适当的调整。

以下是一则实际应用案例，该组织的领导氛围都随着方法论的实施发生了翻天覆地的变化。

【案例学习】积极心理学——英国宇航公司（BAE Systems）

2007 年，几位来自英国宇航公司的人事高管参加了一场由积极心理学应用中心的创始人亚历克斯·林利带来的咨询类课程项目。在项目中，宇航公司里航空支持业务部门的人事负责人与林利进一步接触，探讨了积极心理学如何能够帮助企业迎接挑战。

英国宇航公司是一家设计航天器的大型跨国公司，雇员达 107 000 人。该公司为海陆空三军提供全方位的设备与服务，同时也涉猎先进的电子设备领域、安全领域以及信息技术领域，为客户提供相关支持性服务。航空支持业务部门是为航天器设计与建造引擎发动机的传统部门，但目前正在转型，致力于成为以客户为导向，为其提供维修与支持性工作的部门。这就意味着，约 12 000 名员工将要从公司本部两大主要引擎中心调动到英国皇家空军（RAF）指定基地，与英国皇家空军一起工作，在某些情况下，员工还需要在过程中指导他们。公司意识到，这一重大转变对于管理者的心态和实际管理过程带来了极大的挑战。

据人事负责人肖恩·沃茨（Sean Watts）所述，人事管理工作所面临的最大挑战是在企业改革过程中向那些即将与客户合作共事的经理和员工们说明他们即将面临的挑战。从这个角度上来看，沃茨说："公司会优先关注员工在领导力发展方面是否成功。"

因此，林利与他在积极心理学应用中心的同事与公司高级管理层（SMT）协作，建议他们采用尼基·佩奇人格优势五步法中的两步走。

积极心理学应用中心的顾问们采访了所有16位董事成员、20位高级管理人员和一些大股东，也包括人事总监，借以评判出英国宇航公司在当下及未来需要什么样的领导力。他们最终结合董事会的意见，得出"领导力优势画像"，其中包括几项标示性优势。然后，调研者让董事会成员按照这些因素为自己打分，这些因素都与他们的绩效表现和擅长领域相关。

根据这次调查，董事会被分配了几项关键性的任务：一些任务是早已安排在日程上但一直悬而未决的。然而这次任务分配并不是按照工作职责进行的，而是按照各自的人格优势进行的，并且限时一个月。成员们虽然仍然承担着日常且充满挑战性的工作角色，但公司额外分配给他们的项目更能够吸引他们自发地去完成，并且在完成任务的过程中找到乐趣。

林利回忆道："这一个月的经历实在是很棒的体验。就像在学校里拿到了A等的成绩单一样，所有的项目参与者都受到了鼓舞。这项调研恰好验证了优势方法论。董事会也告诉我说，他们喜欢这个方法论，并且想在公司里继续推进下去。"其实，在董事会层面启动这样一项革命性的方法论可能是有点冒险的，沃茨道："这是项风险与收益并存的案例。当我们发现他们欣然接受了这一方法论时，我们也对此更有信心了。"

随后的方法论应用在以下几个方面。

- 从人格优势的角度分析个人与团队的发展；
- 领导力高级班的课题包括员工参与和沟通、战略管理和以人格优势为本的领导力发展；
- 个人优势的指导包括规划方案、个人成长、教练的选择与匹配过程，跨度为6月至12月的一对一指导；
- 针对公司高级管理层的领导力高阶指导班，历时18个月。

林利和他的团队收到了很多积极正向的反馈。人们会交流他们自身的细微变化给工作带来了哪些影响。

积极心理学应用中心将此次项目成果记录在案，具体总结如下。

- 公司高级管理层之间的协作显著提升，人与人之间以多样的方式进行组合协调，做出令人满意的结果；
- 同辈之间、员工之间和管理者之间的行为各有差异；
- 管理团队中的成员感受更真切，参与感更强，更受鼓舞也更加开心；
- 人们专注于交付任务所需要的人员素质，并依此调整决策；
- 综上，员工们的领导力有了更好的表现，这也是整个调研的核心所在。

然而林利指出，以人格优势为本的方法论并不仅仅是对于工作中快乐与健康的定义的延伸，此次调研的一项结果表明，工作中快乐的提升是不断增加的。"正如亚里士多德所言，快乐是做对了某些事情的感受，而不是你所追求的最终目的。"林利说，"这些数据支持了该论点，即当你认同人格优势理论时，你随之得到的参与感和快乐只是其中的一个小成就。"

沃茨支持这一观点，认为"有些人可以成为最伟大的战略家，但是不一定精于人员管理。也是时候让人们各自发挥其特长了"。用林利的话来说，人格优势理论与传统的能力模型不同，该理论要求工作任务需按照最高的标准进行交付，竭尽员工的所能，以A等标准完成大多数的任务。但也有一条规定，如果你不擅长某事，那只需勉强通过，达到C等交付标准即可。理想的状态是，工作分配须平衡有度，这样员工就可以在他们不擅长的领域花费较少的时间，在他们擅长的领域上投入较多的时间。

| 本章小结 |

此段为拓展小结，希望领导者们可以将如下的九项建议视为提高员工激励成效的手段与方法。

1. 确保满足所有员工的需求

鉴于马斯洛的人类需求理论，每个人都会有不同的激励因素组合，管理者有责任了解团队中每一位成员的不同激励因素，并合理运用手段，最大化地激发员工的潜能。

2. 相信你的员工

采纳麦格雷戈Y理论的假设，即：

☆ 大多数人对他们的工作都是感兴趣的；

☆ 员工普遍都具有聪明才智；

☆ 人们通常都愿意去寻求并承担额外的工作职责；

☆ 员工对完成工作目标后所受到的奖励反馈很好。

3. 树立个人榜样

正如阿戴尔所说："除非你能激励自己，否则你无法激励他人，这是鼓舞人心的金科玉律。只有能够自我激励的领导者才能鼓舞他人，这就是榜样的力量。在信任的基础上，热情是会感染人的，而激励就像病毒传播一样，它只会感染人，但不能被授予人。如果领导者自身极富热情，那他对员工来说也必然是极具感染力的。"

4. 找到能提升团队成员工作满意度的方法

☆ 为工作增添多样性和趣味性，比如轮岗或交换工作任务；

☆ 提供具有挑战性的工作内容，但工作目标是可实现的；

☆ 对于低层级的员工尽可能减少官僚主义和监控；

☆ 允许员工抓住机遇，发挥才干；

☆ 强调员工对于团队和组织的成功所做出的贡献；

☆ 确保上下级员工关系是积极和谐的；

☆ 创建一个有趣的工作环境；

☆ 鼓励员工维护工作与生活的平衡。

5. 给那些需要支持的、有能力的员工赋予额外的工作职责

管理者们不应当害怕给那些有能力的初级员工赋予职责，而是要将特定任务的责任交付给他们，让他们和权威人士一起完成任务。更进一步的激励就是授权，给普通员工无需请示领导自己做决定的权力。如阿戴尔所言："员工在决策过程中的参与程度直接影响他们受到激励的程度。"

员工接受作为领导角色所应承担的责任，对于愿意肩负使命的人来说，这是另一种激励方式，可以培养他们的领导才能。一位人事经理曾引用《麦肯锡季刊》2009 年期所发表的观点，在特殊项目中的参与感"会让员工觉得自己能为解决方案出一份力，觉得自己是公司未来的一部分"。

这不仅与赫茨伯格的激励因素中的责任这一部分有关，同时也能为员工提供个人成长的机会，作为增加员工积极性的砝码。让员工承担这些额外的工作职责或工作任务，进而锻炼其工作技能并成功完成任务，可以让他们对个人、雇员和团队成员这三种角色的认知都有不同程度的成长。无论这种成长最终能否为他带来晋升，该名员工都将受到激励，进而去追求马斯洛需求层级理论中的自我价值实现。

6. 允许下属获得成功

成就感是马斯洛调研报告中最常提及的一个激励因素，同时也是激励效果最持久的因素。在我的调研中，成就感也被判定为激励效果最佳的因素。在赫茨伯格的研究中，每一个团队都有一个共性的话题，那就是如何顺利完成工作任务。因此，管理者们有责任帮助员工获得工作上的成就感，为其设定一些具有挑战性但可以完成的既定目标，并为其清除通往成功之路上的障碍。

在绝大多数的情况下，员工面对的是如同西西弗斯一般受挫的命运。西西弗斯是希腊

神话中的一位君王，因为冒犯了神明被诸神惩罚，被要求在冥界将一块巨石推上山顶，但只能眼睁睁地看着巨石又滚下山去，他也只能不断重复这项任务，永无止境。而站在领导者的角度来看，我们要确保组织中的员工有机会完成有意义的、有激励效果的工作内容。

在员工成功完成工作任务时，领导者要认可员工所取得的成就。赫茨伯格分析了五大激励因素之间的相互关系，在被调研对象所叙述的故事中，这几个因素常常被一并提及。他发现，认可度和成就感这两个因素是所有因素中联系最为紧密的，而成就感则是被提及最多的因素，高达61%。因此，当员工在完成任务后获得认可时，他们的成就感即会获得极大的满足。这些实用的认可手段有：

（1）日常的认可，比如手写的便签、团队午餐或者当场的口头奖励，这些都是低成本但很人性化的认可手段；

（2）对于员工为达成组织目标所做的额外工作提出肯定与表扬；

（3）庆祝员工在组织中的服务年限，对其职业周期表达感谢；

（4）在公司庆典上，正式地感谢个人和团队对于关键性项目或完成公司目标所做出的杰出贡献。

赫茨伯格研究表明，在员工激励因素中，金钱在造成员工的不满意和不开心的方面反而更具影响力。从心理层面的角度，员工对于大幅度加薪的感受不强，它仍然是刺激因素列表里的保健因素。领导者们必须知道，不公平的薪资架构与提升员工积极性和表现力的政策相左。

领导者要识别出员工的人格优势并最大程度地发挥其潜能。当员工潜在的弱点对其完成本职工作有所阻碍时，领导者要试图找出员工弱点，并通过对员工的评估分析为其提出可改善之处。

当员工感到自己充分发挥了潜能或后天习得了新技能时，他们是最开心最有动力的。因此，领导者们应持续关注员工展现出来的不俗的能力。一旦确定之后，领导者们就有责任确保下属们有机会在工作中充分发挥其优势。

表 3–5　"认可员工的奖励形式"领导力练习

请在下表中的所有行为里勾选出在对团队成员表达认可时你不会采取的方式。

☐ 询问他们是否享受休假或假期；

☐ 给员工家属发表扬信或致电慰问；

☐ 在工作场所里放置展板，记录员工的优秀表现以资鼓励；

☐ 在公司网站或内刊上发表个人或团队的优秀示例；

☐ 纪念特殊的日子，比如员工生日或工作周年；

☐ 表彰员工的时候，将他们所做的贡献与公司联系起来；

☐ 对于所有员工都表达认可，包括兼职员工、支持性员工；

☐ 为员工拍摄他们在工作时的照片，让他们带回家；

☐ 将客户的表扬信公之于众；

☐ 表扬员工正在做对的事情；

☐ 对员工的家庭表示关心；

☐ 给员工提供展示的机会；

☐ 为某项特殊的成就，手写表扬信给员工；

☐ 当工作做得不错时，给员工提供培训机会作为奖励；

☐ 与员工的家属、朋友或同事协商确认最佳的奖励；

☐ 每年庆祝员工加入公司的日子；

☐ 组织正式或非正式的团队活动，庆祝团队所取得的成绩；

☐ 许以员工额外的休假作为奖励；

☐ 设定有挑战性但可实现的目标，并庆祝他们所取得的成就；

☐ 让有经验的员工作为导师或教练带领缺乏经验的员工或新人；

☐ 使用个性化的感谢卡；

☐ 对员工工作中所面临的挑战表示理解；

☐ 在招聘团队新成员时，让高级别的员工以正式或非正式的形式参与其中；

☐ 授予员工额外的职责，让他们发现自己的成长潜力；

☐ 在员工生日或结婚纪念日之类的特别日子许以他们额外的一天休假；

☐ 派有经验的员工监督工作完成进度；

☐ 通过请员工和合作伙伴吃饭，表达对他们的认可；

☐ 当手下的员工表现得很好时，向你的老板表扬他/她（并且要确保他/她知道此事）；

☐ 邀请更高领导层参与员工个人和团队的庆功会。

上述行为中，有多少行为是你不可能尝试去做的？

又有多少是你为了肯定团队成员而考虑采纳的行为？

Leadership Psychology

How the Best Leaders Inspire Their People

第四章

高情商领导者——洞悉人心，才能激活团队能量

在本章，我会继续前一个章节的话题，阐述积极心理学是如何使人感到幸福、开心和乐观的。积极的情绪被认为是与个人、团队和组织的成功紧密联系的，比如乐观主义者在面对困难时更倾向于保持积极的态度，直面生活和工作中的挑战并克服它。

无论是积极还是消极的情绪都会对我们的生活造成很大的影响。它们很大程度上决定了我们是如何看待和管理自己的，比如我们在压力环境下是如何反应的，以及我们在家庭、社会或工作环境里是如何建交的。因此，表达和控制情绪的能力对我们的身心健康是极其重要的，我们接受、传达和回应他人感情的能力也很重要。想象一下，一个人如果不能识别朋友是否悲伤或者雇员是否生气，那将会是什么样的场景。这种感知、评估以及控制自身和他人情绪的能力被称为情绪智力，也被称为情商，这项能力对于各层级的领导者都十分重要。

识别人类情绪对于人类心理很重要，这一认知需要追溯到亚伯拉罕·马斯洛等人本主义心理学家，他们研究人类是如何构建情绪力量的。情商，是由心理学家彼得·沙洛维（Peter Salovey）和约翰·梅尔（John Mayer）一起引入的概念。随之，心理学界出版了许多关于这个课题的书籍，其中最为著名的是丹尼尔·戈尔曼（Daniel Goleman）于 1995 年首次出版的著作《情商：为什么情商比智商更重要》（*Emotional Intelligence: Why It Can Matter More Than IQ*）。丹尼尔认为与智商相比，通过情商我们可以更好地预测一个人是否优秀，这一生是否会成功。

智商是对智力的衡量标准，它可以估测出一个人对新知识的习得能力、对于工作任务的专注力、记忆力、提取信息的能力、推理分析能力、抽象思考能力、处理数据的能力和应用已有的知识解决问题的能力。高智商人群的 IQ 值一般都高于平均值 100，他们有能力在学术上有所成就，但这并不等同于他们能在生活或工作中获得同样的成功。我们很多人都有这样的体验，高智商人群在工作中往往身居管理者之位，但他们通常难以相处，也不擅于激励同事和下属。造成此类状况的原因很可能就是，他们的智商虽高，但并没有与之匹配的高情商。然而，智商是可以很容易测量的，但情商却不能被直截了当地量化。

01

情商测量：评估情商的两大模型

近年来，有项重要的研究旨在定义和测量情商，最终研究结果不仅仅是一个方案，而是好几个获得众人认可的测量模型。斯皮尔伯格在《应用心理学的百科全书》（*Encyclopaedia of Applied Psychology*）一书中提到了两个重要的情商模型，一个是巴昂的EQ-i情商测试模型，另一个是戈尔曼情商的四个维度。

巴昂的EQ-i情商测试模型

生于美国的以色列心理学家鲁文·巴昂（Reuven Bar-On）在1980年就开始在情商领域做研究，他创建了情绪智力量表，并于1997年推广EQ-i模型。他提出情商是由许多部分重叠而成，但能够根据能力、态度等五大领域细分为十五个维度。EQ-i是一份自我评估表，包括了133个短句，要求参试者从五分等级制的评价中选择一项，选项范围从"几乎没有或这完全不是我"到"这非常像我或这就是我"。分值达到平均值或以上，则证明该参试者在情感和社交方面表现优异；而得分较低者则被认为是在情感、社交和行为方面可能会有所欠缺。

五大领域以及十五个维度是：

1. 自我认知

• 自我认同

• 自我意识

• 自我主张

• 独立自主

• 自我实现

2. 人际交往

• 同理心

• 社会责任感

• 人际关系

3. 压力管理

• 抗压能力

• 情绪控制

4. 适应能力

• 适应性

• 现实判断能力

• 解决问题的能力

5. 普遍心态

• 乐观主义

• 幸福开心

戈尔曼情商的四个维度

丹尼尔·戈尔曼模型主要分为四大类，运用多视角、360 度评估管理等方法，包括了多种能力和技能，对衡量管理者工作业绩也有着卓越的贡献。戈尔曼、博亚兹和麦基在其所著的《情商 4：决定你人生高度的领导情商》（*Primal Leadership: Learning to Lead with Emotional Intelligence*）一书中将各种能力汇总成情绪能力量表，高潜力的领导者往往会得分很高。作者们强调，情绪能力量表中并不包括与生俱来的能力，只包含后天习得的技能，每一项技能都可以让领导者们工作更高效。高效的领导者们往往会有很多优势，或者至少在四个领域中的其中一个很占优势，具体如下。

1. 自我意识

• 情绪上的自我意识

• 清晰的自我认知

• 自信

2. 自我管理

• 情绪上的自我调控

- 思想开明程度
- 适应性
- 成果导向性思维
- 主观能动性
- 乐观主义

3. 社会意识

- 同理心
- 组织意识
- 服务导向

4. 关系管理

- 培训下属
- 鼓舞人心的领导风格
- 推动革新
- 影响力
- 冲突管理
- 团队管理与协作

显而易见，巴昂和戈尔曼的模型中存在着明显的重叠部分，许多项能力都在各自的维度上得以体现。情感上的自我意识、适应性、同理心和乐观主义这些维度是共性，至于其他项，如巴昂的自我认同与戈尔曼的自信，实际上所表达的理念是相似的。两种模型里所列的清单也有所区别，戈尔曼更侧重领导者在实践中所需的能力。作者在《情商4：决定你人生高度的领导情商》一书中将这几项能力与领导力效能联系在一起。因此在我看来，戈尔曼的模型更适合本书的读者们作为参考。

无论是小团队的、运营层级的或战略层级的领导者们都在很大程度上决定了员工的身心健康，这些领导者们时刻影响着员工的情感导向。事实上领导者们有能力也有责任将集体的情绪往积极的方向进行引导，而不是带动不良的情绪。如果员工的情绪是充满热情的、开心的、快乐的，那么他们的工作士气也会一路攀升；相反，如果员工之间、团队之间都蔓延着如紧张、敌对等消极情绪，那么员工的绩效表现不会很好。此外，下属若向他们的领导者寻求支持，领导者的积极情绪则会如同镜像一般映射到员工身上。团队成员往往会将领导者的情绪反应视为各个场景下的权威性回应，特别是在模棱两可的场景下，员工会将领导者的反应作为参考，然后给出自己的回应。领导者对下属的表扬或批评、支持或漠视、鼓励或驳回都会对员工的情绪产生冲击。

历史上有许多蛊惑人心的领导者，他们基于愤怒和害怕而产生的、极具毁灭性的消极情绪会产生巨大的影响。通常，他们会营造一种国家危机感，用煽动性的言论传播消极有害的情绪。与希望、乐观主义相左，他们鼓励仇恨，否定所有的利他主义。从另一个方面来看，在世界舞台上也有许多领袖将积极的情绪、宏远的志向、互利共赢的价值观传播给大众，比如温斯顿·丘吉尔（Winston Churchill），他在第二次世界大战期间向全英国呼吁要心怀希望。

值得庆幸的是，从整个组织层面来说，煽动者还是很少见的，虽然企业领导者也会偶尔借助害怕、仇恨或不确定性的力量来动员下属实现目标。然而从长远来看，诸如此类的情绪是不可持续的，比如愤怒和害怕可能对于短期内克服困难是很有效的，但长此以往这些情绪就会消耗殆尽，员工就会开始迷茫，士气低落。

情商对于企业内部领导力的成功是一项很重要的因素。由霍华德·布克（Howard Book）和史蒂文·斯坦（Steven Stein）所著的《情商优势》（*The EQ Edge*）一书详细地阐述了一项研究，研究者们将巴昂的EQ-i情商测试应用在美国青年总裁组织成员身上。青年总裁组织只招收符合这些条件的成员：40岁以下，在某家公司担任董事或总裁，公司规模不少于60人，年收入在500万美元或以上。该项测试的结果表明，这组成功人士的确与研究者们先前采访过的经理人在情商方面有所不同。一个是他们的适应性极强：随时准备着抓住机遇并快速行动；另一个高分项是独立的精神。许多被调研者说，他们在20岁出头的时候就开始了自己的事业，并没有榜样可以去迎头追赶，因此情商的优势在早期决策阶段对他们是极其重要的。研究者同时发现，这些企业家、创始人在谈判期间会表现得特别坚定自信。

希拉斯基和卡特莱特也用EQ-i情商测试研究了情商与领导管理能力之间的关系，他们调研了零售企业乐购的224位中层管理者，该公司有自己的一套能力模型，用于评估员工的绩效表现与工作能力，其中包括设定目标的能力、组织能力和决策能力。研究者们收集了被访人员的生理和心理信息以及抗压能力测评数据。研究结果表明，情商与全方位的管理能力有着密切的联系。与此同时，情商较高的领导者比起情商较低的领导者来说，他们所承受的压力更小，也更健康，更享受自己的工作。

对我个人而言，斯坦等人对于情商与领导力的关系研究更有意义。研究者们运用EQ-i情商测试模型采访了来自于青年总裁组织的186位高管（其中159位男性、27位女性）和创新联盟成员。研究目的是将领导群体的情商分数与普罗大众的情商分数作比较，同时研究情商与企业效绩的关系，比如情商与企业净利润、发展管理及人才管理的关系。关于业务绩效方面，研究者们提出了三种假设，研究成果如下。

假设1：情商较高的人从事管理工作的挑战较小。

假设2：情商较高的人在处理商业挑战时所遇到的挑战较小。

研究者建议高管们留心自身和下属的情绪，无论是在个人还是公司层面都要使用沟通技巧，这样员工的积极性和敬业度才能被调动起来。适应性对于公司应对技术性变革、推进人才管理和完善员工培训体制也有着积极的影响。其他对于领导者的组织变革能力有影响的要素是：灵活性、乐观主义、自我认同和自我实现。

假设3：高情商的领导者能带来更高的利润。

为了验证这一假设，研究者将参与者分为两类：高收益组和非高收益组。研究发现，高收益小组里有三个维度与另一小组不同。

（1）同理心：能对他人的感受表示理解，有利于促进工作关系，培养出高绩效的团队。

（2）自我认同：尊敬和接受他人的能力从本质上说是一种对自身的安全感和

自信。领导者对下属的认同感更能够激发下属表现得更出色，产生更高的绩效。

（3）适应力：特别是在现实判断和解决问题的能力方面，适应力能够增加产出。高收益的参与者通常能够切实且准确地分析外部事件，也更擅长解决问题，并尽可能争取到较高的经济回报。

斯坦等人总结了以下几点。

（1）高管们倾向于使用一系列的情商技能来应对他们所面临的各种挑战，因此情商测试可以被应用于企业领导者的评估。

（2）能否充分运用情商技能与高管的沟通能力有关，也与工作任务本身的特殊性有关。成功的管理者应当具备随机应变的能力，合理地将不同的技能运用于不同场景，这一点是非常有挑战性的。

（3）总体来说，该项研究支持了一个观点，那就是高级管理层普遍拥有高情商技能，并且高情商技能与他们在工作中的优异表现息息相关。因此，领导力发展项目应当包括识别、加强和应用情商技能的课题，本书的下一章将对此进行展开。

02
组织氛围：担当情绪领袖，引导组织文化

领导者最重要的职责之一是创建组织文化，组织文化承载着员工的信仰、价值观和态度，能够推动企业在人际关系方面、产品方面、服务质量方面和投资回报方面取得成功。企业文化会在短期内保持不变，要改变则会耗费很多的人力、物力。在某些特定阶段，组织氛围能够很轻易地影响员工对于组织的态度与看法。摩曼尼提出，若想建设一个积极的组织氛围，管理者的行为对于员工的态度有着很大的影响。福汉德和冯·哈勒对组织氛围的定义是：

（1）区别于其他组织；

（2）能持续一段时间；

（3）能影响组织中成员的行为。

通俗来说，"在这里工作是什么感受"这个问题的答案就是组织氛围。从我的经验来看，很多管理者们都可以从员工的回答中受益。

卓越领导者之见

企业文化的成熟度是很重要的，但也是很耗费时间的。文化不可能一日而成，你需要每天融入其中。企业发展的步伐也将是企业文化稳步提升的步伐。

——卡伦·弗雷斯特，星期五股份有限公司首席执行官

Great Place to Work 公司的联合创始人艾米·莱曼（Amy Layman）在美国发布了一份名为《财富——全球100家最佳雇主企业》的年度报告，报告提出最佳雇主企业的雇员们对于所在工作场所的三方面感受。

（1）**关于管理**：雇员可以信任他们所服务的雇主。

（2）**关于工作**：雇员对自己的工作内容充满骄傲。

（3）**关于同事**：雇员享受和其他同事一起共事。

卓越领导者之见

我们必须了解员工，了解他们在做什么、他们做了什么错事、他们的感受如何、他们在工作中有没有遇到什么困难、他们是否喜欢现在的工作环境等。所有这些问题都是管理方面的问题，我们必须处理好这些问题，才能管理好企业。

——亨利·恩格尔哈特，Admiral 集团有限公司首席执行官

从艾米·莱曼提出的三大要素中，我们可以明显看出组织氛围与领导力的关系。戈尔曼、博亚兹和麦基在2001年所做的关于私营机构的研究表明，组织氛围影响了组织三分之一的收益，这一数字由标准普尔500指数所得，而标准普尔

500 指数是企业经济形势和竞争活力的风向标。戈尔曼等人认为，积极乐观的雇员倾向于做出更多的努力去取悦客户，也因此可以改善企业的经济收益；并且他们主张，组织氛围每提升 1%，企业营收就会增加 2%。该项研究还表明，领导者的情绪和行为的影响力远在所有其他因素之上，在私营企业中，这甚至是影响企业最终收益的最关键因素。在组织中，每个与领导直接或间接接触的员工，他们的情绪和行为都会受到领导者情绪的影响。

工作中需要投入的感情越多，领导者就越需要同理心，需要保持积极乐观的心态，并对员工给予支持。尤其是对那些需要直接面对客户的员工。当冲突发生时，管理者的理解与情商技巧的运用能够营造良好的服务氛围。简而言之，领导者的情绪状态和行为举止会影响到下属的感受和最终表现。领导者需要管理好自己的情绪，因为这不仅影响着其他人的情绪，也影响着整个组织氛围。

摩曼尼研究情商与组织氛围的关系，有如下四点见解。

（1）在招聘新员工时，除关注员工的技能和知识之外，组织也应该考虑情商的因素，特别是管理岗位和需要一定社交技能的工作岗位。

（2）评估一位管理者时，要将他们和其他部门的团队氛围都作为考量，纳入评估范围。

（3）对管理者的情商需要通过一系列的测试方法进行评估，包括 360 度评估。

（4）应将不同层级和部门管理者的情商与他们所在部门的组织氛围进行比较。

03
团队规范：领导者的情商，决定团队的层次

当我们认识到企业文化和组织氛围对一个组织的重要性时，也就认识到团队中的行为和习惯需要被考量，换言之就是需要进行团队规范。懂得团队规范的领导者们了解团队应该如何反应和表现，团队中如何才会有良好的氛围，团员之间

如何才能互为协作、团结互信，团员如何才会对团队有认同感……这对搭建高情商团队是十分重要的。集体情商高的团队是可以与表现平平的团队区分开的。

团队规范是非常有影响力的，因为它决定了一个团队应对不同状况的反应和表现。当团队成员遇上不熟悉的状况时，它就是成员所需遵守的规则和准则。在某些团队中，冲突和互不容忍是成员之间的常态；而在某些团队中，成员之间可能会表现出虚伪的礼貌与客套。与上述这些相反，也有一些团队的团队成员互相尊重、倾听对方、以诚相待、互帮互助，若工作中遇到分歧，他们也会开诚布公地互通有无。无论团队成员是否会自发按照团队规范行事，团队规范都代表着团队成员在既定场景下的正确做事标准。

与个人情商相同，戈尔曼也为团队整体情商提出了四个维度：自我意识、自我管理、社会意识、关系管理。组织成员的能力集合在一起会作为一个整体影响团队绩效。比如，当团队成员培养了自我意识时，组织需要照顾到成员的情绪和需求，这样组织中的成员才会报以极大的同理心去回应他人。事实上，大家互相体谅便能创造出积极向上的团队规范，这样的团队规范不仅能使小团队成员之间建立起联系，而且也会将组织作为一个整体凝聚在一起。主动去倾听那些不爱分享观点的成员的意见，或敏锐地觉察出某位成员正在生气或不安的情绪，这些都算是团队规范，它可以让成员很自在地做自己，也可以将情感反馈给其他成员。

正如我们所知，员工对于工作的感受受到领导者、工作本身的内容和同事的影响，其中受到领导者情绪和行为的影响最大。

【案例学习】想象一下如下假设场景

约翰是一位公认的成功经理人，供职于一家大型的保险公司，负责管理其中一个部门。他虽然工作业绩很好，但尚未完全发挥其潜能。现在他开始了一项大刀阔斧的改革，他全盘否定了人们在原有岗位上的职责与成绩，现存的岗位和职能被重新划分。所有人都被迫面临着新的工作安排，那些不同意约翰计划的人被告知新的组织架构下将没有他们的位置。

约翰的改革和方法的最终结果会是怎样的?

公司的员工和团队会做何反应?

最终这项改革以约翰的失败告终。他的失败在于缺乏情商以及忽视了体制改变给团队规范带来的影响。这样的场景很常见:我们中的许多人都有过这样的领导,他们试图通过强制性的改变,两眼一闭,盲目向前,而不考虑这一改变会卷入多少人,影响多少人。这种错误也很常见:忽视团队现存的规则和集体情感因素,自以为管理者的权威会改变员工的态度与行为。其实这样的行为更可能引发集体的反抗情绪。就约翰的案例来看,他不近人情的行为的确调动起了团队,只不过不是按照他所期待的方式。他的计划一经公布,整个团队都凝聚在一起,树立了同一个目标,那就是不惜一切代价让约翰的改革失败。整个团队都与领导者约翰进行着对抗,约翰的失败是不可避免的。之前的组织规范在他上任前就已经对团队产生了深刻的影响,甚至形成了团队成员之间的某种忠诚,他们对于能够互相支持对方这一点感到十分骄傲。当面对冲突时,他们会想方设法去维护成员间的感情。而约翰对团队成员却漠不关心,他恰恰违反了团队的核心准则。因此他受到了来自于合作、团结和互相支持这一团队准则的挑战,员工也决心团结一致一起抵抗共同的敌人。约翰的地位和权威受到了威胁,组织也面临着困境。希望接任约翰的人对情感共鸣方面能有更好的理解。

领导者比组织中的任何一个人都更有能力去左右团队规范。他/她必须持续维持团队的情感基调。这并不仅仅意味着观察成员在做什么、说什么,而是要去评估他们在特定情景下的行为及动机。优秀的领导者能够觉察出团队成员的感受,传递出微妙的信息去创建和改变团队规则,而不是一味要求员工对自身行为做出调整。积极的组织目标、友善的表达和对个体的干预(比如鼓励成员在会议上倾听和尊重他人)久而久之会推动整个团队的情商抬高一个层次。

04
戈尔曼模型：管好团队需要自我认知、自我管理和同理心

现在让我们来仔细研究下戈尔曼的情商四维度模型，如图 4–1 所示。

<table>
<tr><td></td><td>我看到了什么</td><td>我做了什么</td></tr>
<tr><td>与我个人的关系</td><td>自我意识</td><td>自我管理</td></tr>
<tr><td>与他人的关系</td><td>社会意识</td><td>关系管理</td></tr>
</table>

图 4–1　情商的四个维度

自我意识

自我意识包括了情感上的自我认知，这个维度也在巴昂的EQ-i模型中出现过。布克和斯坦将其定义为"能识别个人情绪的能力，能辨别出自身的感受是什么以及为什么有这样的感受"。戈尔曼、博亚兹和麦基进而解释道："具有自我意识的领导者是坦率且真诚的，能开诚布公地谈论他们的感受，坚信他们的价值观。"他们清楚地了解自己的优势与劣势，关于他们需要改进的领域，他们能够也愿意接受富有建设性、批判性的意见。能够清晰地进行自我评估的领导者懂得寻求帮助，从而发展新的领导技能。他们这样做反而是因为他们拥有足够的自信，这让他们充分发挥出自己的优势，经常性彰显出自己的存在感，也会因此而在组织中脱颖而出。

卓越领导者之见

　　自我反省是领导力的一部分，是一种反思性学习。当你拿着镜子的时候，你看到的是什么？这可能有性别差异性，但如果你拿着镜子端详，总是在镜中看到布拉德·皮特，那就绝对不是映射！很多人都掉入这样的陷阱里。

——菲尔·洛奇，西米德兰兹郡消防署署长

自我管理

　　这一部分包括适应性和乐观主义，这两个要素也收录在了巴昂的模型中。适应性强的领导者可以管理多种需求，并且不会迷失方向或失去动力，他们可以毫不费力地挑战自我，迎接新的挑战。与生俱来的乐观会引导领导者们积极地看待他人，期待他们的最佳表现。他们会将挫折看作机遇，而不是威胁。

　　那些在自我管理这一领域得分高的管理者们会展现出很好的自制力。他们在面对压力时也能保持冷静、头脑清晰；他们会想方设法处理负面情绪，寻求负面情绪所能带来的积极影响；通过改善自身和下属的绩效，他们有决心实现目标完成任务；他们设定具有挑战性但可实现的目标，因为这也是他们个人价值观的体现。成就导向能力的主要特征是持续不断地学习，并引导他人去表现得更好。

　　位列自我管理这一维度中的最后一项能力是开放程度，是指人们真正向他人开诚布公地表达个人情感、信仰和价值观的意愿。开明的领导者能够承认自己的错误和失败，同时也会勇于指出他人不道德的行为。

卓越领导者之见

　　每个人都在一些领域很强，在一些领域很弱。作为领导者，你需要知道自己的弱势在哪里。了解自己的弱势本身就是优势所在，因为你可以基于此而改进它。

——马克·伍德（Mark Wood），探险家

虽然戈尔曼没有特别指出领导者所需要具备的能力，但对于他们的基本情商要求就是管理好自己的情绪，并了解它如何影响到周围人的情绪。戈尔曼、博亚兹和麦基解释道，这与大脑的边缘系统（即人类情感控制中心）的本质是开环系统有关。闭环系统主导人的自我约束行为，而开环系统取决于外部的力量，因此我们自身的情绪依赖于我们与周围人的关系。开环边缘系统是在人类早期进化过程中逐渐形成的，可以帮助人类识别他人的情绪（比如啼哭的婴儿），然后采取行动。这项功能至今对人类来说也十分重要，因为研究表明安慰本身不仅可以降低重病患者的血压，还能减少会引发动脉阻塞的脂肪酸的分泌。一个人向他人传递信号可以有多种生理指标，比如情绪、积极或消极的反应等。人类边缘系统的开环方式允许他人通过生理上和情感上的反应来影响我们。举例来说，看到旁人大笑会引起我们自己也想发笑的行为。事实上，笑声是所有情感表现中最具感染力的方式之一。

权威人士所表现出的情绪往往能感染那些关注着他们的人群。即使战略性的领导者并不想让组织中的人觉察到自己的存在，但是他们的情绪仍然会不可避免地左右着周边的人，并一层层地传递下去。

卓越领导者之见

人们跑去找我的私人助理问："他今天早上看上去怎么样？心情好吗？"所以人们的确是会注意到你的情绪如何的，因此当你踏进办公室时摆正心态很重要，因为情绪是你的一个重要组成部分。

——伊恩·门罗（Ian Munro），New Charter Housing 公司首席执行官

阿戴尔完美地概括了自我管理的领导者对于他人所施加的影响：

"除非你能激励自己，否则你无法激励他人，这是鼓舞人心的金科玉律。只有能够自我激励的领导者才能鼓舞他人，成为榜样的力量。特别是

在信任的基础上，热情是会感染人的。激励就像病毒传播一样，它会感染人，而不能被授予人。如果领导者是极富热情和鼓舞人心的，那他对员工来说是极具感染力的。"

约翰·阿戴尔与我私下里认识，我可以确定的是，他致力于提升英国企业领导力的热枕毫无疑问地感染了我。下次当有人问你，感觉今天怎么样的时候，可以试试换一种回答。大多数人会回答说"噢，挺好"或者"噢，马马虎虎吧"，再或者"还不赖，多谢"。但如果你回答"很好，多谢"或者"棒极啦"，可以看看他人的反应。从我亲身经历来说，询问者会产生某种共鸣，他们可能会以"真的吗？我的上帝啊，这可真够积极向上的"作为回应。事实上，高度自我激励的人对于他人有着强大的影响力。正如阿戴尔所说的，热情是会感染人的。

社会意识

社会意识包括组织意识，即管理者与他人在同一家公司工作中接触所产生的政治和社会关系；也包括服务能力，即管理者营造出一种组织氛围，使得一线员工和客户能够达成互利互惠的业务关系。

然而，社会意识中最有影响力的因素可能就是同理心，即领导者能够将情绪信号释放出来，传达给员工和团队。这一能力也同时被戈尔曼和巴昂模型收录在册。具有同理心的领导者懂得关心员工，无论员工的背景如何或者是否存在文化差异问题，他们都会对员工表示出兴趣和关心。他们有能力从他人的角度看待问题，无论这个视角与他们自己的观点有多么不同。作为一个强有力的影响因素，同理心有时会被错误地解读，也常常得不到充分利用，主要原因有以下三点。

（1）同理心有时会被解读为"友善"，即一种礼貌、让人愉悦的状态。其实同理心所代表的远远不止这些。

（2）有些人会将同理心与同情心混淆，但实际上两者是截然不同的情绪反应。同情是一个人对另一个人遇到的不幸或痛苦的境遇所表达的感情，回应往往以"我"或"我的"作为开头，体现了说话者的立场，比如"听到这些，我很抱歉"。而同理心与同情心不同，它可能表达的是一种愉悦的情绪，更关注的是"你"的角度，比如"你肯定觉得……"同理心表达的是一种理解，而非同情。

（3）有一个误区，对他人表达出理解，就意味着需要同意或赞成对方的立场，而事实上，你是可以表示反对的。产生共鸣，仅仅是承认另一个人持有特殊的观点：承认论点的存在，不会在毫无理由、毫无根据的情况下对其做出判断。

管理者对于团队成员表达出理解，这会对员工情感产生很深的影响，从而可以与员工建立起相辅相成的关系。

卓越领导者之见

我认为从情感上与团队打成一片的能力越发地重要了。当事情难以推进的时候，管理者可以站起身来与同事们聊聊天，但如果领导者没有真心实意地表现出对下属的理解，那么他们也很有可能压根就不开口，因为这是毫无意义和价值的。

——威廉·罗杰斯，UKRD集团有限公司首席执行官

关系管理

这是戈尔曼模型的第四个领域，涵盖了六个维度，从某种意义上来说就是对前三个领域的实际应用。自我意识很强的领导者会有很好的自我管理能力和社会意识，他/她能与员工和团队都建立起良好的关系。与他人处理好关系的实质就是影响他人的情感，并且要求领导者们把他们自身的情感置于他人的情感之后。戈尔曼指出，处理关系不仅是单纯地向他人表示友好的行为，而且也是有目的地鼓励他人的行为。鼓舞人心的领导者能让员工为共同的目标和利益而雀跃。只有在良好的个人关系基础上，协作才能发挥其作用。为了实现这种良好的个人和团队协作关系，领导者需要施加一定的影响力。有影响力的领导者在与员工互动或

在小组里演说的时候，总是极具说服力和吸引力的。高情商的领导者关心他们的员工，他们会寻求各种机会培养员工的能力，让员工发挥潜能。这样的领导者同时也是天生的精神导师或教练，因为他们会给其他员工在个人和工作方面提出恰当和具有建设性的意见和反馈。

然而，领导者们也会时不时地面对各种困境，特别是当他们意识到组织需要做出改变的时候。他们需要极力提倡新规则的好处，甚至需要面对强大的反对意见，说出动人且令人信服的理由，战胜下属倾向于维持现状的天性。冲突管理要求领导者与各方能够有效地沟通，从不同的角度评估并找出所有人都能接受的普适性解决方案。冲突往往还包括情商因素，情商高的领导者会有技巧地引导员工达成共识。

戈尔曼对关系管理领域提出的最后一个因素是团队协作，要求管理者自己成为团队中的一员。管理者通过与团队成员互相尊重与合作，充当团队中通力协作的榜样，可以构建充满激情、为共同目标而努力的组织氛围。虽然在必要的时候，管理者会利用他们的权威优势，但在更多情况下他们是团队中的一员，而不是旁观者，旨在为培养团队精神和组织认同感做出贡献。

卓越领导者之见

领导者要将自己的个性部分公开，因为你所雇用的人需要日后与你共事，所以这算是一种"自保"吧。如果你走到我们公司的理赔部，会发现那里的人员与销售部的人员风格不一样；如果你走到斯旺西市，会发现那里的人与卡迪夫市居民的个性不同。不同地域的人也会有不同的个性，因此我们有理由相信性格差异，相信部落文化，但与此同时，我们也相信团队，相信团队中的每个人都会为同一个目标努力。正如我们所说，我们共享同一家公司的股价，每一位员工都是股东，我们大家都一样。

——亨利·恩格尔哈特，Admiral集团有限公司首席执行官以上介绍了领导者应当以及如何运用高情商激发员工达到更好的表现，主要是运用戈尔曼的情绪能力量表中的四个领域作为最适用于领导力实践的模型。但四个领域不应当被单独拿出来看，因为它们之间有很明确的联系。比如说，如果领导者没有意识到情商的重要性，那么他们将很难管理好自己的情绪，也不能处理好关系，除非他们有其他方面的支持。戈尔曼、博亚兹和麦基解释道，该体系是四个领域和各个因素的支撑框架。他们的研究表明，自我意识能促进同理心和自我管理的能力，而这两者结合能有效促进关系管理的能力。因此，情商领导力是建立在自我意识这一坚实基础之上的。自我意识虽然不是传统领导力学说中的必要因素，但它能让管理者认清自身的情绪力量，从而使他们与下属更容易地构建起感情联系。领导者们如果不能调节好内在的感受，可能会让他们的情绪外现，比如愤怒或冷漠，这样很容易疏远或打击到身边的人。在战略领导层面的管理者们如果这样做，对于整个组织来说，可能会带来毁灭性的结果。

05

性别因素：男性领导者与女性领导者的优势差异

在谈论到情绪这一话题时，普遍的看法是女性更愿意去表达与分享她们的感受，然而男性在感觉到他们的情感有被公之于众的危险时，他们会竖起壁垒，转变话题，不想让旁人看到他们的真实情感，因为真男人是不会哭泣的。这种由情商测试主导的性别刻板印象，从某种程度上是否已经被论证为可信的？事实上，研究表明，女性在某些方面的情商很高，但在一定程度上，男性在另外一些方面的情商更高。布克和斯坦运用巴昂的EQ-i情商测试模型所做的持续研究表明，男性和女性从整体来看的情商得分相似，虽然女性一贯地在社会责任感和同理心方面得分更高，但男性在承受压力方面表现得更为突出。

戈尔曼支持这一主张：女性在情感共鸣方面——感受到他人情感的方面，比男性强，因此更适合比如咨询师、教师和团队领导者这样的工作岗位。他解释说，性别的差异性来源于大脑中某个分区的不同，该区域被称为脑岛，它可以感知全身的信号。当我们对某人表示同情的时候，我们的大脑会去模拟那人的感受，脑岛会诠释这个模式，告诉我们这种感受是怎么样的。性别的差异性在于：女性的大脑会倾向于将某人不安的情绪停留在脑海里，而男性的大脑倾向于快速地跳脱出情绪，转而在其他大脑分区专注于思考如何解决这一难题。两种情绪反应各有优势：女性倾向于沉浸在他人的情绪中，有助于帮助他人度过情感悲痛期，而男性能够更轻易地使自己远离周围纷乱的情绪波动，保持镇定。

由加西－亚雷塔梅洛（Garcia-Retamero）、洛佩兹－扎弗拉（Lopez-Zafra）和皮拉尔·贝里奥斯（Pilar Berrios）所做的调研涵盖了 431 位来自于三个不同学科的本科生，发现情绪感知力（了解自身的情绪）和情绪修复力（调节自身的情绪）与变革型领导力的相关度很高。是否拥有包含女性特质的情绪感知力和情绪修复力在一定程度上决定了一个人能否成为变革型领导者。变革型领导力的较高得分项与权变奖励有关（权变奖励是指上级根据下级的努力程度和绩效所给予的奖励），而这一因素也是与女性特质因素相关的，因为这些因素最有助于促进人际关系。

弗里德曼主导了一场更大规模的研究，采访了来自世界各地总计 24 000 名管理者和员工，试图找出与情商、性别和领导力相关的因素。弗里德曼的人采用了情商测试模型，这一模型与本章所提及的其他模型很类似。研究结果表明，在"了解自己"（与戈尔曼的"自我意识"维度相似）这一维度，所有受访者中女性比男性得分高 1.8 个百分点，在"自我选择"（戈尔曼的"自我管理"维度）这一维度，女性的得分比男性高 0.4 个百分点。然而，这并不代表每一位女性在这两个情商维度上得分都高。弗里德曼进一步深入研究了各个领域的实际能力情况，结果发现男性和女性在特殊的领域均有优势。最大的性别差异在于"应用性结果导向思维"，这种导向思维能够让人停下脚步，在做决定之前考量所有的事实与情感因素。总体来说，女性在这一关键领域的得分更高，达 4.5 分，表明她们更可能在深思熟虑之后采取行动。女性在以下几个项目中得分也高，虽然这几项并没有其他项重要。

（1）**情感素养**：识别和了解情绪；

（2）**识别情绪模式**：了解常用的情绪模式；

（3）**共情能力**：与他人打交道和感染他人的能力。

另一方面，男性在情感导向方面占优势，他们能利用洞察力和情绪的力量，有意识地向前推进事态：比起直接的反应，他们更倾向于付诸行动，做出有意识的回应。

弗里德曼的研究对于试图找出男性领导者与女性领导者之间的情商关系起到重要的作用。他的研究结果涵盖了 24 436 位受访者，其中 6 236 位身居高级管理者岗位，且其中 40% 是女性领导者。基于上述研究，性别差异与情商的关系从原先的 1% 扩大到近 2%，特别是在某些能力方面有着具体的差异性。比如，在"追求崇高目标"方面，管理者之间虽然不存在性别差异，然而从广泛的调研中可知，男性领导者在这一特定领域具有特别优势。在"情感素养""应用性结果导向思维"和"共情能力"方面，男女之间的差异进一步扩大，女性领导者在情绪洞察力方面、同理心方面和谨慎做出回应方面都有着更大的优势。事实上，弗里德曼的研究表明，"共情能力"是男性管理者得分最低的项目之一。因此事实证明，多个围绕着情绪能力所做的研究均发现女性在情商方面比男性更具优势。

06
影响商业成功的五大因素：高情商领导者能带来更高的利润

在托马斯·史丹利（Thomas Stanley）的《百万富翁的智慧》一书中，作者详细记录了美国 733 位千万富翁在被要求给对他们的成功影响最大的因素（从 30 个项目里）进行打分时给出的答案。排名前三的因素都与情商相关。

（1）真诚对待所有人；

（2）能很好地自我约束；

（3）与他人友好相处。

相对而言，智商排在榜单中的第 21 位，而且仅有 20% 的受访者认同这一观点。那么，情商与企业业绩之间有什么关系呢？巴昂运用其EQ-i情商测试模型进行统计，认为30%的职业表现与情商有关，但当把领导力单列开来，比率就上升到67%。因此可以得出，三分之二的领导力表现是情商管理技巧的应用。

在布克和斯坦的《情商优势》一书中，作者详细列举了一份由来自于美国的4 888名受访者所完成的问卷调研，调研套用了巴昂的情商模型，询问他们认为自己工作的成功取决于什么因素。有趣的是，该份报告是根据受访者的职业进行分析的，以下的调研结果可能会令本书的读者感兴趣。受访者认为对他们的成功影响最大的五个因素如下。

（1）全员（4 888位受访者）

• 自我实现；

• 幸福感；

• 乐观主义；

• 自我认同；

• 自我主张。

（2）高级经理（260人）

• 自我认同；

• 幸福感；

• 人际关系；

• 判断能力；

• 自我实现。

（3）业务经理（145人）

• 人际关系；

• 自我主张；

• 幸福感；

• 自我认同；

• 自我意识。

（4）心理学家（52人）

- 判断能力；

- 独立自主；

- 幸福感；

- 抗压能力；

- 适应性。

【案例学习】情商培训项目

　　奥姆和朗霍恩讲述了英国餐饮行业的领先供应商之一惠特贝瑞集团（Whitbread）是如何提升了必富达（Beefeater）餐厅管理者们的情商的。情商培训项目中的部分内容是验证情商与生产效率之间的关系。结果证明，拥有高情商管理技能的男性和女性管理者给企业带来的利润年增长率为 22%，而同期的平均利润年增长率为 15%；此外，他们为企业带来的盈利总计增加了一亿一千万英镑。支撑这些盈利增长的情商因素主要是：自我意识、人际关系、社会责任感、现实判断力和幸福感。

　　我们在下一章的案例学习环节研究 New Charter Housing 公司首席执行官伊恩·门罗所介绍的名为"勇气与火花"的培训项目，该项目是基于情商原则，助力公司内既定的初级经理人向高级经理人进阶的项目。

| 本章小结 |

　　情感深深地影响着我们的生活，对于领导者来说，情感是他们与下属之间关系的重要纽带。他们不仅需要控制并积极表达出自身的感受，还必须能够接受、传达、回应下属的感受，这才是高情商的体现。事实上，每个人都应认识到情感对于个人关系的强大影响力，而不只是身居管理之位的人。本章介绍了两个情商测试模型，一个是巴昂的

EQ-i模型，一个是戈尔曼的四维度模型，而后者更适用于领导者的角色。几项研究都表明，情商对于积极领导力是有影响的。本章还介绍了组织氛围（雇员在他们的工作环境中感受如何）、团队规范（团队在特别情境下所遵守的不成文规定）、性别因素（男性和女性在情商方面都有各自擅长的领域）的概念以及情商对于企业业绩的重要影响。

Leadership Psychology
How the Best Leaders Inspire Their People

第五章

领导力提升术——挖掘和
提升核心领导技能的四个方法

领导力发展的研究方向是清晰的。英国政府商业创新与技术部发布了一份名为《英国的领导力与管理——可持续发展的关键》的报告，提供了如下数据。

- 低效的领导力和管理能力估计让英国企业每年损失超过 1 900 万英镑。
- 英国 43%的管理者评价他们的直线经理是低效的。
- 只有五分之一的管理者能够胜任其工作。
- 2012 年，英格兰近四分之三的企业在管理和领导力技能方面存在缺陷，以至于与其他国家在生产率上形成差距，诸如美国、德国和日本。
- 56%的企业因公司总裁无能或不具优秀的领导力而失败。

可见，优秀领导力对企业至关重要。

- 最佳的领导力管理可以使组织绩效提高 23%。
- 管理实践的提升（五分制）与产出成正比。管理实践一分的提升所带来的产量增加，相当于 25%的劳动力投入增加或 65%的资本增加所带来的产量增加。

该份报告表示，英国的企业在过去的十年里因优秀领导力和合格的管理素质得以改善，但是仍受到国外企业的竞争威胁。英国的确培养了一些优秀的企业领袖，但证据表明，如果想在世界舞台上更有竞争力，企业界需要进一步加强领导力发展。这也同样适用于 21 世纪全球经济体中的其他国家。

卓越领导者之见

我的角色是全球领导力发展副总裁，我需要确保我们的管理者们都了解什么样的领导力才是好的领导力：我们的标准是什么；我们所期待的行为是什么；在企业中，各层管理者所需要的能力是什么；以及如何从这一个阶段过渡到下一个阶段。不同层级的工作任务要求不同，所以作为一名优秀的管理者必须知道该层级所需要的技能是什么，这也是为了可能晋升到下一个层级做准备。

——格雷戈尔·塞恩，洲际酒店全球领导力发展副总裁英国政府商业创新与技术部的报告统计了一些数据，结合了领导力和管理能力，同时，该报告也提出了这两者的关键性联系。

所有经理人都必须是高效的领导者。指令和控制型的企业文化可以确保雇员遵守组织的章程和雇员合同上的条例，但不能创造出激情、创新和敬业这些使现代企业在全球市场得以有效地参与竞争的要素。培养出经理人的领导能力，管理者就能够帮助普通的员工产出卓越的成果，激发出雇员最佳的一面，从他们自己都没有意识到自己所拥有的知识与技能中获益。总而言之，领导者需要唤起员工的信心与能力，引领企业走上正确的方向。

【领导力最佳实践】

UKRD集团有限公司各分区的总监们在一起花了三天的时间分析最佳实践案例，讨论了企业文化价值观，他们需要解决的商业问题，同时也反馈了他们自己有关于管理和领导方面及技能培养方面所遇到的问题。公司投资了额外的系统设备，帮助领导者们做出对于自身业务正确的决策，创建良好的环境，并在此之后将其运用在管理链中。正如威廉·罗杰斯所言："依靠着榜样的力量去领导他人是远远不够的，虽然这是最重要的因素，但你也需要时不时地进行投资，将钱花在中层管理者身上，这样他们才会自发地进一步推进企业文化。"

言及管理和领导力发展这方面，知名学者戴做出了如下区分。

（1）管理方面：

- 主要包括管理教育和培训，重点在于获取不同类型的知识、技能和能力；
- 将经过检验的解决方案运用于已知的问题上，给予下属一个基本的解决方向；
- 在规范化的管理角色中，专注于提升工作效能；
- 涉及到工作岗位流程和组织特殊流程方面。

（2）领导力发展方面：

- 寻求拓展领导力角色方面的能力，或与领导力权威建立关联；

- 在发展的过程中，允许小组成员一起参与；

- 建立小组成员能力模型，解析成员出其不意解决问题的能力，或学习传统组织架构解体和失败的原因；

- 发展预见意想不到的挑战的能力。

戴在领导者和领导力发展方面继续做了区分，谨慎地提出了这个假设：通过给那些位居领导者岗位的人员培训一系列的技能，高效的领导力是可以实现的。

1. 领导者发展

强调基于个人的知识、技能和能力，能够使人以新方式进行思考和行动，是对人力资本的一项有意义的投资。领导者发展战略的重点是打造自我反省的能力，以便形成对自我的清晰认知；融入积极的态度和认同发展的理念；在组织中的各个角色上都使用自我模型，以期待最优的表现。

2. 领导力发展

从另一方面看，领导力发展强调增进社会性，而不是人性。在这里所强调的是建立个人人际关系，从而建立起合作和资源互换的组织价值观，即社交技巧。这样的人际关系的基础是由相互尊重和信任所支撑起来的相互责任与义务。然而，信任是成功的人际关系的要求，而可信度是自我认知的特性。因此，领导者发展与领导力发展必须相辅相成，携手并进，增强个人能力和发展人际关系的能力。组织希望从激励型领导力中获益，就必须将人性和社会性这两种能力都融合在培训项目中。注重增强个人技能的领导者们并没有意识到在社会环境下与他人更有效地建立联系的重要性，忽视了这样一个事实：领导力实践实际是个人与其所在的社会环境、工作环境之间的十分复杂的相互作用。表5-1列举了领导者发展和领导力发展的不同之处。

表 5-1　领导者发展和领导力发展的不同

	领导者发展	领导力发展
资本类型	人	社会
领导模式	个人型： 个人力量 知识 可信度	关系型： 责任心 相互尊重 信任
能力基准	自我反省	人际交往
技能	自我意识： 情绪上的意识 自信 清晰的自我认识 自我约束： 自我管控 可信度 个人责任 适应性 自我激励： 主动性 责任心 乐观主义	社交意识： 同理心 服务导向 政治意识 社交技能： 建立联系 团队导向 促进改变 冲突管理

　　将表 5-1 中所罗列的技能与戈尔曼的情绪能力量表中的四个维度，以及在第四章中详述的情绪智力模型中的自我意识、自我管理、社会意识和关系管理作比较是十分有趣的。记得当时戈尔曼提出其模型时，特别提及该模型与领导者情绪智力特质的发展相关。如此看来，戴的理论进一步证明了戈尔曼模型具有合理性与有效性，可以作为领导者个人能力发展的稳健基础，也可以作为有效领导力所需的人际关系能力的参考准则。

　　尽管这两项发展项目的关注点不同，但正如我在第一章中所说，我会将重心主要放在心理方面和主旨概念上，会倾向于人力资本，而非社会资本，即自我能力而非社交能力。

　　在我们更深入地探讨领导者发展问题之前，有两个问题必须要阐明。

　　（1）每一个人都有潜能成为激励型领导者吗？

　　（2）领导力可能被授予或后天习得吗？

阿戴尔在《伟大领导者》(*Great Leaders*)一书中写道："本书的结论是领导力潜能是可以被开发的，但是必须被放在第一要位上。"我们中的许多人都在学校的操场上经历过这样的场景，其他孩子都被一个孩子吸引。她是那个可以决定"她"所在的小组可以玩什么游戏的人，或类似这样的小组角色。其他孩子围绕着她，乐意被她指挥，因为融入了她的小团队是很有面子的一件事情。她可能对于领导力没什么概念，她也肯定从没上过领导力相关的课程，但是她展现了某种潜能，在未来的生活中，她具备成为能鼓舞人心的领导者所必需的素质。但这并不是说，其余的孩子也都会遵循与现阶段类似的成长路径，只是她在早期生活中显露出了特殊的潜能。

许多人都已经显示出高效领导力的潜能。他们在私下或公开场合里呈现了管理者的必备素养，其中一些如下。

- 良好的沟通和聆听能力；
- 精力充沛、充满热情；
- 在压力下能保持冷静；
- 自信；
- 准备好为自己的决策负责；
- 在他人的注视下也能自如自在；
- 良好的团队合作精神；
- 具有说服力；
- 适应性强；
- 了解自己的优势与劣势。

当然还有一些其他的品质，但一个人若能展现出以上所列举的品质，那他肯定具有领导潜能。然而，事实上一些人缺乏这些品质中的很多项，这使他们对于自身的潜能产生了怀疑。一些必备技能是可以被授予及后天习得的，但是如班尼斯所述："领导力课程只能教授技能，却不能授予你特质或眼界。"比如，幽默感和正直对于领导力特质来说是非常重要的，但没有人会认为这些特质是可以被培养的。没有人会将五音不全、不识谱的普通人与对音符了然于胸的音乐家作比较。

卓越领导者之见

从某种意义上来说，道德规范也是可以被习得的。当你意识到自己正成为一个过于以任务为导向的人时，你需要更加小心，这会逐渐成为你的一部分。

——安·弗兰克，英国特许管理学会首席执行官

对于那些有潜力发展其领导才能的人来说，恰当的学习能够激发其潜能。在第一章中，阿维等人认为，大约70%的领导力技能是可以习得的，挑战在于先要识别人的潜能，然后培养他们对内和对外的能力。对于许多第一次攀上领导者阶梯的人，甚至对于那些已经居于管理者岗位的人来说，管理者之路就是个自我发现的旅程。高效的领导力发展项目会让参与者有机会了解到自己的特质、价值观、行为和动机，就我个人的经验来说，授课式风格的领导力课程会大大提高个人技巧方面的能力。本书正是在寻求探索更深层次的反思性学习。了解你作为领导者是什么样的，可以帮助你和你身边的人共同成长。因此，我们要抓住可以识别和发展内在特质的机遇，培养能鼓舞人心的领导力。

01
心理测试：划分人格类型的四个维度和八个分类

心理测试被归类于许多分支，其中一个分支就是作为人格测试的一项工具，用以识别个人所偏爱或典型的行为方式。人格被视为随着时间和环境的变化，较为稳定的一系列特质的集合。这些个性化的特质展现了一个人的思想、感情和行为模式，为一个人在特定环境下所可能采取的行为做出预判。早前纳入研究范围和记录在案的性格特质数量是很庞大的，为了减少这一数字，高柏将它们缩减为

如今被众人达成共识的"大五人格理论"（也称为"人格结构五因素模型"），即：

（1）开放性（创造力/好奇心对遵循惯例/小心谨慎的特征）；

（2）尽责性（高效/有序对无序/随意）；

（3）外倾性（偏好交际/热情对独来独往/矜持）；

（4）宜人性（友善/富有同情心对冷酷/不亲切）；

（5）神经质（敏感/神经质对安全感/自信）。

贾奇等人做了一项关于性格和领导力两者关系的定量分析，以大五人格模型作为研究基础。他们同时也试图区分和解释领导力的出现与领导力效能的不同，前者是一种潜能，与他人的认可度相关；后者是衡量在位的领导者在激励团队实现既定目标方面的能力。

他们的研究成果表明，大五人格特质与领导力维度之间有多重相关的联系，建议将性格特征作为检验领导力特质的前沿基础。具体来说，外倾性被认为对高效领导力有着最持续的影响力，甚至对于领导力的展现也有着一定的影响。所以可以这样理解，对于社交型和支配型的人来说，他们更倾向于去维护自己外倾性的一面，特别是在领导力萌芽的初期时段。

第二个与领导力特质有关的是尽责性，该特性与领导力显现的关联度比领导力效能更大。研究者认为个人有意识地组织开展活动，比如记笔记和推动项目进程都有助于尽早展露其领导力。

开放性是与领导力特质相关的第三个特质，特别是在商业领域里。研究发现，开放性与外倾性相结合是最强的个性组合。

神经质不是领导力的重要指标，虽然事实上，宜人性才被认为是大五人格特质中与领导力关联度最小的特征。研究者们认为，宜人性人格的人更偏向于被动和顺从，所以他们不大可能成为领导者。这在商业领域、政府机构或者军事方面等领域中是符合事实的，"顺从他人愿望"是宜人性人格的天性，也是他们最常见的表现。

迈尔斯–布里格斯个性类型指标（Myers-Briggs Types Indicator, MBTI）是最常用的性格评估测试之一，由凯瑟琳·库克·布里格斯和她女儿伊莎贝尔·布里格斯研制并用于类型学理论研究，被荣格于《心理类型》（*Psychological Types*）一书中首次提及，测试量表于 1962 年首次出版。

荣格认为生而为人，我们都有两项技能：一是获取信息；二是认知事物。这两项功能实属于完全相左的两个分支：我们可以基于我们的感官或直觉认知事物；我们可以基于客观逻辑或主观感受做出决断。他进一步阐述，我们所有人在一生中都会用到这四个分支，每个人在这个维度上都有各自的偏好，这些偏好的组合恰巧组成了我们的性格。这四个维度如下。

（1）外倾型（E）或内倾型（I）。如果你倾向于与人、事、外部环境交流，即与外部世界沟通，那你的偏好就是外倾型。如果你更倾向于在头脑中安静的思考以及处理信息和想法，即与内部世界交流，那你的偏好就是内倾型。

（2）感觉型（S）或直觉型（N）。如果你喜欢用感官感受信息和事实，或乐于描述自己所看到的人和物，那你的偏好是感觉型；而如果你喜欢了解事物的意义、探寻未知事物，或通过第六感感知事物，那你的偏好是直觉型。

（3）思维型（T）或情感型（F）。思维型的人倾向于使用基于客观逻辑进行分析的方法做出决策；而情感型的人会更注重感受方面，他们的价值观或个人信仰都是建立在他们感觉重要的、最为关心的事物之上的。

（4）判断型（J）或知觉型（P）。如果你希望自己的人生是有计划的、较为固定的、有序的，那你的偏好就是判断型（与评判型不同）；然而，如果你倾向于一种更为自然灵活的生活方式，就会被归类于知觉型人格。

因此，四个维度，八个分类，两两组合可以形成 16 种人格类型（如图 5-1 所示）。INTJ 的人格类型会被认为是内倾型、直觉型、思维型和判断型人格。然

ISTJ	ISFJ	INFJ	INTJ
ISTP	ISFP	INFP	INTP
ESTP	ESFP	ENFP	ENTP
ESTJ	ESFJ	ENFJ	ENTJ

图 5-1　迈尔斯-布里格斯人格类型指标

而需要注意的是，这只是代表一种倾向性，具有该类人格的人在需要的情境下，也可能会表现为外倾型、感觉型、情感型和知觉型。

MBTI 虽为受到广泛认可的性格评估测试工具，但不能直接被运用于领导者表现评估这一场景下。MBTI 能清晰地指出个人性格中的倾向性，但这些倾向性并不能直接决定他们是否能够在任何特定的场景下，展现其高效或低效的领导力。没有案例能够表明感觉型人格比直觉型好，或者知觉型人格比判断型好，因为这些只代表了性格的偏向性，并非行为的绝对影响因素。各人格类型的人都能成为高效的领导者，所有的偏好性对于成为领导者来说都是有价值的、重要的因素。当然同样地，在某种特定的情境或环境下，并非所有人格类型都能发挥作用。了解自己的偏好性，对于发展自我意识和情商来说是大有裨益的，也会给自己的行为带来积极的影响。

话虽如此，特殊的人格特质确实会对领导力效能造成一定的影响，全球范围的研究表明，大多身居管理者要职的人们都有一些典型性的人格特质。在一项有 26 477 位参与者的研究中，被访者都参与过创新领导力中心的领导力发展项目，如下是占比最高的人格类型：

ISTJ ——18.2%

ESTJ ——16.0%

ENTJ ——13.1%

INTJ ——10.8%

这表明了，领导者倾向于是思维型与判断型（大于情感型和知觉型）人格，从组织层面来说，这并不意外，因为组织本就要求领导者们能够做出有逻辑性和计划性的决策。

2012 年 2 月 1 日，斯坦福大学的菲利普·科普兰（Philip Copeland）教授在演讲中提出，两项偏好的组合特别与领导力风格中的潜在优势/劣势有关，详见表 5–2。

表 5-2　迈尔斯－布里格斯人格偏好性与领导风格的关系

领导风格	偏好性	潜在优势	潜在弱势
协同合作型	感觉型/情感型	鼓励成员一起共事，帮助他人实现基本目标	团队式的管理模式，是漫无目的，不负责任的
稳定一贯型	感觉型/思维型	建立规则和制度，保证员工持续且高效的产出	俱乐部式的管理模式，是低效的
鼓舞人心型	直觉型/情感型	基于组织的愿景，激发人们强烈的信念，帮助人们成长与发展	盲目的雄心壮志
成就导向型	直觉型/思维型	激励人们表现得更好，展现出最优秀最出色的一面	控制型，独裁式管理

02
360 度评估：最有效的领导者自评方法

　　大多数商业领袖都看重数据，因为它能提供客观证据，有利于做决策。同样的道理也适用于他们自身的发展：如果能得到关于自身优势和劣势的举证，他们一定愿意照单全收，这或许对于他们的自身发展来说是最有效的途径。如果这些数据可以将他们的领导力评估数据与其他人的数据作比较，且那些人是他们在工作场合或私下有交集的人群，那么这样的数据将会更为客观。当遇到有重大分歧的情况时，比较两个评估维度（个人因素和外部因素）能够提供强有力的佐证作为参考。同时，对于那些自我评估与他人评估的个性、行为相匹配的人来说，这份评估数据对于他们的领导能力也是种肯定。

　　360 度评估是领导者成长项目中最为有效的方法之一，它要求领导者就自身各个方面进行自评，同时也要求一些选定的反馈者完成一份问卷调查，这些人包括直线经理、同级同事和直线下属。通常情况下，反馈人员会有机会给被评人定量评分和定性评述。然后被评人会收到一份报告，让他们自行进行差异性数据比对，比较自评与他评的差异。后续的行动应当将评分人的意见反馈纳入后续发展的行动计划里。

【领导力最佳实践】

Admiral集团有限公司的首席执行官亨利·恩格尔哈特每年都会填写一份评估问卷，并由大约9至10位直线下属和相似数量的、并非直接汇报工作给他的高级经理人填写评估反馈问卷。接着，人事经理和IT经理会将这些反馈问卷进行数据回归分析，并和反馈者沟通具体情况。然后再汇报给亨利这些定性和定量的结果。亨利说："这件事对我来说十分重要，因为这些人与我工作关系最为紧密，如果我没满足他们的需求，那么我就真的遇到麻烦了。"

如下是管理者们通过360度评估反馈所得的好处。

（1）**多方位视角**：360度评估可以提供来自评估方的多维度视角，评估结果会受到领导者表现的影响。

（2）**改善管理技能与行为**：360评估可以让领导者了解自身的劣势，关键性的领导能力可以借由他人所提出的建议和观点得以发展和改善。

（3）**提供定制化的成长方案**：能从个人的个性化需求出发，有别于通用类、"一刀切"的培养项目。

（4）**创建学习的氛围**：持续性地改善。如果整个高级管理团队都参加360度评估反馈，那对于组织来说是十分有利的。

该反馈结果也被用于与其他管理者作比较，无论是在同一个组织中作比较，还是与不同部门或其他国家的成功管理者的能力、行为或性格特质方面作比较。关于该项研究的信息来源，一是凯茨·德·弗里斯（Kets de Vries）的《全球领导力实践》（*Global Executive Leadership Inventory*），二是库泽斯和波斯纳的《领导自我实践》（*Leadership Practices Inventory*）。另外一个信息来源则是凯茨·德·弗里斯的性格评估测试，我们会在这一章中的后面部分深入展开。

组织中的360度评估对于高级管理者有很大的重要性，而这只有当他们自身参与其中的时候才是最有效的，但结果表明他们不是很想参加。

凯茨·德·弗里斯表示：

　　"所有的管理者都需要反馈，以便做出最佳的成绩以及不断地超越自我。不幸的是，当你在组织中职位越高时，你越不想收到直言不讳的、富有建设性的反馈。调研表明，只有10%的高层能够准确地评估自己。事实上，调查表明大约70%的管理者认为他们属于自身专业领域的前25%人群，而且许多人也的确没有意识到自己的行为阻碍了组织的高效运转。我们倾向于接受与我们对自我的看法相同的反馈意见，而拒绝接受与我们自我认知不一致的意见。这也就是为什么你需要360度评估反馈体系，这一评估工具会让你了解，你概念里的管理者行为和实际感受你的管理风格的员工的评价之间的差异性。"

　　乔哈里资讯窗（The Johari Window）由美国心理学家约瑟夫·勒夫特（Joseph Luft）和哈里·英厄姆（Harry Ingham）于1955年提出，作为一个被广泛认知的、可以用来改进个体与群体之间自我意识的认知与沟通工具，乔哈里资讯窗也可以被用来分析雇主与雇员之间未言明的心理契约——详情会在第六章展开。从本质上来说，该理论采用矩阵的形式，将我们的自视情况与他人看待我们的情况分为四大类，列于矩阵内（如图5-2所示）。凯茨·德·弗里斯建议将该工具应用于360度评估中，特别是针对高级管理者在上文所提及的困难，管理者们就可以在"自己不知道，别人却知道"的维度上，提升对自我的认知程度。360

自己知道，别人也知道的资讯	自己知道，别人不知道的资讯
自己不知道，别人却知道的资讯	自己不知道，别人也不知道的资讯

图5-2　乔哈里资讯窗

度评估也可以用于解释"自己知道，别人却不知道"这一象限，从而让更多的人增进对自己的了解。比如，领导者们以为员工都了解他们的价值观，直到通过正式的反馈途径，他们才发现自己之前对此有着误解。

03
人格测试：测试性格特征的七个维度

凯茨·德·弗里斯等人的人格测试是另一个多维度反馈途径，用以明确管理者各种各样的动机需求。从心理动力学的角度上看，有意识和无意识的精神或情感上的相互作用会对个性、态度和行为造成影响。受访者可以将他们自身的性格与七大对人们行为造成重要影响的人格维度对比评估，以期识别自身不足之处。所设定的维度对于了解能驱动人们行为的心理动力学和社会心理学来说，会有很大的帮助，特别是在人际关系方面。

设计者解释道，乔哈里资讯窗的理念是将自我认知与他人对于自我的认知（包括公开或私下）进行比对，因此下定论的"观察者们"的评估维度应当包括至少来自公共和私人方面的三个维度，才能证明被评估的人在工作或私下场合可能会表现得如何不同。2006 年发表的一篇论文中介绍了评估表，表示这仅仅是一份问卷调查或一份包括公开场合及私人场合情况下如何表现的性格测试题。

人格测试中所采用的性格特征最有助于解释领导力行为，并且也是现有的各类领导者性格特征的佐证。性格特征的 7 个维度如下。

1. 自尊心程度低——自尊心程度高

自尊代表了个人基于自我评价而形成的评估结果，是一个人想对外表达自我的意愿。自尊心程度高的人的画像是自信的、果断的；自尊心程度低的人是缺乏安全感的。关于这一维度有如下两种极端的评判标准。

☆ 我认为其他人认为我是：无聊的——极其有趣的；

☆ 我认为自己是：严于律己的——满足现状的。

2. 警惕性强——信赖他人

这实际上是社会心理学上的一个维度，因为该维度影响着管理者的人际关系。对他人有高度信任感的人倾向于体贴、关怀和支持他人，持有充满希望的生活态度。然而，过于警惕的人倾向于不信任他人，与他人可能会表现得更为疏远，冷酷无情。此外，信任他人的程度多少意味着对他人和环境的适应程度，表现为如下两点。

☆ 让其他人伤害了我：我很难原谅他们——我很容易就原谅他们；

☆ 我向别人展现自己：很少——完全。

3. 自在随意——认真负责

在认真负责这一象限上得分很高的人通常表现为有条不紊、注重效率。他们常常寻求社会认可和他人都能接受的结果。他们可能在行为上表现得并不一致，但是都会对已经发生的事情做出补偿性和细节性调整的动作。与之相反的是自在随意的人格，具有这种人格的人喜欢随遇而安的生活，很少会考虑规则、制度和细节。他们的缺点是常常错失某些事物，因此他们作为一个合作伙伴和团队成员的感知价值会有所降低。

☆ 当我不能完成我所答应的事情时：我觉得无所谓——我感到很愧疚；

☆ 我会：很少关注细节——很关注细节。

4. 谦逊低调——坚持主张

独断力是决定一个人做什么的意愿和以什么样的目的与这个世界相处的意念。谦逊低调的人更善于反思，竞争性与野心较弱，不太善于社交，在做决定之前他们会权衡所有的利弊。

☆ 我会捍卫自己的观点：很少——经常；

☆ 对我来说，赢：不重要——极其重要。

5. 内向——外向

外向的人倾向于将他们的注意力和精力投入到外界，关心着人和外部环境，而内向的人更专注于自己的内心世界。

☆ 我愿意花费大部分的时间：独处——和其他人一起；

☆ 我寻求他人的陪伴：很少——经常。

6. 精神不振——精神饱满

情绪色彩是我们对于这个世界的感知，是一种对内和对外的信号反馈系统，会影响到他人对我们情绪状态的判断。精神饱满的人会表现出强烈的感情，且能进行良好的情绪表达；相反，意志消沉的人则表现得易变或者常有过激的反应。这两种极端表现可能反映了他们自尊心的程度。

☆ 我很乐观：很少——总是；

☆ 我感觉无望：经常——很少。

7. 谨慎小心——乐于冒险

喜欢冒险的人倾向于不遵守惯例、充满想象力和创造力、渴望体验新鲜事物；而谨慎小心的人会更保守、守旧、顺从，在某些情境下，这种人格被认为能获得相对健康的心理状态。

☆ 我的一生中需要很多：稳定性——变化；

☆ 我寻求新的刺激：很少——经常。

人格测试的设计者总结了四种在公开和私下场合里，会影响高层管理者行为的主要因素。它们是情绪、社交能力、独断力和责任心。四个维度与"大五人格理论"有着相似之处，在人格测试中，这些特征对于组织里的高级管理者来说起着更为重要的作用。

心理测试、360 度评估和人格测试的应用，能够为评估人提供很多方面的见解，也能够被作为培训的参考项目。而一旦确定领导力发展项目的需求所在，大多数组织的第一反应就是为他们的经理人寻找最合适的培训课程。市面上确实是存在许多受到强烈推荐的课程，如全日制 MBA 课程，然而这其中的许多课程，更多关注于管理者角色，而较少关注于他们的情绪智力（EI）。此外，关于情绪智力技能的培训作为一门正式的课程来说，是很有局限性的，而且收效甚微。诺厄和施密特运用 360 度多维度行为评估分析人们在参加领导力培训课程前后对于领导他人的敏感性差异。结果显示，在参与课程 3 个月之后，只有 8% 的参与者的普适性管理技能有所改善。这一数字与其他几项类似的研究所得出的结果一致：在培训之后的 3 至 18 个月里，大多数的研究表明只有 10% 左右的参与者的情商管理技能得以提升。施佩希特和桑德琳发现，工商管理硕士课程大约在 6 周之后，知识就会被忘记一半。

有人不禁想了解，投入到领导力管理类课程的金钱与精力是否能很好地满足领导者关于提升人际交流和自我交流能力的需求。通常参与正规培训课程的管理者们，他们会学习高级战略、财务管控和绩效考核等课程，学成之后能够更好地进行管理工作，随后踏入更高级的管理者序列里。虽然他们很擅长管控各方资源以及交付经营成果，但他们的能力可能在管理者角色的人性和社会性方面有所欠缺。为了持久的经营效益，领导者们必须营造一种员工愿意与领导者一起为了实现共同的愿景而努力奋斗的企业氛围。

一项关于如何为企业带来持久利润的领导力培养方案已经被证实有效，那就是把教练项目计划贯彻到底。教练们能帮助人们解读关于自我反省的信息，也能促进各种正规培训的学习成果，因此可以提升领导者在个人层面（自我交流）和组织层面（人际交流）的领导力技能。

威尔士卓越领导力和管理技能中心在一项研究中采访了业务经理和业务侧人力资源总监，他们发现，班级式授课对于参与者来说有积极的影响，特别是对于自信心提升、团队合作、个人对于角色的定位意识、责任感和财务业绩等方面，而紧随其后的教练辅导也会更加高效。

在解释这一发现时，某位研究者如是说：

> "学员们可以看到整个学习过程，就像亮起了一盏灯，但是当他们回到工作岗位的时候，我们发现要改变他们的行为实在是太难了。我想，我们都在寻找一种能让学员在回到工作岗位之后依然将学习的势头持续下去的方法，因为当我站在他们身边的时候，他们很容易能保持下去，但是当我不在那里的时候，突然之间，这种学习的压力就消失了，接着他们的管理

能力也削弱了。而从好的角度来看，管理者的能力对比培训前已经有了一定的提高，也算是一件好事吧。"

事实上，四分之一的调研者肯定了教练辅导对于个人行为的积极影响。许多领导力素质提升可以通过教练辅导来实现，比如人际关系的改善、个人技巧的提升、非技术层面的事务处理能力的开发……23%的人被辅导至今能力都有所提升，颇有成效。

当被问及在组织中哪种学习方式更为高效时，某位调研者非常明确地回答道：

> "肯定是辅导的方式。通过课堂式教学，事实上我们无法获得自我强化的能力。我们有位业务经理，是非常独裁专制的领导管理风格。在培训辅导后，他说：'我累了。我对于迫使员工在我的监督之下完成工作这件事感到厌倦。通过辅导，我了解到，事实上可以让员工自行想办法解决问题。'他接下来的工作标准是，简单的小事由员工自行处理，大事让他把控，在必要时给员工提些建议。该名经理下属的一名员工说，他们不清楚发生了什么，但与这位经理共事变得令人愉悦起来了。"

我们从所有访谈人强调的一个关键性信息中得出了一个结论：将课堂上所学到的知识转化运用到实际工作场景中的难处，可以通过改变领导者的管理行为得以实现。因此，领导力和管理课程应当与培训辅导课程（无论是个人层面的辅导或是组织层面的辅导）联系在一起，才能充分发挥效力。

04
总裁教练术：卓有成效的领导者训练计划

由于对于培训辅导的准确定义缺乏普遍的认同，英国特许人事发展协会提出了如下几点众人已达成共识的特征。

- 从本质上来说，它其实是种发展领导力的形式。

- 专注于提高业绩和发展个人技能。

- 个人问题可能会被谈及，但更强调个人在工作中的表现。

- 教练辅导活动同时兼顾实现组织和个人的目标。

- 为人们提供关于其自身优势与劣势的反馈。

虽然指导具有相同的特征，比如通常会让同一个组织中有经验的同事去支持团队中较为初级或缺乏经验的团队成员。但导师指导关系通常比教练指导计划的周期更长。

教练指导的目标是优化员工绩效并提高员工学习与发展的能力。它适用于领导个人，也适用于提升整个组织的学习氛围，我们会在本章稍后的部分提及。一对一的领导者教练计划，俗称为总裁教练术，通常被用于组织中的一位领导者被指派到新岗位，或即将被任命的场景中；要不然就是一位高管因需解决某个特殊的问题，或者制定特别的战略层面及执行层面的决策，而需要某种新技能的场景。教练指导项目可以对领导者行为而施加持续性影响，具体有如下几点作用。

（1）提高领导者对于其自身领导力风格的深刻见解。领导者们可以从现有的工具中得到反馈，如在心理测试、人格测试和360评估的报告中得到最有用的信息。

（2）帮助领导者明确自身优势与自我价值。领导力效能很大程度上取决于领导者的情商。领导力技能的改善得益于领导者对自我情绪的认知与加强。

（3）改善领导者的人际关系处理能力。诸如同理心、影响力、冲突管理和团队发展等特质和能力会在教练指导中被突出强调。

（4）帮助领导者拓宽视野。教练指导会助力领导者培养概念化和战略性的思维模式。这一能力对于高级管理者认清与了解复杂局面来说是十分必要的。

（5）帮助领导者识别并克服由改变带来的障碍。教练指导能帮助领导者解决和克服那些根深蒂固的阻碍，与员工之间建立新的工作模式。教练员同时也会帮助领导者认清并处理自身个性方面和行为导向方面的不良习惯。

（6）帮助领导者改善学习心态。教练指导项目最重要的目标之一就是，帮助领导者培养一种探究、刨根问底的学习心态，比如要时常停下来想想团队中每个人的行为是否恰当、愿意接受外部给予的反馈与建议，以及持续寻找改善个人绩效的方法。

卓越领导者之见

我们成功的关键因素之一就是有着非常清晰的教练指导文化。我们公司所有的经理人和上级管理者都接受过心理学方面的培训。教练指导谈话是组织运作的特征之一：给予和接受反馈，告诉员工他们做得很好或需要改进，以及指出我们取得成功的障碍是什么。

——伊恩·门罗，New Charter Housing 公司首席执行官

好的教练术能带来一种氛围，所有的话题都能在完全保密的机制下进行探讨，人们会好好聆听，而不会主观臆断。在教练和客户之间，信任感能够很快就被建立起来。一位高效的教练员会试着以客户的视角看世界，这样就能作为镜像将客户的问题更清晰地反馈给他们。因此，教练员必须做到如下几点。

- 能够一直了解他们自身的情绪与行为对于一对一教学关系的影响；
- 能够对客户保持真诚，并从不试图隐瞒或回避难题；
- 将自我放在一边，不扮演专家的角色，促进讨论过程；
- 能设身处地去了解客户的情绪；
- 保持距离，不亲自介入到客户的世界中去。保持距离不是指变得冷漠或疏远，而是以客观的旁观者角度看待问题。

然而，教练术的精髓是建立起一对一的生产力关系，因此为了顺利建立合作关系，客户也同样有责任做好如下几点。

- 对于建设性的反馈意见要保持开放的心态，无论该意见是来自于教练，还是来自于本章之前所提及的各种评估反馈系统。
- 全身心的投入，而不是伪心扮演成一位心甘情愿的参与者。除非客户是真心想要探究变革的可能性，并准备好投入时间和精力实现它，否则教练术对他们来说没有什么价值。
- 做好将自己的缺点公之于众的准备，特别是对于那些身居高位且一直努力树立自信和绝对正确的形象的领导者们。与此同时，在做好对他人承认自己也有缺点的准备之前，必须先从自己承认这些缺点是确实存在的做起。
- 勇于考虑并调整领导管理风格，即使该种领导风格之前被验证是很有效的，但也可能并不适用于变化中的格局。
- 学员要对自己的假设、动机和行为会受到教练的挑战有所准备。这可能需要一个自我审查的过程，从而得以探究领导者的高度自信对于决策和人际关系的影响程度。

凯茨·德·弗里斯等人将教练与客户的关系描述为一个二乘二的矩阵。一个维度是客户的移情感知意识，另一个维度则是教练的移情感知意识（如图 5–3 所示）。

客户 \ 教练	无意识	有意识
有意识	3. 行为扮演者：教练	4. 合作伙伴：良好的介入
无意识	1. 干涉过多：感应性精神病——妄想症状	2. 行为扮演者：客户

图 5–3　移情与反移情效应

矩阵展现了一个事实，教练必须要感受并体验客户的感觉和想法，不仅要聆听字面的意思，还要听懂画外音，比如肢体语言、语音语调等。另外，他们必须要意识到教练自身的思想、联想与偏见对于客户有着很大影响。双方自我意识所造成的不同影响，分类列示在图 5-3 中，具体解释如下。

在象限 1，双方都没有意识到另一方的感受，因此他们不会设身处地去聆听他人的想法，只关注了自己的议程。教练给出指导意见的时候，并没有考虑到客户的实际需求，经常是按照常规的教练训练模式。而因为他们大多是由自我需求所驱动的，所以他们对于特定需求的输入要求很低。客户自己很少会意识到他们的这些习惯与行为所造成的影响。因此，教练与学员可能会有一段效率有限、关系很亲密的时期，但并不能进而转化为更为深远的关系，很快这段关系就会消磨殆尽。当双方都缺乏同理心时，会各自进入一种妄想的状态（一段亲密关系中双方共享的一种错觉）。

在象限 2 可以看到，教练对于客户的心理素质是有高度意识的，然而客户的自我意识并没有与之匹配。这就将给教练带来几项挑战：没有一项解决方案是昭然若揭的。客户可能会掌控这段关系，不管这一过程是否有意义。因为当客户面对难题时，他们会选择三缄其口，教练在这种状况下可能大多会选择同意客户的立场，扮演类似于"家庭中最受欢迎的朋友"这个角色，避免任何可能会撞翻友谊小船的话题。

象限 3 的客户对于自己的个性和行为是有洞察力的，虽然教练的自我意识程度还没有达到这一点。这里的教练并不是一位很好的聆听者，他会很快地给客户安慰和建议，无论这些意见是否真正适合客户。讽刺的是，这样的教练往往表现得很有人格魅力，很引人注目，经常在特定场合下呈现戏剧化的一幕。鉴于教练具有吸引力的外在展现，客户很容易就被他们这套伪专家的言论忽悠了，有时这会导致严重的后果。也就是说，教练扮演着自己的角色，一次又一次地给不同的客户提供同样的意见，就像坏了的复读机一般。这样的关系往往会被高情商的客户识破并终止，因为客户意识到教练对自己并不了解，所提出的解决方案也并不适用。

象限 4 展现了积极的工作模式，双方都真正地意识到并关注对方的视角。他们知道如何真正地倾听，并通过这样做去洞悉很多现象。他们会开展相辅相成的学习活动，自然而然地形成良好的合作关系。从教练的角度来看，他们知道如何为客户创建一种氛围，让客户获得知识与洞察力，同时也关注着自身的情绪。

教练辅导过程

教练辅导过程会分为如下几个阶段。

（1）**达成契约**。教练和客户（可以是个人，也可以是组织）关于发展目标、资源、时间跨度、保密性、方法和成本方面达成一致。

（2）**信息收集**。这包括本章先前所讨论的反馈工具所提供的信息。

（3）**反馈**。来自于教练对客户的反馈，指出客户的优势，及其待讨论和待调整的方面。

（4）**教练辅导**。教练和客户一起制定并改进行动发展方案。根据教练的不同背景与经验，他们在培训阶段中所运用的辅导方法也各有不同（如表 5–3 所示）。

（5）**评估**。根据原先制定的合同条例，对完成的教练辅导课程进行总结与评估。评估是由教练和客户双方开展的，如果项目是由客户公司委托的话，人事部门可能会参与评估过程。评估会将教练辅导的有效性以及客户在完成课程后的表现是否有所改善作为评估依据。这里可能会用到一些反馈工具，如 360 度调查问卷，列举参与者在培训辅导前后的表现，由领导者重新进行评估对比。

虽然上述的五个阶段基本适用于大多数教练辅导项目，但教练的辅导方式很大程度上是由他/她的背景及知识体系所决定的。佩尔蒂埃总结了五个主要方法，归纳到表 5–3 中。

表 5–3　佩尔蒂埃方法论总结

教练辅导方法	关注点	方案要点	评估标准
1. 心理动力学方法	客户潜意识的想法和内在的心理状态	心理分析——发现理想中的"自我"与现实之间的差距；防御机制；移情效应；反移情效应；家庭状况	能否增强客户对于想法、感受和行为的自我意识

（续表）

教练辅导方法	关注点	方案要点	评估标准
2. 行动主义疗法	客户可观察到的行为	内在/外在激励；初级/高级激励；积极/消极激励；惩罚	能否增强对于行为所带来的因果的理解；能否引发客户在行为上的改变
3. 以个人为中心的方法	客户对自身的认知，无需教练直接干预	建立互信的、感同身受的治疗关系	能否促进客户个人成长与改变
4. 认知疗法	客户有意识的思考	对思维偏差及非理性思维的识别	能否引导积极心态和高效的新思路
5. 系统性辅导方法	客户行为对个体、团队和组织所带来的影响	信息收集，分析客户与其他个体的互动关系；角色要求；团队和群体间的关系；直接介入组织中进行干预	能否提升岗位、团队和组织的效能

1. 心理动力学方法

心理动力学能帮助领导者发现能够影响他们的思考、感受和工作表现的潜意识想法。讨论环节可能会涉及对他们自己和他人造成偏差的防御机制、在工作中无意地阻碍了他们的方式方法，并尝试去识别解决失调性关系或改善不恰当个人行为的方法。

2. 行动主义疗法

这里关注的是可观察到的行为，比起心理学关注的内向因素，该方法更关注领导者行为所造成的（积极或消极）处在影响。目的是让客户能够更有效地和他人沟通，能更好地理解自己在组织中的行为给他人带来的影响。

3. 以个人为中心的方法

该类教练关注的是让学员在工作中学会承担更多的责任，而不是把积极或消极的情绪归咎于外在的影响。除了分析问题、提供建议，该方法还要求教练创造一种氛围，使得客户能够自己发现他们需要改变哪些方面，以及让他们自己产生想要改变的念头。

4. 认知疗法

认知心理学假设人们是可以学着去认识并转变他们的思想的。因此，运用这一方法，教练就能够与学员一起探究什么想法会影响他们工作中的情绪，虽然这常常一无所获。所以，与其探究导致情绪变化的原因，不如引导客户学会屏蔽或转变消极想法的技能。

5. 系统性辅导方法

该方法认为领导者行为只有在工作中被强加多种需求（通常是不合理的需求）的情境下，才能被理解。教练试图从个人、团队和组织对领导者行为的影响进行了解，从而提供更有效的解决方式。这是更为复杂的、出于综合性考量的教练培训方法，因为它需要考虑到组织中其他成员对于客户的影响。

显然，所有的教练辅导方法，除了系统性辅导方法之外，都要求领导者开始有一段自我发现的旅程：心理动力学方法要求领导者探索潜意识的想法；行动主义疗法关注可观察到的行为；以个人为中心的疗法要求领导者对个人行为承担起责任；认知疗法鼓励领导者识别何种想法会影响到工作情绪。自我发现可能是必要的，这与从下属那收到的基于领导者社会和人际关系能力（如果有的话）的非正式反馈不同。通常高级管理者并没有充分认识到他们的情绪和行为给他人带来的影响。这并不意味着他们不在乎此事，而是他们认为在有什么事情不对的时候，会有人来告诉他们的。然而，在这种情况下，下属可能并没有足够的自信去做这个传达坏消息的人，特别当这件事情与领导者的个性和行为有关时。

戈尔曼、博亚兹和麦基引述了一位首席执行官的话：

> "我经常感到自己并没有触及到真相。我也不能明确地指出此事，因为没人真的对我说谎。但我能感觉到人们隐藏信息或掩盖关键事实。他们没有说谎，但他们也没有告诉我所有我需要知道的事情。我永远是在揣测事情的原委。"

卓越领导者之见

我的管理团队告诉我，我对于价值观的态度太模棱两可、自相矛盾了。他们给我的反馈让我的认知回归了正轨，他们对于劝说我这件事也十分有把握。

——伊恩·门罗，New Charter Housing 公司首席执行官

在《情商4：决定你人生高度的领导情商》一书中，戈尔曼和同事描述了他们所认为的自我探索和个人重塑的五个阶段，并将其作为教练辅导过程的一部分。这样设计的目的是让大脑所发出的行为指令与情商联系得更紧密，从而积极影响与领导者接触的员工的情绪。该过程分为五步：第一步，想象你最为理想的状态；第二步，了解真实的自己，或是他人眼中的你；第三步，在理想的你和现实的你之间搭建一个桥梁，设定计划；最后一步，付诸实践。这一过程还包括要有人持续推进并帮助你完成计划。

步骤具体细节如下。

1."我想要成为什么样的人？"

确定理想中的自己是什么样的，包括你想从生活中得到什么，要求深刻的自我反思，并且要对于实现这一愿景有清晰的认知，可能需要对之前的想法、习惯和行为有根本性的改变。这是很重要的第一步，因为它包含了一个人对于生活愿望最深刻的表述，这不但是未来决策的行动方针，也是自我满足与否的衡量标尺。

2."我现在是什么样的人？"

该步骤需要你与他人一样，评估自己的领导力风格。正如之前所建议的，至少要以非正式的形式才可能引出他人的观点。领导者应该尽可能鼓励各方批判的意见。比如员工对领导者的聆听意见方面评价很好，这证明员工有真正地在评估领导者在倾听他们需求时的感受。然而，你不仅仅需要寻找自己的弱势领域，虽然这并不是个愉快的过程，也要肯定自己的优势，这在先前提及的章节中讨论过，对形成积极的心理状态是有益的。

3."从这到那，我要怎么做？"

在理想的自己和现实的自己之间搭建一个桥梁，你需要一份行动计划，最好是在教练的建议之下。戈尔曼提出计划书的目标需要与学习目标挂钩，而不是必须向领导们证明的绩效优化目标。最佳的学习模式是关注自我理想的状态，而不是其他人眼中你应该有的状态。与此同时，学习目标应当能强化现有的优势，而不是揭示你作为领导者在职责上所存在的缺点。

4."如何让这转变维持下去？"

创造能产生持续影响力的变化，要求领导者能一遍又一遍地重复行为动作，直到能完全掌握并达到内隐学习的水平。重复性动作能真正触发我们脑神经之间的连接，保证变化产生持续性的影响。内隐学习是认知心理学的理念，指的是重复性的行为所导致的自动自发强化脑神经连接的习得效应。戈尔曼、博亚兹和麦基认为，大多数情况下，大脑掌握着领导才能，从自信心、自我管理到同理心和说服力，内隐学习的习得效应比课堂式教学提供的各种课程要好得多。因此，学习领导力技能的关键在于掌握好关键点：长期坚持锻炼所习得的新技能。

5."谁能帮我？"

领导他人从本质上讲，是承受着很大压力的，而当人们感受到压力的时候，他们就不再觉得舒适和安全，这样的情境并不利于学习与进步。领导者之位是很孤独的，一举一动都备受关注，相应地在此时探索新的行为模式也就不会受到鼓励。与此相反的是，若领导者在心理上是有安全感的话，那么他们就不大会害怕尴尬或失败。若有一群支持自己的下属，领导者则会拓宽更多领域用以持续性发展。与那些私人和工作上有合作的人建立起良好关系，是鼓励你改变的强有力动力。我们不可能与环境脱节，不能单独改善我们的情绪、智力或领导力风格。我们需要自身行为施加给他人时的反馈，以便更好地评估我们是否正接近我们的学习目标。可以尝试成为支持性小组的一员或建立教练——客户辅导关系，领导者在探寻从真正的自我到理想中的自我的转变之路上需要他人的援助。

团体辅导学习

继续领导者如何从支持者中获得力量这一话题，让我们把一对一的教练式辅导转换为团体辅导。团队如果被引导得好，能够营造出生动的、富有挑战性的以及交互性很强的学习氛围。不仅如此，小组成员会受到其他组员的鼓励，形成众人共同认可的行为习惯，长期来看，这会产生很积极的效应。凯茨·德·弗里斯等人在团队辅导学习之后，对个人和观察者的评估所带来的积极影响进行了长达一年的纪录，这些影响特别体现在自我意识、教练辅导行为、激励反馈和团队建设等方面。

当领导者来自于同一个组织时，团队规模通常会控制在 4 至 10 人，分组讨论往往会持续一至三天。一项精心设计的团体辅导项目会包括如下几个要素：

- 开场/破冰；
- 讨论练习；
- 多方反馈；
- 行动计划；
- 后续支持。

1. 开场/破冰

项目的开场是很重要的，主持人会试图让参与者放轻松，保证课程中所有的讨论和书面材料都会被严格保密。每个人都期望参与其中，无论是作为个人还是团队成员，为其他团队成员提供意见与建议。

主持人可能会问参与者类似这样的问题进行互动预热，如对于优秀的领导力与不良的领导力的观点，或者值得鼓励及讨论的卓越领导力案例。

2. 讨论练习

第二阶段继续自我探索的过程，创建心理学家口中的"过渡性空间"。"过渡性空间"指的是连接内在心理与外部现实的空间，在这个空间里亲密的关系和创造力会随之产生。在这样的环境下，人们有时间有空间，会意识到变化的需要，并想清楚他们想成为什么样的人以及怎么做。

凯茨·德·弗里斯研究所的团队辅导项目用过这样的一项练习：让参与者在一张大白纸上画下自我画像，要囊括生活中的各个维度，如他们的过去、未来、工作或休闲方式；在画作完成之后，由组内的同事对画像进行点评或分析，画像的所属人要保持安静聆听；在这之后，所属人会被问及自己对于这幅画的阐述，过去所发生的事情对这幅画的构成有什么样的影响。该练习的目的是帮助参与者通过他人的想法和感情的，认识自己的世界是怎么样的。正如凯茨·德·弗里斯所说："其他参与者所表现出的同理心、支持和关心鼓励了参与者接受这些不同之处，并最终调整了他们的行为。""过渡性空间"开始被逐渐填满，人们之间的距离也开始被拉近。

3. 多方反馈

该阶段揭示组内的每一位成员之前所完成的反馈工具结果，诸如 360 评估的调研问卷、人格测试等。每个人都被邀请去点评和解释其他人的评估结果，还特别针对那些有特殊优势和劣势的指标进行阐述。接着，他们会再一次被问及过去的经历是否对此次评估结果造成了影响。

然后就是小组成员对于个人评估结果的反馈，主持人鼓励他们将自己的过去与被评估人做联想，借以找到反馈报告中关于情绪智力和行为习惯的线索及来源。团队成员可以提问用以澄清疑问或挑战既定事实，最终给出参考性和辅助性的意见与建议。每一位参与者都应当体会下被支持和被挑战的情况，这有助于成功解决问题。通过自我反省和评估自己的反馈结果，接着听到团队成员对此的点评，参与者们能够更好地把控自己，甚至会试图改变自己不恰当的行为习惯。

4. 行动计划

参与者们被要求搭建一个实际的、可行有效的行动方案，着眼于解决前几个阶段所提出的主要问题。将个人的计划与团队分享是很重要的，最好是这个主题方案包含了行动目标和具体行动方案，即当他们返回工作岗位，他们会做得如何不一样。口头上的确认对于完成这最后一步过程是很重要的一环。

5. 后续支持

在这一阶段开始之前，每位参与者都被分配到一个担任内部导师的任务，扮演支持性学习伙伴的角色，帮助领导者完成他/她所承诺的转型。返回工作岗位之后获得持续性的情感支持对于领导者的长期进步是很有必要的，如果行动方案里包括了行为习惯的改善，那这件事就很容易实现。戈德史密斯、里昂和弗里亚斯论证了，课程结束的 18 个月之后，50% 的经理们在工作绩效上没有收到下属的任何反馈，他们的行为没有发生任何变化，甚至绩效表现也不那么高效了。与此相反，那些获得后续支持的领导者们与同期相比，89% 的人被认可其绩效表现更优。

最后，在领导者们重返工作岗位之前，团队教练应当会提供一些可操作性的意见。诸如以下几点。

- 感谢参与者的有效反馈，并邀请他们对未言明的方面进行阐述。
- 在团队教练培训项目中，简述你在管理团队时的经历。
- 告诉家人和工作伙伴，你打算做出哪些改变，坚定自己的决心。
- 保证你的行动计划公开透明，并按时完成既定目标。
- 与导师定期聊一聊，寻求导师的支持、点评和鼓励。
- 告诉你的直线经理你所体验的改变，并将成功与其分享。

教练辅导与团队辅导的异同

与一对一的教练辅导相比，团队辅导能够提供额外的支持，而且团队的多样性和介入对于参与者来说是很大的挑战。将内心想法与可信赖的教练分享是一回事，但将想法与组内同事们分享又是另外一回事！所有的辅导都能够唤醒参与者深层次的心理问题，这些未解决的问题可能在教练辅导结束之后仍然长期存在并构成一定的威胁，特别是参与者要将这些相关性问题分享给其他人，而参与者无法像信任专业教练一般地信任其他人。因此，在选择教练推进组织进程时，强烈建议选择拥有足够心理学知识与实践的教练，他们在组织中能够分享生活经验给大家。没有任何背景的教练，可能无法认识到所辅导的对象有关性格方面的问题本质是什么，也无法察觉到团队中所发生的变化。

【领导力最佳实践】

New Charter Housing 公司的"勇气与火花"领导力培训项目

当我采访伊恩·门罗，New Charter Housing 公司首席执行官时，他向我介绍了公司里给员工提供的各种各样的培训计划。其中"勇气与火花"项目引起了我的兴趣。这是针对不同管理层级制定的截然不同的领导力发展方案，由领导力咨询与教练彼得·布鲁克特（Peter Bluckert）设计与实施，该方案的出发点如下。

年轻的领导者和组织如果能够通过个人成长强化项目早早地认识到个人情绪与心理发展路径，那对其未来发展来说会有很大的帮助。随着成长与发展，我们的行为会发生改变，我们的意识也会随之觉醒。通过更深层次的挖掘和持续性的改变，我们的内在领导力会随之发展，从而领导力外显，成为一位更好的领导者。

注意这些短语："情绪与心理发展""个人成长"和"内在领导力"。这不是基于已知的领导能力提出的领导力培训项目，而是围绕着情绪智力所开展的项目，这个项目被描述为是一场深入挖掘个人特征的体验。

彼得欣然同意与我谈谈他的项目，我们谈到了项目的主旨和特点。经过他培训指导的很多高级管理者大多都有这样的感悟："我真希望自己能早些体验情绪智力培训课程。"（有时候会加上一句"那样我就能更好地理解我的妻子和孩子了！"）这不禁让彼得着手调研，英国其他供应商或海外地区是否有人组织基于情商准则的初级领导力培训项目，但他发现这类的培训项目很少。幸运的是，彼得与 New Charter Housing 公司合作多年，在它还是坦姆赛德理事会（Tameside Council）下属的房地产管理部门时就开始了合作关系。伊恩·门罗是位很有远见的领导者，彼得没有花很多工夫去说服伊恩，伊恩就同意了让那些未来的管理者们参与彼得的新课程，课程名为"勇气与火花"。

New Charter Housing 公司的营业额达到一亿英镑，880 位员工管理着分布在大曼彻斯特区、诺丁汉和奥尔德姆的社会住房。它旗下还有家建筑公司，负责管理房屋维修，雇用了 200 位员工。在 New Charter Housing 公司所组织了两场"勇气与火花"项目，每场有 16~18 位精心挑选出的代表参加，年龄段在 20 岁至 40 岁之间，岗位类型从房屋经理到技术类人员都有。

第一场为期 3 天的专题讨论会将对事先给代表们测试合益集团情商和社交素质的测评工具（ESCI）做出 360 度评估反馈，该反馈是以戈尔曼、博亚兹和麦基情商的四个维度研究为基础的，课程导师会在项目开始之前，提前几天将反馈结果与每一位参与者做逐一的沟通。第一场研讨会的主要目的是让参与者探索如下问题。

- 你是谁以及你想成为什么样子的人；
- 你的优势、价值观、决心和个人愿景；
- 你与他人的联系；
- 你的工作（和生活）方式是否可行有效；
- "你是谁"决定了你会成为什么样的领导者；
- 你有意做出改变的计划。

彼得将这一研讨会描述为力量与挑战的发现之旅，大约一半的人得到了自我学习的契机。第二天被称为是深潜日，共设计了 5 个团队小练习，让参与者认清自己的价值观、追求和成就。

培训的另一个特色就是每天下午的 90 分钟团队经验分享会，在小组内部为提升个人意识方面提供了空间。因此，第一次研讨会的主要目的是鼓励参与者问问自己，自己是否已经尽善尽美，如果没有的话，那么他们从团队和导师那所获得的反馈能否帮助他们成为更好的、能与他人产生共鸣的管理者。戈尔曼和同事们认为共鸣领导力的特征之一就是"追随者们会与领导者的乐观和热情产生共鸣"。

第二次研讨会开始之前有 4 个月的时间，在此期间每位参与者都有一个任务，即向他/她私人生活和工作环境中的 6 至 8 人提出一个简单的问题："在领导力技能提升方面，我需要做的唯一重要的事情是什么？"

带着回答者的答复，参与者参加了第二次研讨会，在会上继续讨论自我反思的过程，以便更好地理解自己在领导力现状、影响力和感染力方面所需要做出的变化。研讨会第一天，基根和莱西在《变化的免疫力》（*Immunity to Change*）一书中，鼓励参与者认清并质疑那些可能阻碍他们做出必要性改革从而发展领导能力的原因。第二天的培训从别出心裁的教练指导方式开始，在此之后，每位参与者都要主持一场四人一组的小型教练式讨论会，这不仅传授了良好的教练指导经验，也能让其他人都参与进来。因此，研讨会的第三天以结构化练习作为结尾，重点关注参与者的个人影响力和感染力，之后参与者们各自描述在当下这个小组内，他们所感受到的领导力是怎么样的，然后再听听团队其他成员和导师的意见与反馈。

我向彼得表示，他的整个项目都是极富挑战性的，难度不仅体现在自我认知和同伴反馈方面，还要特别考虑到参与者的年龄和相关经验。他们中很少有人会对为期 6 天的领导力发展培训项目有所期待，更不用说还有这样的一个心理学方面的挑战：大多数人至少在二十多岁的时候不讨厌做一个粉刷匠。彼得同意这个观点，并指出选择才是关键，参与培训项目的人是由伊恩·门罗、人力资源总监克里斯汀·艾米塞斯（Christine Amyses）和高级经理根据人员的能力、职业发展潜力和继任晋升的可能性所选出的。彼得同时指出，在早期的培训计划中，粉刷匠还是"明星代表"之一呢。

最后，我问道，为什么这个项目被称为"勇气与火花"。彼得说，在他看来，与领导力相关的艰难决策都需要凭借很大的勇气，同时，情绪的力量能让你与团队迸发出火花。

| 本章小结 |

在领导力培训项目上做投资的重要性已经被很多实验调查佐证，然而许多组织仍没有从鼓舞人心的领导者身上获益，这些领导者应该协调好业务目标与实现这些目标的关键性因素——员工之间的关系。本章阐述了领导者发展和领导力发展之间的不同之处：领导力发展重点关注社会资本；领导者发展旨在提高领导者的人际交往能力，强化内在自我能力。

我们对很多被设计用以评估领导者个性和行为的工具展开了讨论，特别是 360 度评估、心理测试和人格测试。通过个人和多方评估反馈所收集的数据，我们得到了丰富的信息，可以用于比较领导者如何看待自己，与他们在工作环境中接触的人和下属如何看待他们之间的差异性。这一点可以作为领导力发展计划的出发点，特别是教练指导方面，可适用于一对一的高管指导，也可用于同一组织中的团队能力提升项目。在本章中，我们已经深入探讨过这两种模式的运作流程了。

Leadership Psychology
How the Best Leaders Inspire Their People

第六章

心理契约——发现员工未说出来的期望

当雇员被新组织雇用时，他们会期望收到一份书面合同，或至少是某种形式的书面协议，上面规定了组织对雇员新岗位的行为与表现的期待与要求。合同上还要详细列举雇员对新雇主的期望，比如薪资、工作条件、假期条例和合同期限。书面的合同或协议是一份准确的文件表达，但就其本质而言，对于领导者所代表的组织与雇员本人之间未来合作关系的作用是很小的。双方之于对方，都有一些未曾言明的期待，这种期待早在招聘过程中就开始成形，并在未来的工作关系中延续和发展下去。

卓越领导者之见

心理契约建立了人才的行为标准，如果你喜欢心理学的话，就会知道这是种承诺，互相承诺以正确的方式做事。这就是为什么我们在招聘过程中就开展了这一事项，我们不希望加入公司的人不明白这一点。

——威廉·罗杰斯，UKRD集团有限公司首席执行官

通过招聘广告，雇员可能已经受到了充分的鼓舞，该广告提及了组织对于员工个人发展的鼓励，以及对团队合作的支持力度，这些因素都特别能打动雇员。他们会调整申请表和个人简历，强调自己的相关特质和价值观，坚信该组织所寻找的人员要求正与自己相符。因此，在会面之前，双方的期待均已成型，随着招聘进程的推进，期待也随之加强并延伸。这些规则可能不会被明确地写在雇员合同里，但它能被双方所理解，而且相对于书面材料来说，这些规则对于双方未来的合作关系更有影响力。这是种契约，心理契约，它定义了雇主与雇员之间的实际关系，代表雇员和雇主在如下几方面达成了共识。

- 个人发展；
- 工作动机；
- 组织文化与价值观；

- 员工需要遵守的道德规范；

- 各级与各方的关系；

- 对支持力度的期待值。

值得注意的是，上述提及的几点适用于双方，心理契约是双向通道。

这一概念由艾德佳·沙因（Edgar Schein）在其书《组织文化与领导》（*Organizational Culture and Leadership*）中首次提出，沙因将其定义为"存在于组织中的每个成员与各层级管理者之间的、任何时候都广泛存在的、没有书面化的一系列心理期望"。他进一步强调，如果是长期合作关系，双方应对合同的期待保持一致，这样对双方都有利，也保证了合作关系的长远发展。

格斯特和康威提出了如下几点与心理契约相关的关键点。

- 雇主所采用的人力资源方案会影响心理契约的状态；

- 合同是基于雇员的信任感建立的，他们相信雇主会兑现双方之间的承诺；

- 当心理契约处在积极状态时，雇员的敬业度和满意度会随之上升，对绩效表现有积极的影响。

有趣的是，双方或多方之间的了解程度也会影响雇用环境。心理契约基于人际交往特质，如信任、尊重、同情心、同理心、公平感等情绪智力要素，在两方或多方之间建立起某种互为依赖的关联。在家庭或伙伴关系中，各方为满足对方期待而做出的努力程度的不同，会影响他们完成同一个目标的决心。若是遇到极端场景，我们会考虑运用极致领导力方略，然而，在本章的剩余部分我们将重点关注心理契约对于雇主/雇员、领导者/追随者之间关系的作用。

虽然我之前提及心理契约时用的是复数概念，以团队为单位，但实际上它也可以被用于个人。雇员或追随者对于现存的非正式"契约"持有个人的观点与理解，高级管理者或领导者会更关注心理契约与全局观的联系。特别是在大型组织中，组织的规模会让领导者忽视个人对于组织的理解和期望。然而事实上，领导者很有必要考虑心理契约对他们与下属之间关系的影响。无论是在个人层面还是集体层面，心理契约都是由一方无形的、内隐的、不能书面化的期望所组成的，同时也构成了另一方的义务。

01
管理人才，就要抓住他的真实期望

正式的雇员合同会包括具体薪资、工作时间、假期津贴、养老金和其他福利，但还有其他方面没有被提及，比如：

- 岗位安全性；
- 工作认可度；
- 生活与工作的平衡；
- 工作地位与受尊重程度；
- 相关义务；

- 开放性的沟通渠道；
- 工作设备；
- 领导者能力；
- 委托与授权的机会。

但是雇员可能会有不同的期望值，可能与雇主一致，也可能不一致，比如雇员可能认为这些是福利，雇主可能认为这些是雇员的义务。雇员的期望值与雇主所认为的义务相匹配是十分重要的，这也是雇员工作动力的决定性因素。

卓越领导者之见

12个月前我做了项调研，我问员工："你想从直线经理那得到什么？你工作的动力是什么？"然后我向经理们问了同样的问题，他们的答复是："我们认为团队是受到金钱、工作条件以及是否被予以众望这三个因素所驱动的。"然而，这三个因素中只有"是否被予以众望"这一因素被团队成员所提及。事实上，激励员工的第一要素是认可和赞扬，薪资只排在第六位。有趣的是，我们发现团队成员的想法与管理层所以为的是完全不一致的。

——安东尼·史密斯，伯恩旅游集团有限公司企业文化与发展经理举个例子，员工总是期望被公平对待的。当人们发现自己是在被公平对待时，或者相较于其他人来说被更好地对待时，他们会更受鼓舞，也会因此在工作上表现更佳。相反，如果他们认为自己没有得到公平公正的待遇，他们就会感到不满和消极，从而表现不佳、做事不可靠，也没有大量成果产出。人们对于自己是否被公平对待的判断来自于两个方面：自己在努力程度和个人素质表现方面是否得到了足够的认可；与类似工作岗位的同事比较来看待遇是否公平。公平对待是衡量公平感的第二标准，与个人报酬和努力程度之间的联系相关，它取决于一个人在付出与得到之间的比较，以及与类似工作岗位的同事之间的比较。不比同事的待遇差是所有雇员的合理期待，因此也是符合心理契约的重要且极具影响力的一个方面。

亚当斯的公平理论（Adams' Equity Theory）

在心理学家诸如马斯洛、麦格雷戈、赫茨伯格发表动机理论的时候，约翰·斯塔希·亚当斯（John Stacy Adams）提出了公平理论，该理论认为雇员会衡量自己在工作中的付出相对于他人而言是否与报酬成正比，这会直接影响雇员的工作动机。因此，按照他的理论，动机并不局限于个人范围，还包括了在工作中与他人的付出及收益所做的比较。亚当斯将被比较的对象称为"参考对象"，用以作为参考标准，影响着我们的公平感和动机。

亚当斯的理论相较于其他动机理论更为灵活多变，它可以用以解释为什么一个人的动机在其所处环境没有发生改变时，还是会日复一日，甚至在分秒之间就发生变化。比如，如果某位员工相较团队其他成员获得了偏高的报酬/付出比，那么这很可能导致一些人，甚至整个团队的工作积极性随之降低。创建全局的公平感是心理契约的一个重要标准，领导者必须将这一点铭记于心。

我们将自己的投入与所获报酬作为衡量公平的标准，公平与否取决于与参考对象比较的结果。

投入方面包括：

• 努力；

• 忠诚；

• 敬业；

• 技能；

• 灵活性；

• 忍耐力；

• 决心；

• 热忱；

• 个人牺牲；

• 对于领导者、同事和下属的
  信任；

• 良好的出勤情况；

• 愿意在需要的时候加班；

• 对客户和同事以礼相待；

• 诚实；

• 提出观点。

报酬方面包括：

• 有形奖励，如经济收益；

• 认可度；

• 声誉；

• 赞赏；

• 责任等级；

• 发展机会；

• 成就感；

• 自我进步；

• 绩效反馈；

• 有趣的工作内容；

• 尊重；

• 工作安全保障；

• 愉快的工作环境。

每个人都会根据各自的侧重点不同，而对各个维度做出不同的反应。对一些人来说，大多数情况下，动机缺失和与分配的差异性之间是存在一定联系的，很多雇员动力缺失都是因为分配的差异性，这会产生一种巨大的不公平感，让他们心里的天平很显然地有所倾斜。此外，人们的反应也会各有不同，从消极怠工到不服从，甚至再到完全抵抗。一些人可能要求更多的报酬，如果雇主不能满足的话，他们就会另谋其职。亚当斯的公平理论给领导者们提了个醒，跟随者不仅仅会对自己如何被对待做出反应，而且还会与团队中的其他成员做比较。

【领导力最佳实践】

　　每位普华永道的雇员，从首席执行官往下，都有相应的与之接洽的人事经理，人事经理并不是他们的直属上司，但对员工的工作期望与职业规划负有责任，也更了解员工深层次的想法。这是种双向关系，人事经理向员工提供指导性意见，员工也向他们表达自己的确切利益与担忧。借由这种运作模式组织可以收集到各方信息，进而可以调整公司的整体制度。

　　科伊尔–夏皮罗和纽曼花了三年的时间研究了500名供职于公共部门的雇员对雇主关于报酬方面的看法，令他们感到满足的报酬标准是什么，以及他们会为此付出何种程度的努力。研究者们对于这种交换意识和债权人意识特别感兴趣，这两种意识对于心理契约的达成具有一定的调节作用。

　　交换意识在一定程度上决定了一个人的工作努力程度，同时也有赖于组织如何回应员工对于工作所做出的努力。具有很强交换意识的员工只有在被公平对待后才会很努力地工作，而那些交换意识稍弱的员工即使没有被很好地对待，也会继续努力工作。雇员的付出与回报的比例是由雇主的心理期许所决定的，会对诸如出勤情况和组织忠诚度等衡量标准产生影响。此外，员工会对现有的激励因素和雇主未来可预见性的回馈做出相应的反应。因此，一个人的交换意识可能会影响他对于组织目前的设想和未来的投入程度，对于具有强烈交换意识的人来说，这一现象更加明显。这样的员工对于自己的辛勤工作能从雇主那换取到什么东西十分感兴趣，他们追求更高的回报，并且认为他们为工作付出了努力，组织是"欠"他们的。

　　另一方面，债权人意识更关注心理状态，而不是强调要有所回报。债权人意识较强的人喜欢别人欠着他们的账，因此他们愿意比被期望付出更多努力，这样他们的"债权"评级就会很高。在雇佣关系中他们倾向于付出更多，否则他们会觉得自己的贡献度不够。所以，债权人意识形态决定了雇员对雇主的贡献程度以及对心理契约的履行结果。

研究表明，交换意识和债权人意识都会对员工的敬业度和心理契约有所影响。交换意识较强的人会更注重报酬，并且认为这是雇主的义务，他们会依据报酬的多少相应地调整自己的贡献度。另一方面，债权人意识较高的人会更关注自己在雇佣关系中所能做出的贡献，倾向于超出雇主的预期，愿意付出更多。从这个角度来看，领导者关键是要了解下属们的意识形态，以确保基于现实情况，达到最佳的投入产出比。

与雇主达成心理契约的基本前提是确定自己对于雇主的价值，因为这会影响雇员的期望值。一个已经花费很长时间求职并最终获得工作机会的人，他对报酬的期望值势必比现有的员工期望值要低，当然雇主也明白，如果该员工换一份工作，他可能会很轻易拿到一份更高的薪水。然而外部因素确实会影响心理的预期。想象一下，20 世纪 90 年代末一位程序员在硅谷的一家互联网公司工作，随着互联网用户的急剧增长，互联网产业蓬勃发展，市场支付给计算机开发人员的奖金极具吸引力。我们的程序员正拿着丰厚的待遇，确保自己的饭碗很安全，此时如果她的工作经验受到其他公司的赏识，她就会跳槽。她知道自己对于公司来说是位有价值的员工，公司会竭尽全力去挽留她，因此她对雇主期望也会随之提高。

接着网络公司泡沫破裂！她并不知道的是，她所在的公司一直在筹集资金以期主导市场，一旦市场崩盘，就很难有后续的资金投入。所以突然之间，公司举步维艰，如其他大多数竞争对手一般，公司不得不开始裁员。我们的程序员不再自信自己是否还能保住工作，雇佣关系的天平正开始向雇主倾斜。她的相对价值已经降低，她的心理预期也会相应有所不同。她还是那个雇员，雇主也还是那个雇主，书面劳动合同条款可能也没有发生什么变化，但是她会觉得自己需要表现出自己对工作的投入（忠诚度、热情、个人牺牲等方面），希望获得雇主的认可，认为她对组织的未来发展来说仍是一位有价值的雇员。因为心理预期和假设发生了变化，所以公平的标准也发生了变化。

上述的场景描绘了外因是如何影响心理契约的，同时心理契约也会受到雇员个性特质的影响。如之前所述，心理契约是雇佣关系中不成文的观点与期望。从雇员的角度来说，每个人（从很大程度上）都因为个性的不同而不同：员工抱着什么样的心理预期，他们是如何看待心理契约和违约的，他们的态度是如何影响契约制定的……这些都因人而异。拉贾、约翰和娜塔莉尼斯的一项调研仔细研究了雇员个性与心理契约类型之间的关系，研究了雇员对于违约的看法以及对于违约的感受。他们认为个人的性格与心理契约的类型是有关联的，借用了高柏的"人格结构五因素模型"中的三类人格特质——神经质、外倾性和尽责性，另外还加上对公平的敏感性、控制点和自尊心三项性格特征来作以说明。

神经质与情绪不稳定性、不信任感、焦虑、自卑和缺少心理调节能力相关，具有这些性格特征的人往往缺少社交技能，不喜欢主持大局。这类人对工作满意度往往很有限，在各类工作岗位上的表现均不佳。稍复杂的工作任务会让他们感到焦虑不安。这些特点结合起来，神经较为过敏的人群不太可能参与需要高社交技能、强主观能动性并且信任他人的长期合作关系里。因此他们更可能倾向于短期的、纯粹基于经济利益的交易型工作，而不是需要雇员积极主动性极强的工作。

外倾性是外向者的一个特质，个性外向的人很善于社交，他们健谈、充满激情、坚定自信并且踌躇满志。他们追求物质利益、他人认可和权力，希望在地位提升的同时，经济收益也能提高。他们普遍表现优异，能获得较高的工作满意度。至于心理契约方面，他们会自行进行自我建设，更倾向于长期的合作关系，因为若有时间限制，他们就不能得到足够的机会去提升地位、得到周边人的认可和得到想要的权力。研究者认为，外向性格的人会形成关系型的心理契约模式，在交换关系中会更强调物质上的收益。此外，他们高度自信、充满活力、野心勃勃，对于组织如何履行他们那部分的合约内容十分关注，特别是在物质兑现方面。他们会运用自己高超的社交能力得到消息，以确保自己无论是短期还是长期的利益都能被兑现。

尽责性的雇员是有条理的、做事可靠且规避风险的人群。尽责性人格大多主观能动性强，满足于自己的工作，更关注工作任务的交付而不是薪资报酬。他们的心理契约模式是关系型的，这种关系会在长时间内得以拓展，包括获得个人成绩和成果的机会。有责任心的人群会非常积极地关注合约履行情况并规避风险，以确保自己不会面临任何不愉快的情况，同时保证自己有个人晋升和成功的机遇。

公平敏感性也是一种人格特质，代表了一个人对于不公平待遇所做出的反应。公平敏感度高的人群以收益为导向，他们期望自己比其他同事投入得更多。他们更重视外在有形的收益，比如薪资、福利和地位。相反，那些公平敏感性低的人群会更关注自己的投入，他们不太会意识到交换关系中可能存在的不公平性。他们更关心的是无形的收益，比如成就感、个人的工作和自我实现。显而易见的是，公平敏感度低的人的需求更接近人本主义心理学家，如马斯洛和赫茨伯格。公平敏感性与工作满意度、敬业度、工作道德感和社会责任是相左的；与跳槽离开工作岗位的关联度很大。具有高公平敏感性的人基于对薪资地位和物质回报的期待，会自然而然地形成交换型的心理契约模式。合作模式通常是短期形式，会更强调外在的利益，而非工作关系。同样，正因为将公平待遇这件事看得很重要，他们也会特别注意维持自己的心理契约的状态。

控制点，也被称为控制观，是一个变量，用以衡量人们是如何看待自己的行为与其所产生的结果之间的关系的。那些内控的人会更希望诸如奖励和认可这样的结果在他们自己的可控范围内。而外控的人会更倾向于把个人的成功或失败归咎于运气或周边环境因素。前者，也就是内控的人，很可能工作敬业度和满意度都高，然而后者，可能工作满意度较低，且难以被激励。外控的人关注当下，同时对长期合作关系兴趣缺缺，这就导致他们交换型的心理契约追求快速变现的短期收益，而不是未来的发展机会，这一点被视为该类人群的不确定因素和潜在问题。他们相信通常情况下，收益是不受他们个人控制的，因此他们不太可能密切关注自身付出与所得报酬之间的关系。

自尊心是拉贾、约翰和娜塔莉尼斯最后提及的人格特质，指的是一个人对自身价值的评判。自尊心高的人对个人能力很自信，会主动寻求个人成长和实现自我价值的机遇。因此这类人所寻求的心理契约是兑现这些承诺，合作周期长以及关系足够深厚，这样才能让他们的优秀表现得以被认可。他们高度的自尊心和自我认可会鼓励他们密切关注雇主是否满足了自己的心理预期。

我们可以得出这样的结论，关系型的心理契约比单纯的交换型心理契约对于员工个人和组织来说都会更好，体现在员工的工作敬业程度、绩效表现和任职时长等方面。领导者在建立与追随者之间强有力且互利互惠的关系之时，也是双方形成心理契约最为重要的时刻。与追随者/雇员相比，领导者所处的主导位置意味着，个人层面、团队层面和组织层面的心理契约的达成很大程度上来说取决于他们的判断。我们已经可以看到，员工个性特质在很大程度上决定了心理预期的类型、时间长短和期待值，同时，心理契约也被领导者承诺的良好前景所左右，领导者会对员工的期待抱有同理心。麦格雷戈提及的奉行X理论的管理者们（独裁式管理风格）与心理契约这一理念就不太相符，更不用期待他们会与下属共情。事实上，我以前在某位总裁手下担任部门主管一职时，他就曾告诉过我，他付给员工薪水，希望员工拿到酬劳并干活就好。一位更开明的领导者——具有参与式领导风格、奉行Y理论的领导者——会更有可能持有这样的观点："每个人都是独一无二的，我的工作就是了解他们的诉求与期望，秉承着互利互惠的原则，尽我所能满足这些要求。"

【领导力最佳实践】

伯恩集团旗下的每一处海文房车公园都有企业文化的推动者，他们被称为先锋，是对于公司业务有着一腔热情的志愿者。他们负责每个季度初开始的新员工入职培训，该培训会围绕着企业的文化价值观进行开展，安东尼·史密斯经理将其称为"传播企业文化的眼睛、耳朵和声音"。

02
组织文化对心理契约的影响

组织文化对于心理契约会有多大程度的影响，这种影响会被雇员和雇主欣然接受吗？由理查德等人所牵头的研究决定探究一下这之间的关系，探究心理契约、组织文化与组织承诺之间是否存在关联，并假设心理契约就是其他两者之间的调和因素。理查德等人把组织文化定义为"一种由共同的价值观与信念所构建的模式，帮助每个人了解组织的经营理念，从而让员工更好地理解企业的行为准则"。他们特别关注了科层式企业文化和家族式企业文化。前者通过明确的规则、政策和架构将团队凝聚在一起，团员受制于严格的审查、评价和控制体系。该文化很难被适应，并常常发生改变。相反，家族式文化强调的是团结和团队合作，鼓励有效的垂直和横向沟通，倡导积极向上的人际关系，对形式结构和决策把控方面的重视程度较低，更注重传统和忠诚度。研究人员指出，虽然两种组织文化模式截然相反，但是组织还是能找出他们共同的特质。

卓越领导者之见

企业文化是组织中领导力行为的体现。领导者的确可以为了组织的利益发挥影响力，甚至进行组织变革。然而，我们经过这么多年的测评发现很多伟大的企业跌下神坛，都是因为公司的创始原则没有被领导者真正所领会。简而言之，好的企业文化需要花费多年时间慢慢搭建，但也可能一夕覆灭。

——乔纳森·奥斯丁，百斯特企业有限公司总经理

因为组织在心理契约形成的过程中扮演着重要的角色，所以我们可以很自然地认为组织文化对心理契约的形成也发挥重大的作用。比如，科层文化鼓励交换型的心理契约，基于有限的雇员职责和小范围的管控，清晰地定义了在交换关系中有质量的工作投入会得到何种回报。与此相反，家族式企业文化会将雇员当作家人对待，更倾向于鼓励关系型的心理契约，雇员要向雇主（家族里的大家族）提供符合他们预期的忠诚和信任，从而营造团队的良好氛围和归属感。拉贾、约翰和娜塔莉尼斯在研究关系型和交易型心理契约时，发现这两者在离职意向、工作满意度和情感认同方面有着类似的调查结果。

除了考虑组织文化（科层式企业文化和家族式企业文化）与心理契约类型

（交换型和关系型）之间的关系，该项研究还探讨了影响雇员与雇主之间关系的两个因素，即组织承诺与年收入。早前的研究已经证实了组织文化与敬业度之间存在联系，基于双方互信、团队合作和创新的（家族式）企业文化，雇员会以积极的态度作为回应，诸如高敬业度、高工作满意度和低离职率。理查德等人引入了新的衡量标准——年收入，他们认为组织文化不仅仅影响着心理契约，同时对奖赏机制也有一定的影响。比如，家族式企业文化认可员工的价值，更可能投资于员工身上，也会为员工提供适当的补偿金。相比之下，科层式的企业文化更强调降低成本和效率提升，在补偿金方面投入较少，在年收入方面也不会太慷慨。而重视与员工长期关系的组织会为员工提供更好的奖励机制，包括提供较高的报酬，鼓励互信、忠诚和组织承诺。所以，组织文化与心理契约的践行之间有直接的关系，由雇员做出的承诺和雇主付出的经济报酬所决定。

正如我们之前所提及的，组织文化很大程度上是由高级管理者决定的，要求业务领导者们将文化渗透进整个组织中去，团队管理者作为组织文化的实践者，在日常沟通中将文化传递给一线员工。在大型组织中工作的雇员通常不会将某个单一的个人认作是他们的雇主。他们对于谁负责确定心理契约的兑现几乎没有什么意见。为此，许多企业领导者决定，他们需要创建一种企业特质或基于无形价值观的企业形象，雇员可以凭此期待着他们的付出会得到公正的回报，通常这被称为是"员工价值主张"，雇主试图澄清观点，希望借此机会由员工将心理契约的内容确定下来。

卓越领导者之见

今年我任命了一位文化与人才发展总监，因为文化是我们企业价值观的一部分，绝对是我们的核心价值。

——卡伦·弗雷斯特，星期五股份有限公司首席执行官

此外，与其为全体职工创建单一的价值主张，一些组织已经认识到"一刀

切"的契约内容不适用所有人，因此采取了不同的方法。多元化的工作团队的期望会根据年龄、生活习惯和组织沟通态度的不同而不同。因此"契约"会根据不同团队的需求量身定做，强调不同的价值主张。弹性福利计划适用于不同的团队，比如销售团队、技术支持团队或者行政管理人员。虽然雇主的心理契约与雇员的个人特质不能一一匹配，但销售部门雇用的大多是外向性格的人，而行政人员大多属于责任心很强的人。雇主们意识到不同的团队会与组织形成不同的心理契约，因此他们既会确保销售团队被给予足够的机会去实现他们对于权力和认可度的野心，并根据他们所创造的经济效益衡量他们的业绩，也会尽量为行政管理人员搭建基于组织架构发展计划的长期职业生涯规划。当然，万事皆有例外，不能简单地将这些通用类的描述与身边的同事联系起来。我们将在本章稍后的部分更加深入地探讨不同群体，包括不同年龄段的人的心理契约。

情绪智力的重要性

同理心是一种能够与他人互动，并影响他人的能力，是管理者的关键性特质之一，领导者需要展现其同理心才能营造互相帮助的良好氛围，在这样的组织氛围下，雇员相信管理者，也相信管理者所代表的组织。人们通常认为同理心是个人表现出来的特质，但在心理契约的角度，它反映的是整个组织与员工交流，或与不同工作小组交流的态度。一家企业显示出自己对于雇员的需求、顾虑、建议和野心的理解，会更容易营造出一种互信、合作、透明的组织氛围，对于心理契约的达成作用很大。雇员对工作环境所表现出的意识越强，越能说明良性的心理契约可以达成，可以维持。然而，当一个人面临的形势不顺利时，他/她会找个人来责怪，尤其是外控的人。如果问题是与工作相关的，雇主会高度重视谁在该责怪的清单上，心理契约也被视为已经被打破。人们的精神状态会从安全/自信转变为敏感/紧张。当雇员对雇主的信任出现裂痕时，他们的疑虑就会成倍增加。

信任是达成富有成效的双向心理契约的关键性要求，信任在牛津词典中的定义是"坚定地相信某人或某事是可靠的、真实的、有力量的"。信任的反面就是怀疑，怀疑一方对有利于另一方的信息或行为有所隐瞒。从我个人的研究和经验来说，如果在非正常场合下询问雇员，或在员工满意度调查中让他们指出组织最大的失败是什么，他们经常会说是"沟通不畅"。沟通、沟通、沟通——可能是所有管理者技能中最重要的一项。我们经常听到人们抱怨"没有人告诉我们任何事情"，或者"如果他们能偶尔听一下我们的心声就太好了"，或者"某位经理告诉我们要这样，另一位经理却告诉我们完全不同的事情"。在心理契约的范畴内，双方都有责任进行有效地沟通：雇员要保持开放诚实的态度；雇主要在整个组织中搭建公开、透明的沟通渠道。领导者的责任就是创造一种公开透明的企业文化，作为回报，追随者与领导者之间会产生同级别的信任感。多疑的雇员就像是尚未引爆的定时炸弹，他们的雇主会一直被幸福地蒙在鼓里，直到炸弹在自己眼前爆炸。

卓越领导者之见

领导者必须避免如披着糖衣的坏消息和"天花乱坠"般的好消息。如果领导者的沟通技巧高超，与下属经常沟通，他们就会赢得雇员们的信任。

——大卫·费尔赫斯特，麦当劳（欧洲区）首席人力官

我已经数不清在我所认识的领导者中，有多少位高调地说要与员工开放式交流，但是都没有做到。会不会是因为他们相信员工：

- 已经知道这些事情；
- 不想知道这些事情；
- 不能理解这些事情；
- 没有权力知道这些事情。

或者是他们害怕面对公开化、透明化的沟通结果？可能他们认为信息共享会给自己带来失去权力的风险，并且管理者的独特权威性也会被稀释。联合国秘书长科菲·安南（Kofi Annan）对此有着截然不同的观点，众所周知他曾说过"知识就是力量，信息传播就是种解放"。

管理透明化有利于促进双方互信，追随者会依据客观事实建立起他们自己的

心理契约内容。若没有这些必要的事实依据，他们就会陷入被错误信息、谣言或认知所误导的危险境遇之中。被忽视和不确定性会让人们感觉受到了威胁，甚至神经过敏。恶性循环是这样开始的，一个秘密演变成一个更大的秘密，进而产生恐慌；信任也转为疑虑，并演变为公之于众的敌意。

领导力风格是决定双方在心理契约形成过程中如何确认各自职责的重要变量。在第一章，变革型领导力作为关系理论中的重要示例，它与交易型领导力在达成心理契约的过程中的重要程度是一致的。交易型领导力风格更能影响人们的行为模式，他们会制定可实现的目标，协调员工之间的工作，然后根据目标的完成情况实行奖励或制裁。当工作要求清晰明确，并已经提前沟通保持一致的时候，此类管理风格是最为合适的。这种风格在远距离工作模式中最为有效，即领导者与雇员的人际互动十分有限的情况。而且，它的确能确保工作任务是一致的，雇员或其他团队成员也不用单独做出重要决定。

与此相反，变革型领导力风格通过激励员工实现个人价值，进而提升他们的工作动机，实现有利于双方的组织目标。如果领导者的管理风格是变革型的，他们会提升员工在工作成就方面的意愿。他们会加强员工对于目标的认知，提出让人充满期待的愿景。追随者们被鼓励向传统论调提出质疑，以创新的角度重新审视问题。变革型领导要求追随者们为人开放、有执行力、有一定自我管理能力，特别是在变化的情境之下，以及工作任务尚未被明确定位或充分理解时。由变革型领导力风格的特质所决定，当管理者和追随者互为合作关系并实现充分沟通的时候，该管理风格最为适用。而简单通过信息科技的沟通模式肯定不利于领导者采取变革型管理模式。

值得注意的是变革型领导力风格和交易型领导力风格并不是互相排斥的，两者在构建和满足心理契约内容的时候都扮演着重要的角色。领导者可以采用两者结合的管理风格：后者（交易型领导力风格）用于向追随者传达整体的规划，并灌输给他们工作的意义；前者（变革型领导力风格）为个人和团队指出前进的方向，规划愿景。可能会影响到这种特殊领导力风格应用的因素如下。

- 团队和部门内几代员工之间的融合；
- 几代人的期望；
- 员工个人的能力与技巧；
- 所需完成的任务，常规的或个性化的；
- 外部的压力，比如竞争或全球化；
- 内部的压力，比如缩减规模或财政受限；
- 全体员工之间的文化差异性导致领导者与追随者之间的关系不同；
- 领导者与追随者之间的距离——近距离接触或分散在不同地理位置上；
- 组织规模大小——影响了领导者对于每一位雇员的了解程度。

如我们所知，组织中的高层领导决定了组织文化，从很大程度上来说，也支撑着心理契约的投入与产出，而团队和运营领导者就是成功达成这些契约的关键所在。领导者如何管理业务部门以及如何处理部门的日常事务决定了心理契约如何被履行。直线经理是员工主要的契约内容制定者。当他们的行为方式与心理契约不成文的约定内容相一致时，投入与产出比是相对合理的。优秀的领导者会调整他们的管理方式、行为和沟通方式，从而向追随者们传达适当且切合实际的预期。在日常沟通中，他们会直接传达信息，告知员工他们所需要的是何种努力，以及他们所期待的产出是什么。领导者的重视、管理和管控，对于员工所做出的努力、优秀的工作表现和领导者愿景的成功实现等这些方面都有着巨大的推动作用。

03
雇员出现违约意向的几点征兆

当双方中的任意一方相信心理契约内容无法被兑现时，合同违约或破裂的情况就会发生。它表示了交换过程中的不平衡，雇主或雇员不接受他们投入所得的预期结果。识别雇员违约意向的线索包括：

- 对心理契约中自己所愿意承担的责任发生转变；

- 工作满意度和士气下降；

- 对岗位和组织的敬业度降低；

- 工作绩效有所下降；

- 信任破裂；

- 故意破坏性行为；

- 离职倾向。

当员工所在的组织没有提供给员工他们所应得的东西，也不提供给员工他们所认为重要的东西时，雇员会认为组织并没有兑现他们的承诺，员工会感到愤怒和背叛。如果在招聘过程中所应允的部分没有兑现，这种感觉在雇员加入组织不久之后就会产生。或者比如说在双方合作多年之后，组织突然采取大幅裁员或外包模式时，雇员也会产生这种感觉。无论以哪种方式，最初所建立的信任与书面合同条约相比都很容易被打破，并且很难被修复。

显而易见，领导者最希望的是在合理和可实现的范围内保证员工的期望值：他们可以实现员工对于报酬的期望，以回报雇员的努力、忠诚和敬业。如我之前所言，坦诚的沟通对于形成积极的工作环境是很重要的，即使组织正处于艰难的变革时期。事实上，越是处于这样的时候，组织上下越需要坦诚沟通，以消除雇员的疑虑，否则这些怀疑会导致员工的士气低下，让员工产生被背叛的感觉。比如，雇员经常认为公司内部政策正不知不觉地对他们造成不利的影响。柯维兹等人指出，当雇员将违约的原因归咎于在雇主管控之外的外部力量时，他们就不太可能认为是雇主违背了心理契约。然而，如果雇员认为雇主是故意违约的，那么他们会认为这是组织不关心他们或者不重视他们的重要信号。更糟糕的是，柯维兹等人所开展的两项研究表明，如果雇员怀疑违约的背后隐藏着政治性动机，他们对组织的恶意评价就会激增。组织政治会让人们相信，他们所在的工作环境被权势阶层的利己行为操控和影响。那些认为组织内部政治程度深的雇员，更可能会做出严重违约的行为。

管理好下属的预期

领导者们必须管理好下属的预期。在前面的章节中，我曾提倡要给员工授权，在决策过程中提高员工的参与度，提高员工参与度能为组织带来额外的业务收益。但是，提升员工参与度对于领导者来说是一个两难的事情，因为在这个过程中会发生滚雪球效应，随着员工参与度的提升，员工的期望值也会随之提升。这也形成了心理契约的一部分，雇员参与决策的意愿被视为工作投入，与雇主授权给雇员之时所期待的回报相匹配，而授权的理念将会被传承，甚至范围被扩大。然而领导者仍应从个人和全局的角度出发考量授权所带来的影响以及合理的授权范围。组织所处的境遇、涉及的相关人员以及工作本身的性质都会成为员工参与方面的限制因素。

保罗、尼霍夫和特恩利提出了一些方法论，在领导者向员工授权方面，在此我对他们的研究做了补充，使它们可以被更广泛地运用于心理契约中的雇员期望分析。

1. 明确定位与社会化

在招聘的过程中，应当将工作岗位内容准确清晰地介绍给候选人，这样一来雇主的期望才能与雇员实际的工作角色相匹配。同时，还应当向候选人介绍组织允许的员工参与程度、员工的定位和组织社会化的程度。员工定位包括雇用关系中双方的义务。社会化程度包括组织内部可接受的行为以及所持有的价值观。

2. 开展雇员意见调查

开放式问卷可以得到员工对于公司做法与政策的解读，对心理契约以及未来可能发生的违约提供独到的见解。

3. 建立讨论小组

雇主与雇员代表之间召开周期性会议，可以用来评估双方心理契约中对交换关系（付出与回报）的看法。

4. 编写组织的文献综述

公司出版物，比如员工手册，都是基于心理契约的，它们在一定程度上符合给员工的期望值，同时在授权与实际情况之间建立起一种参考基准。诸如此类的公司文献是不允许出错的，也不会将不可实现的预期刊登在册。

5. 开展领导力培训

所有的领导者都明白追随者们期望奖励、报酬或其他东西作为努力付出的回报，但不是所有领导者都熟悉心理契约的概念，以及它在雇员—雇主交换关系中所发挥的重要作用。心理契约的理念就像是人类的爱：每个人都知道它的存在，它对我们造成强大影响，而一旦遭遇背叛它就会带来灾难性的后果。然而与爱不同的是，我们可以学着去理解并好好运用它以达到最佳的效果。

6. 确保坦诚的双向沟通模式

当雇员了解背后的逻辑时，他们可能就做好了接受既定事实的准备。我要重申一遍，沟通是领导力职能中最为重要的一部分，但在实践中它也经常是最糟糕的一部分。

7. 鼓励良好的雇佣关系

举行相关活动的目的应当是同时满足雇员和雇主两方的需求，这样才能激发出双方在心理契约中履行义务的意愿。

8. 为直线经理、导师和岗位模范提供支持

研究者发现，组织设置恰当的支持性机制可以助力员工调整他们在交易关系中的期望值；如果确实发生了违约的情况，该机制也可以弱化员工对于组织既不认同员工的贡献，也不关心员工的幸福感的想法。

04
雇员违约给组织带来的伤害

正如我们所知道的，心理契约需要来自双方的付出与回报，违约会给各方都带来影响。雇员违约对于雇主而言会带来什么样的影响呢？信息时代岗位的不确定性提高，同时雇员工作灵活性、工作时间以及酬金等方面的要求变得更高，雇员违约行为屡见不鲜，但近阶段大多数的研究角度都将雇员违约作为切入口，而

比较少从雇主的角度考虑合同违约的事情。

心理契约的核心要点就是双方的相互信任。因此，当一方并没有完全投入到这段关系中时，信任就会开始崩塌，另一方会觉得己方受到了冒犯，开始拒绝在这段关系中投入感情或采取行动。不仅如此，这一现象在关系型契约中相较于交易型契约更为显著，关系型合同在职责和报酬方面并不是那么具象，而是更依赖于相信对方履行己方的义务。

> ## 卓越领导者之见
>
> 我们有一个非常简单的价值观："你必须坦诚直言，诚实地与人相处。"通常在一家律所，如果你有位工作表现不佳的助理，没有人会说些什么。渐渐地，那位助理不会被分派工作，因为内部员工不认可他的能力；员工的境遇会变得更为惨淡和沮丧，局面变得很困难。现在如果有人说"坚持下去，我们的社会契约要求我们必须直言不讳"，那会发生什么呢？有人就会找那些助理聊一聊。此时，那些仅仅书于纸上的价值观才变成了"权利宪章"。
>
> ——凯文·戈尔德，Mishcon de Reya 律所合伙人

在组织中，经常是一些中小型企业里的雇员会违约，而他们所造成的破坏是非常大的。雇员合同违约的案例包括：

- 犯罪活动，比如偷窃；
- 没有事先告知就离开公司；
- 拒绝履行职责；
- 做出蓄意的破坏性行为；
- 不参与团队活动。

这种情况在中小型企业更为常见，在关系型合约中，这样的违规行为令企业家们产生强烈的愤怒之情，并深深感觉到背叛，这也会导致与违约员工情况相似

的雇员采取离职行为。雇主可能需要好好地审视一下自己的领导风格，是否需要从变革型领导风格转换为交易型领导风格——本章在稍后的部分将对此进行更深入的研究。

雇主将努力控制雇员违约行为给业务运营所带来的损害与影响；同时，在其他雇员眼里任何的改变都会被归咎于领导力风格的转变。由于违约行为及其所带来的后果，对于业务管理者来说，企业声誉会受损，进而也会影响客户对企业的信心。南丁和威廉姆斯的一项研究发现，小型企业家经常有意或主动让其他雇员参与到员工违约的事情之中，有如下三种作用。

（1）领导者可以向其他团队成员寻求帮助，以期解决具有挑战性的、令人难以应对的局面。

（2）在发生违约行为之后，他们希望向剩余的团队成员重申雇员在心理契约中所应尽的义务。

（3）领导者所面对的挑战不仅仅是应对员工违约所造成的后果，还要努力在团队成员中重新树立起权威。违约行为被视为一种威胁，领导者需要付出相当大的努力才能重新确立自己的领导者地位。

05
心理契约的时代烙印

每一位员工对于他们的工作都有着各自的期待与设想：没有两个人会完全相同。这些期望值受到一些因素的影响，比如个性类型、教育水平、性别和年龄层——所有这些因素也都影响着心理契约中的交换关系。当然我不是建议将每一位雇员的年龄单独考量以期达到心理契约的平衡点，而是雇主应当有意识地去了解全体员工中占比较大的人群普遍需求与感受。组织应当避免将人群进行标签化，不能依此对他们的工作态度和预期做出假设。然而，有足够的证据表明每一代人都有时代标签式的态度、偏好和个性，创造了属于他们这一代人的传统与文

化。这些差异性体现在他们一生之中，并会受到组合因素的影响。英国特许人事
发展协会于 2008 年 9 月所出具的《四代人是如何工作的？》报告提及了如下几
项影响时代特征的因素。

- 围绕养育教导儿童的社会风气；
- 创伤性社会事件；
- 经济周期中的重大变革；
- 重要领导人和企业家的影响；
- 影响社会资源分配的戏剧性转变。

目前劳动力市场上，人口大多数来源于三代人——婴儿潮一代、X 一代和 Y
一代。如下我们会讨论他们的特质和与工作相关的期待值。

（1）婴儿潮的一代（大约出生于 1946—1964 年间）约占英国劳动力人口的
30%。他们成长于第二次世界大战之后，其中一些人可能在成长时期经历了限量
配给制和其他的苦难，但后来的披头士乐队和流行文化对他们的青年时代影响深
远。其他方面的时代因素包括民权运动、女权运动、工会、通货膨胀等。婴儿潮
一代参与了所有这些重大的历史性变化，所以从某种程度上来说，他们比其他任
何一代人都相信变化的可能性。他们是理想主义者和乐观主义者，他们确信通过
自身的努力奋斗，可以为自己和家人带来更好的未来。他们都是竞争者，献身于
工作之中。作为第一代可以考虑双重职业的人来说，大多数人会觉得自己的时间
不够用，急于实现自己的野心与抱负。生于这个时代初的人相较于该时代末的人
来说，更愿意在同一家公司里长期发展与成长，虽然就总体而言，这一代超过半
数的人在现有单位服务超过了至少 10 年。从社交方面来看，很多人在工作和私
人方面的社交圈达到某个程度时，就不再像之前一样有强烈的社交需求了。因为
他们是以工作为重心的一类人，可能发现在工作与家庭生活之间很难平衡与维持
两者之间的关系。

（2）X 一代（大约出生于 1965—1978 年间）的人占劳动力人口比例略高

于婴儿潮一代，但他们天性较不乐观。事实上，虽然他们可能享有相对无忧的童年，但这一代人的想法更为负面和愤世嫉俗，媒介将他们描述为这样的一代"（他们甚至）会在婚前睡在一起，不相信上帝，质疑权威，不尊重自己工作狂的父母"。换言之，就是反建制主义。他们在性格形成时期，经历了企业丑闻和政府腐败事件，如水门事件。在经济动荡时期他们参加工作，很多人在毕业的时候就遇上了经济大萧条，面临大规模的裁员和薪资福利的削减。因此，他们不太可能忠于雇主，并追求生活和工作之间更好的平衡状态。他们意识到需要为自己的事业而不是组织努力工作，因此他们频繁更换工作，更喜欢具有创造力的创业型公司，特别是那些承诺为他们提供个人发展机会和高社会认可度的工作，而不是追求一份终身的工作。这一代人中半数左右在现有雇主单位服务了五年的时间。X一代期望雇主能够助力他们提升个人能力和潜力，而不是在企业中的资历，他们希望自己的这些意见得到组织的考虑与重视！

（3）Y一代（大约出生于 1090—2000 年间）也被称为千禧一代，他们是劳动力人口增长最快的一代人。从 2001 年至 2005 年，劳动力人口从 14% 增长至 21%，如今占比达到 27%。信息技术在这一代人的成长过程中发挥了重大的作用，特别是服务型或知识型工作岗位的员工都已经养成了杰出的多任务处理技能。虽然他们期待新兴技术能够相较于传统工作提供弹性工作时间的可能性，但如婴儿潮一代一样，他们非常强调努力工作和相对稳定的工作环境。教育因素也是 Y 一代员工的一大特点：他们在进入职场之前，很可能就已经具备了各种任职资格和技能，所以会期待雇主为他们提供个人成长与发展的机会。他们对职业的期待或许很高，但由于就业市场里充斥着大学毕业生，诸如这样的职业期待可能会被验证为不现实的。然而，与婴儿潮一代不同的是，Y一代员工认为有必要定期进行社交活动和线上工作，从而可以促进他们的职业发展，但不一定只与同一家雇主保持联系，因为他们认为个人关系对自己的未来发展与个人技能或任职资格同样重要。

德尔坎波等人总结了各代人的特点，如表 6-1 所示。

表 6–1　各代人的价值观、优势及劣势总结

年代	个人价值观	工作价值观	优势	劣势
婴儿潮一代	理想主义； 创造力； 忍耐力； 自由	醉心工作； 批判主义； 革新； 敬业； 忠诚	责任心； 适应性； 沟通顺畅； 主观能动性； 项目管理能力； 解决问题的能力； 以服务为导向； 协同工作	需要及时行乐； 科技运用； 多元化
X一代	个人主义； 怀疑主义； 灵活性； 消极； 创造力	真才实学； 创业精神； 精神追求； 唯物主义	适应性； 资源管理； 解决问题的能力； 科技运用能力； 多元化	以自我为中心； 渴望尽快得到回报； 不够坦率诚实； 项目管理能力； 以服务为导向； 协同工作； 组织忠诚度
Y一代	道德主义； 自信； 积极； 环境意识； 雄心壮志； 社会责任感； 实用主义	激情； 工作生活平衡； 安逸； 安全； 团队合作； 喜欢反馈和赞扬	责任心； 项目管理； 以服务为导向； 多元化； 协调工作； 受教育程度更高	用短信沟通； 解决问题； 组织忠诚度； 过于依赖科技

卓越领导者之见

　　在安排Y一代在企业中所处的层级时，不要妄想控制整个局势，因为他们不会在组织中待得很久。女子日间公学联合组织的执行总裁告诉我，当一位杰出的校友，摩根斯坦利的副总裁，来给姑娘们做演说时，他们原本期望女孩们会问诸如此类的问题："你很成功，我要如何做到跟您一样？"但实际台下的问题是"您的价值观是什么样的""您所做的工作与团队和世界有什么关联"以及"贵司有什么地方吸引我为你们工作"。而我们所希望的就是，他们在长大之后也不要丢失这种态度。

——安·弗兰克，英国特许管理学会首席执行官

在了解了各代人不同的价值观与期望值之后，管理者们就能更好地为员工分配符合他们价值观和特点的工作任务。然而 2008 年的 CIPD 报告提到，许多雇主们在努力吸引及保留现有的各代雇员，但收效甚微。比如说，婴儿潮一代对于长期激励感兴趣，但 X 一代和 Y 一代更关心短期收益。再比如，各代人的价值主张与个人发展机会之间的联系各有不同。婴儿潮一代和 X 一代期望在内部工作岗位的基础上实现个人发展；而 Y 一代的人更希望得到专业技能的培训，在工作的过程中成长。

贝鲁研究了雇员年龄与心理契约内容之间的关系，她收集了希腊 1 145 位雇员的需求，为此类研究提供了国际性视野。经她研究发现，Y 一代普遍接受雇佣关系与心理契约内容之间的现状。当他们努力寻求工作和私人生活之间的微妙平衡时，他们的心理期待也在寻找合适的雇用关系中屡屡受挫。另一方面，婴儿潮一代对于实现心理期待这一方面表现得无关紧要，不太关心对于组织成功有利的支援与机遇。贝鲁认为，这可能与婴儿潮一代想要退休的心态有关，或者他们只是受制于一生的工作经验。与此相反，X 一代似乎是最容易被激发的一代：他们对于工作现状的要求非常苛刻。与其他两代人相比，他们的期待更多，诸如成长与发展的机会、参与组织问题的讨论、工作安全性以及雇主的支持和承诺。所以，X 一代不仅不会妥协，还会从某种程度上将自己初入职场所经历的较好心理体验联系在一起。然而，希腊经济在贝鲁 2009 年发表其研究成果不久之后就崩塌了，如果有人进一步研究各代人的态度是否在此之后发生了变化，那将会很有意思。

鲍尔等人将 60 份研究报告进行了荟萃分析，研究了当心理契约发生违约时，年龄对于工作的影响。违约行为会损害员工对于组织的信任，从而减少工作积极性和满意度。研究人员调研了年龄是否对于心理期望值有调节作用，年龄较大的职工的工作态度是否受违约事件影响较小。在 60 份报告中，参与调研的对象中 75% 是企业雇员，17% 是 MBA 的学生，剩下的 8% 是经理。

分析的结果很有趣，事实上也的确证实了当违约的情况发生时，年龄的确在信任、工作满意度和敬业度方面起到了调节的作用，但对三者的影响并不一致。

研究发现，随着雇员的年龄增长，他们对于合同违约所产生的抵触情绪比年轻员工少，特别是信任和敬业度方面，因为年长的雇员更注重与雇主之间维持积极的合作关系，因此会较少受到期望没有被满足的影响。然而，在工作满意度方面的体现就截然不同，年长的雇员表现得更为消极。所以，当心理契约违约的情况发生时，年长的雇员在工作满意度方面比年轻的一代下降得更多。

关于年长员工的工作满意度与违约之间的关系，研究人员提出了如下几种解释。

- 年长员工的工作经验更为丰富，因此他们的工作内容缺少趣味性；
- 年长员工跳槽的机遇比年轻员工少；
- 年长员工的工作满意度主要来源于与雇主和同事之间的关系，年轻员工的工作满意度大多数情况来源于工作本身；
- 年长员工可能会因为工作环境之外的因素获得更高的满意度，如家庭和兴趣爱好，因此工作上的心理违约对他们来说不那么重要。

当今劳动力与领导者的关系是一种复杂的组合，包括了不同年代人的动机、设想和期望值。然而，不断变化的人口结构还将继续面临挑战，因为老一代人临近退休，除了X一代和Y一代，还有新员工要加入组织。跨代人的工作态度、潜在的误解和冲突将会是组织中各层级领导力的难点问题。避免对下属的工作态度打标签和进行主观臆断是很重要的，因为人们在工作方面可能会有核心的价值观，但是不同时期的生活经历会在整个职业生涯周期中影响着他们的心理需求。领导者必须要有一个令人信服的价值主张，以满足不同年代雇员的需要，同时也要能够匹配不同的心理契约，顾全个人、部门和文化之间的差异。领导者面前的挑战所涉及的面既广泛又深远，包括吸引人才方面、招聘方面、敬业度方面、职业生涯发展和人才保留方面。

对组织价值观进行积极管理，尊重不同代人在心理契约上的差异，这些是吸引人才和保留人才的根本驱动力。心理契约的内容需要体现出社会责任感和各年代的雇员对组织的忠诚度和敬业度。尽管人们追求工作与生活的平衡，对弹性工作的需求日益增加，但人才保留和人才雇用必须要与业务需求相结合。心理契约内容还应当囊括年轻一代对于社交的需求和对线上工作的期望。

领导管理风格要适应不同年代的人对于层级、报告模式和团队协作模式的不同看法，同时，还要顾及到年轻员工对于提高职责范围和自主性的期望。信任在心理契约中是个重要因素，而与X一代雇员建立信任相比其他年代的雇员更难。婴儿潮一代对于与工作服务周期长度相关的长期激励的期望值，和年轻一代对于与进取态度相关的绩效表现和奖励的期望值，管理好这两者之间的潜在冲突是重大的领导力挑战。通过多种渠道沟通的需求必不可少，一些员工想要借助现代科技的力量进行沟通，另一些倾向于更加可靠可信赖的沟通方式。

不断变化的雇佣关系

参考上文，贝鲁提出Y一代普遍接受如今的雇佣关系大多是交换关系这一现实情况，并假设在过去的二十年间雇主与雇员之间已经达成心理契约。在此期间，因为组织对于工作灵活性和生产效率提升（以较低的成本）的要求日益增多，工作环境也发生了巨大的变化（第二章对此有所讨论）。

经济变革，以及私营组织和公共部门的组织架构调整导致了各个层级和部门的失业。所以，婴儿潮一代的心理契约是工作稳定、可预见且很少发生变故。这是对终身职位的期望，雇员会为此而尽力做出良好的工作表现。在20世纪50年代和60年代，大多数人都追求工作的安全性和稳定性，这也促成了他们对于组织的承诺。作为对他们忠于组织勤奋工作的回报，雇主会提供很好的报酬、定期的发展机会，年工资和奖金会随着雇员的忠诚度和在岗时长而增加，双方都理解与尊重这份心理契约。

然而，自20世纪70年代以来，交换关系已经变得十分紧张。灵活、扁平化、敏捷的组织能够继续适应不断变化的市场，但不再能够保证所提供的心理契约回报与之前的相同。因此从X一代再到Y一代，他们的心理期待已经发生了变化，而仍然在职的婴儿潮一代不得不认为，如今的工作条件与他们早年间相比变得并不那么舒服了：他们的心理契约状态也发生了一定程度的变化，他们以前都是乐于奉献忠于组织的，现如今他们变得不那么心甘情愿了。

对于年轻的雇员来说，他们的心理期待就完全不同，因为他们追求发展机会、自主权、灵活性，追求自己的观点被聆听和采纳。他们看重独立自主、创造性、忍耐力、责任感和工作与生活之间更好的平衡。所以，在过去的几十年间他们的心理契约内容已经发生了变化：从契约内容与工作本质是有联系的（即工作期限的长短与契约内容息息相关），演变为短期合作方式（员工不太注重互为依存和相互承诺的雇佣关系）。

麦金尼斯、梅耶和费尔德曼研究过心理契约类型与雇员承诺之间的关系，证实了若契约内容是基于信任的、集体性的、长期的，两者之间的关系表现得更为积极。与此相反，交换型契约是短期的、有形的、明确的，雇员对组织会产生较少的忠诚度和归属感。然而，这项研究结果提出了一些新问题：在如今的工作环境中，我们是否能够简洁明了地将心理契约类型定义为交换型的或关系型的？研究发现，新的契约类型正悄然成形，用以迎接 21 世纪的各种挑战。研究人员将新型契约类型描述为"以组织为中心的契约"，具有强制性、周期短的特点。该契约类型给予组织更大的控制权，可能常用于对外围人员的管理，而非对核心员工的管理，那些员工所从事的工作部分可能是重要的，但并非永久性的。通过对合同条款和期限的规定，组织方可以确保重要且任务清晰明确的工作能在短期合作关系之下得以完成。不出乎意料的是，研究发现随着"以组织为中心"的契约内容越来越多，雇员所表现出的认同感也越来越少。

研究同时发现，"平衡型心理契约"正在与日增长，它包括了传统型、交换型和关系型的形式特点。该契约类型主张释放人性，但同时也肯定了有形绩效奖励的作用。它的目的是保留长期关系型契约中的益处，但也添加了一些灵活性，以适应不断变化的经济环境。在具体实践中，平衡型心理契约旨在满足雇主和雇员双方的需求。

非传统型心理契约的内容与卢梭所描述的 I–Deals 内容相对应。雇主会单独与雇员沟通灵活性的契约内容，意图保留关键性人才。比如，雇员可以与雇主协商自己在无薪期间去追求其他方面利益的事宜，一旦完成这些事情之后，他们就会返回工作岗位。虽然有人认为I–Deals所提供的契约内容明显更有利于雇员，能够吸引雇员，然而研究表明此类型的心理契约只会带来基于义务的员工承诺，而非自愿自发的。

所以，新的心理契约类型的出现是为了满足新全球经济对灵活性、适应性的需求。研究者们总结，对于雇员来说，心理契约是要将雇主和雇员视为平等的合作伙伴，让所有员工在现有的工作环境中发挥其个人价值，并在雇员与雇主之间建立起信任。

如何管理Y一代

这是个重要的问题，因为组织如何吸引、发展和保留年轻管理者对于组织的未来是至关重要的。博森报道了一篇由德勤和印度工业联合会合作展开的一项研究，试图了解Y一代在商业中所扮演的角色，在2 400位调研对象中，近一半的人已经位居管理者岗位。未来的世界将由Y一代来管理，如下七项研究成果表明，支持和保留这些人才需要许多组织重新考虑他们的业务模式。

（1）Y一代想要领导权力，但希望按照他们的方式来。研究主要发现了Y一代对于如何创建和主导他们自己的业务这一方面特别感兴趣。考虑到他们这一代人见证了经济衰退期的失业浪潮，也经历了新兴互联网公司的崛起，他们有这种想法其实并不令人吃惊。因此，组织若想要保留Y一代的人才，就需要给他们创造机会，让他们有空间发挥其创造力和建设能力。

（2）Y一代知道他们没有准备好领导他人，但他们仍然想要领导权力。研究显示他们非常清楚自己需要提升领导技能。然而，现代扁平化组织所提供的晋升机会很少，所以组织方需要给Y一代创建特殊的工作任务和轮岗计划，以满足他们的心理期望。德勤认为与其说这是组织给员工提供了晋升的阶梯，不如说是组织给员工提供了合适的位置。

（3）Y一代主张开放、透明、包容的领导力风格。年轻人乐于使用社交媒体，因此公司必须要使内部沟通系统便于操作且信息透明。不仅如此，随着性别、种族、性取向和年龄多样性越来越被广泛地接受，Y一代也会以包容的方式对组织进行管理。

（4）Y一代想要在事业上有所成长，并且要快速成长。个人发展对于他们来说是十分重要的，所以如果现在的工作无法给他们提供潜在的晋升机会，他们更愿意选择跳槽，与前几代人不同，前辈们更倾向于选择较长的职业发展周期。因此，组织应该为Y一代提供一种更为动态的职业发展模式，包括给他们提供发展领导力的机会。

（5）Y一代想要得到基于工作表现方面的赞扬，而不是因为工龄长。组织会因为雇员在公司服务年限长而奖励员工，这一点并不符合Y一代的心理需求，他们希望自己的工作表现能够得到充分而公允的认可。

（6）Y一代不需要很清晰的角色定位和与经理之间建立密切关系。他们不仅不会去追求结构化的工作，也较少将精力投入到与某一位经理的关系维护之中。与其只依赖于某位经理的经验之谈与帮助，他们对于与同行和同事之间建立起紧密的关系网络更感兴趣。这不是说他们不重视有效的领导，他们重视，但是他们只是乐于在更开放的氛围下工作，从各种渠道获得支持与帮助。

（7）Y一代喜欢改变。与前几代人对变化持有警惕和不舒服的心态不同，21世纪年轻的领导者想要在创新的、有活力的、会改变的组织中工作。所以更成熟的领导者应该为年轻的员工创造能够学习新知识的工作环境，比如参与新项目的机会和拓展新业务的计划。

图6-1提供了德勤报告中的一些陈述分析，比较了Y一代与其他几代人的不同。

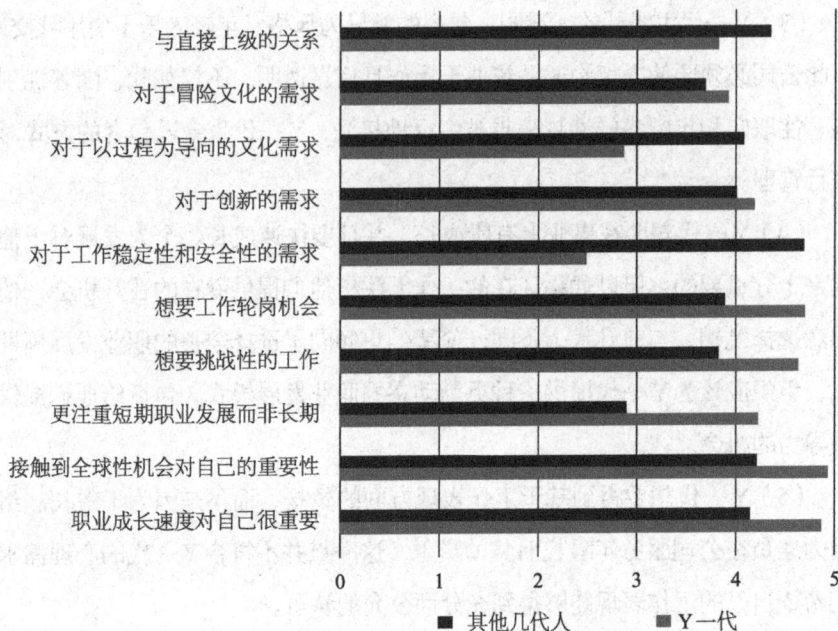

图 6-1　Y 一代与其他几代人相比的需求

【领导力最佳实践】

　　组织意识到心理契约应当满足员工需求的最佳案例是麦当劳公司。按照之前所引述的 CIPD 报告，Y 一代占据了员工总数的近 75%，他们比其他几代人更期待个人发展。就麦当劳公司而言，员工对于反馈过程表现得十分积极，从而可以改善工作表现，并且能够从管理者那里获得成长路径上所需要的支持。所以，培训发展项目在麦当劳公司吸引、录用和保留大量人才方面发挥着重要作用。有着如此庞大数量的年轻员工，麦当劳公司开展了定制化的培训发展项目，用以满足各年代员工的不同需求，而不是采用通用的培训手段。公司已经意识到员工所持有的心理期望是什么和他们愿为公司投入到什么程度，公司还发现年轻一代的员工能够进行多任务处理，能快速地从多种渠道吸收信息，特别是通过视频音响传播的沟通手段。大卫·费尔赫斯特，麦当劳（欧洲区）首席人力官告诉我："我们在任职资格方面所做的培训工作已经彻底改变了我们的生活，我个人和公司整个业务团队为此都感到十分自豪。"

Y一代对于朋友和同伴很忠诚，与X一代容易怀疑其他人不同。麦当劳公司所开设的定制化培训项目主要包括协同工作、多任务处理、视频教学和实时反馈。该项目旨在满足年轻员工的心理期望，如果这些期望被满足的话，员工就能承诺提供高水平的客户服务和产品质量。

在我的书《Aspire to Inspire》中，我采访了莱斯特的一家麦当劳餐厅经理塞库，他向我介绍了公司的人才发展计划，进而阐释了自己管理团队的领导理念。

如下是来自该书的节选，描述了塞库是如何应用自己的领导哲学的：

"领导者应当营造一种鼓励员工个人成长的企业氛围，并且相信大多数人都是有成长动机的。领导者的角色就是要创造付出努力之后是有价值、有回报的工作环境，让员工知道他们为团队和组织所付出的努力是会受到尊重的。"

然而，在塞库看来，只有当全员都清楚地知道公司对他们的期望是什么、而公司也知道他们的需要是什么时，这支团队才是成功的。所以，领导者的责任就是了解每一位团队成员的需要，然后搭建桥梁和沟通渠道，尽量满足双方的预期。每个人都是不同的，所以领导者不能采用"一体适用"的方法，而是要确定每个人的需求，并运用领导者的权力确保这些期待得以实现。如果这件事是值得的话，领导者必须不能回避，也要采取正确的行动。快乐的工作氛围是建立在管控和奖赏相对平衡的基础之上的：如果一个团队不受纪律的约束，团队成员只会随波逐流顺势而为。塞库断言每个人都要知道他人对自己的期待是什么，这是领导者的重要职责之一。如果领导者做出了开放、诚实、正直的榜样，那将是领导者合理预测追随者行为的基础。

塞库的管理方法其实简要地介绍了心理契约中的交换关系。这也一定程度上解释了《星期日泰晤士报》关于最佳雇主的调研中，麦当劳公司为何榜上有名。

| 本章小结 |

与书面的雇用合同相反，心理契约包括了没有言明的，但雇员和雇主双方都心知肚明的期待。雇主希望为了雇员能够全身心投入到工作，希望他们具有高敬业度、灵活性和个人牺牲精神，雇员期待雇主给他们提供恰当的奖赏，同时也提供有趣的工作内容、舒适安全的工作环境和一定程度的工作保障。心理契约是基于交换关系的假设和期望，一方一旦违约，会给另一方造成被背叛和不信任感。

外部因素，比如组织在经济上的压力会影响合约内容，雇员的性格类型和组织文化也会。这些变量要求领导者考虑到不同雇员和组织有着各自不同的心理契约内容。本章探讨了目前劳动力市场上主要的三代人各自不同的心理契约：婴儿潮一代、X一代和Y一代。在心理契约交换关系中，有效地履行已知的义务对于雇员的参与度和工作表现是十分重要的，对领导者了解员工和管理预期也是至关重要的。这就需要领导者仔细地考量所采取的管理办法，以满足各不相同的个人、团队和场景的需要。

Leadership Psychology
How the Best Leaders Inspire Their People

第七章

战略领导力——为组织确立前进的方向

21 世纪的组织面临着各种复杂的机遇与挑战，包括但不限于我们在第二章所讨论的内容，因此各类组织对战略领导力的需求从未如此迫切过。本章重点关注战略领导力的研究与实践，研究如何最大化地运用战略领导力引领组织在不确定的未来中前进。具体来说，我们会从如下几个方面展开：

- 战略思维；
- 战略规划；
- 决策心理学。

战略一词在管理学的文献中是个很常用的术语，然而对于不同的人，它所代表的意义各不相同：从字面意义上的"纸上谈兵"到具体的"全局部署规划"。"战略"这一术语是从希腊语"strategia"演化而来，其含义是指在局势不明朗的情况下，为了实现既定目标而设计的高级计划。

战略领导力中对"战略"这一要素的定义来源于明茨伯格、阿斯特兰和朗佩尔，包括了如下五个方面，体现了其复杂性。

（1）战略是一种计划： 是未来的发展方向，一种指导方针和行动指南。

（2）战略是一种模式： 战略在行为表现上具有一致性，随着时间的推移，能够通过了解过去的行为方式得出一二。

（3）战略是一种定位： 在细分市场中特殊产品的定位。

（4）战旗是一种视角： 组织的做事方式。

（5）战略是一种策略： 打败竞争对手的方式。

因此我们可以看出，战略涉及一份计划的准备过程，要求领导者了解组织内部政策和运作流程，同时还要了解外部势力，比如市场的经营状况、竞争对手、相关的法律法规、政治影响力以及对环境的影响。

罗和内贾德专注于战略领导力的个人层面，将其定义为"一种能力，能够影响他人自发地做出日常决策，从而可以在增强组织长期生命力的同时，维持组织短期财政稳定性"。按照这样的定义，他们将管理型领导力和愿景型领导力作以区分。他们断言，管理型领导者需要秩序和稳定性才能管控好所负责的工作内容。他们通常不参与员工的工作环节，也很少表现出自己的偏好，只会用工作目标来激励员工，对员工很少会抱有同理心。这类领导者会采用交易型的方法，他们会运用奖励、惩罚和其他形式的高压政策来实现他们的目标。他们能很敏锐地保持自身行为中成本和收益之间的平衡，并密切关注他们在领导决策期间的短期收益动态。然而，这些短期收益可能是成本最优化的结果，但可能不利于组织长期稳定地持续发展。

罗和内贾德声称，管理型领导者会基于过往的经验和回顾性分析做出许多决策，而愿景型领导者会将重点放在未来。愿景型领导者倾向于影响追随者，让他们相信组织共同的愿景，从而去实现共同的目标。他们描绘了一个富有吸引力的未来，并鼓励他们的人将梦想照进现实。采取变革型领导风格的领导者，他们会在追随者身上进行投资，倚重他们的个人价值观、信仰和认同感。然而，持有如此具有前瞻性的观点的风险就是，领导者们对短期的稳定性和组织的日常运作可能关注得不够充分。因此，不足为奇的是大多数公司都喜欢管理型领导风格，因为风险更低，是个具有吸引力的选择。

可以很肯定的是，所有的组织都既需要获得短期的经济收益，也需要谋求长期稳定的发展。因此，领导者必须既能够敏锐地意识到组织当下所面临的挑战与机遇，同时也能很好地规划公司的未来。战略型领导者：

- 特别关注如何搭建组织的资源、能力架构和竞争力，从而取得可持的稳定的竞争优势；
- 将人力资本视为推动创新的至关重要的因素，寻求能够持续创造财富的创新方法和手段；
- 创建学习型组织，用以传播和强调公司的现有发展计划。

然而，虽然大多数组织都赞赏战略型领导者的优势，但不是所有组织都认同及支持其实践应用。很多组织所实施的政策和组织架构，能够从战略的角度对领导者起到积极的约束或劝阻作用，而不是给他们提供发展所需要的自主权和保护。就我的个人经历而言，我在过去与许多当地政府部门打交道的过程中，看到过很多这样的事例：管理型领导者在决策过程中占据主导作用，实行严格的财务管控，扼杀主动性和创新性行为。也就是说，管控压力往往来自于上层组织、多元化组织，就当地政府机关而言，管控直接来自于中央政府领导者。事实上，在民主国家政治领导力会受到一定的限制，旨在通过严苛的财务管控实现短期收益。然而，在党政外部环境里，有许多著名的商业领袖将管理能力和远见相结合，创建出一种可持续化的商业模式，如维珍航空的理查德·布兰森、美体小铺的安妮塔·罗迪克和通用电气的杰克·韦尔奇。

韦尔奇将他的战略工具包描述为如下的五步法。

（1）目前的市场情况如何？

（2）竞争对手情况如何？

（3）我们现在进行到什么阶段了？

（4）还有什么方面没有考虑到？

（5）我们的制胜绝招是什么？

当然，也有其他更为详细的、可协助高级管理者制订战略性计划的工具，虽然大多数工具的思路仍然遵循着韦尔奇的解决思路。由于组织运营环境的复杂性和规模，有时候领导者需要更为复杂的工具，需要更深层的解析与分析。领导者的角色并不是简单地决定公司未来的战略是什么，也需要与各管理层级和员工沟通此事。战略型领导力包括两个维度：分析维度和人性维度。

分析维度需要领导者掌握并整合有效数据，以更好地诠释战略性发展计划，并为其提供有利的佐证。那些认为自己在分析方面占优势的领导者觉得自己有义务引领他人走在前沿，作为可以明确解读最佳战略解决方案的人，借此彰显他们卓越的商业技能和市场敏感度。他们经常被认为是梦想家，理所应当地处于明星地位，特别是在他们独有的小圈子中扮演着思想家的角色。这与第一章提及的领导—成员交换理论中的"圈内人"概念类似，分析型领导者的追随者喜欢得到独家的数据与解析。他们所欣赏的商业策略是分为若干个阶段性进行的业务战略，而衡量策略计划成功的标准就是实时明确目标，且按照既定的计划完成。

人性维度鼓励领导者将其角色定位为战略计划上的建筑师，他们需要根据客户的需求、来自竞争对手的压力和组织中其他成员的投入不断地调整与优化战略计划。他们意识到战略计划会随着时间的推移而发生变化，该类领导者认为，鼓励他人从长远的角度为计划提出自己的意见是很重要的。持有人性维度的战略型领导者会重新设定之前的假设与论断：他们将战略性变革视为领导力的一种成功，而不是失败。他们认为组织的长期成功将建立在组织中的追随者相信他们的战略指导方针是正确的，并且愿意为之奋斗的基础之上。

与我之前的论断相似，战略型领导者需要管理类和愿景类的领导品质，在制定策略的时候，他们同时也必须将分析维度和人性维度的角度考虑进去，这样才能够引领组织和成员取得成功。

卓越领导者之见

在过去的四五年间，我们发现员工对组织清晰度的诉求十分迫切。简而言之，他们想了解组织除了赚钱之外的存在价值。他们想明确组织的价值观，并了解在这样的价值观下，他们应该如何表现。他们想了解他们是在被什么样的雄心壮志引领向前。最后，他们想了解如果计划失败，他们将如何实现既定目标。

——乔纳森·奥斯丁，百斯特企业有限公司总经理

01
战略思维——跳出思维定式，预测商业未来

伯恩对战略思维的定义是：一种解决战略性问题的方法，结合了推理和求同方法，并融入了创造性思维和发散性思维。他认为这一过程的侧重点是组织中的高级管理者如何在复杂程度高、目标模糊且充满竞争性的环境中，理解并采取相应的策略性行为。这主要是因为市场环境日益变化，科技迭代更新，国内和全球

经济也正发生着转变。从此看来，战略方针是随着时间的推移而出现的，而不是既定计划好的。正如艾森哈特和布朗所讨论的：

> "传统的战略思维关注如何搭建长期的稳固性地位，或者如何保持竞争优势，然而如今的战略重点应当放在如何适应环境与调整方法，进而得以不断发展进步，在这场竞争关系中出其不意，抢占先机。"

因此，领导者们需要有全局观，方式方法要更为灵活，不设定一成不变的战略方针，而是制定可以随着组织内外部的变化而调整的策略。

卓越领导者之见

六年前，我们制定了非常清晰的以人为导向的战略方针。我们的愿景十分重要："我们视员工为家人；我们把客户当作朋友；我们的竞争对手羡慕我们；我们将员工置于第一位。"

——卡伦·弗雷斯特，星期五股份有限公司首席执行官

全局观包括可能会影响组织的外部因素，比如市场运营情况，其他竞争对手以及其他方面的考量，包括法律法规、政治方向和环境方面的挑战。能够识别外界趋势和事件的一种方法就是，将事件与它们各自的组织关联起来看，也就是环境扫描调查。维基百科对这一过程的定义是：对政治、经济和科技事件与趋势的研究与阐释，对一家企业、一个行业甚至整个市场都有所影响。外部调研分析的第一步是：监测具体的趋势与运作模式；预测未来发展方向；评估对方对组织的影响力。外部分析会结合内部分析，回顾总结了组织的愿景与使命、优势与劣势。

按照莫里森的说法，环境扫描调查的目的是为了提醒战略型领导者外部潜在重大的变化，从而使管理者有充足的时间将这些变化纳入到战略计划阶段中。他将环境扫描调查分为三类。

（1）**任务环境**是指组织的客户群体，同时也包括所有利益相关方。

（2）**产业环境**包括了同一产业内所有其他的组织。

（3）**宏观营销环境**会最大程度地参考在社会、科技、经济、环境和政治方面所发生的各种变化，而这些方面都会对组织造成直接或间接的影响。

因此，环境扫描调查可以是被动的，也可以是主动的。前者主要是阅读报纸、杂志，没有任何系统性或针对性的目的。然而，主动扫描调研会将注意力聚焦在与工作任务相关、与产品相关和与宏观营销环境相关的信息源上。

在如今竞争激烈的商业市场，变化是永恒的主题，领导者需要一套自适应策略：该套策略需要立足于提升组织及其运营环境的高度，用以解决常规化管理流程和问题。

这种不同的视角可以通过发展未来不同的场景得以实现。关于这种方法有一则案例，那就是英国政府的"远见计划"，于1994年立项，用以启迪英国政府关于未来发展的思考。第一次计划方案聚集了各行业、政府机关和学术单位的专家学者，并与15个相关行业的特定部门进行合作。如今，"远见计划"贯穿了多个项目，研究科学、科技或社会问题方面的各种挑战和机遇，科学技术在其中扮演了十分重要的角色。该项目充分利用了来自英国和国外的业内专家与学者，他们一同思量未来可能发生的场景，以及可以采取的行动。这一类项目虽然是政府级别的，但是组织内部也可以参考其类似的方式方法，从而让领导者更好地为组织的未来做准备。比如，英国政府计划到2050年，英国的温室气体排放量缩减80%，这项计划可能会影响汽车行业，因为汽车尾气是温室气体排放的主要来源。故而，汽车行业组织的领导者会考虑生产低碳排放量的机动车，比如电动汽车、使用复合能源和氢动力的汽车，以应对环境方面的挑战。所以，战略型领导者的角色就是要明确企业愿景，协调统筹各方资源，并加以实施完成计划。

卓越领导者之见

我的愿景是让麦当劳公司成为欧洲地区最为先进的雇主之一：为个体和团体创造机会，在做出积极贡献的同时，业务也有可观的收益增长。总而言之，麦当劳公司是一家创造社会经济价值的公司。

——大卫·费尔赫斯特，麦当劳（欧洲区）首席人力官

博尔和霍伊博格提出："领导者的愿景与过去、现在、未来变革的转折点是交集在一起的。"他们进一步建议，愿景是由认知部分和情感部分组成的：前者关注产出和维持这些产出的举措，后者直接与个人价值观和信仰引起共鸣。因此，认知部分很大程度上决定了领导者要搜集何种信息以及如何运用，而情感部分则会影响领导者实现其愿景的动机与承诺。然而，愿景就如同创造者的个性特质一般，可以是广阔的，也可以是受局限的，进而决定了组织不同的未来。

领导者的个性特征（如控制力、工作参与度和组织承诺）与团体、组织的特性（如凝聚力、科技能力和组织架构）都会影响对内或对外的愿景的效度。对内对外的效度是一种心理方面的状态，由领导者行为和领导者影响力这两者所干预，这样的情景有助于创建新愿景，并很可能将其实现。博尔和霍伊博格认为这一因素尤其对于变革型领导者具有特别的影响。

关于战略领导力的课题，米利特对"愿景"和"未来预测"做了很有趣的区分。未来预测需要领导者将影响组织发展的因素，从宏观角度、外部环境、后续流程，再到微观角度都要考虑进去。只有在市场发展趋势和用户群体偏好被充分理解之后，领导者才会考虑组织内部事务问题，诸如工作任务、组织目标、有形资产和企业文化。其实这是一个考量过程，从全球和国内经济走势、公共政策、社会及人口趋势、消费者行为、市场动态及竞争对手这些方面着手，确定这些因素对于组织所施加的影响。对未来预测很重要的是识别已经出现的，但尚不明朗的用户需求。

米利特将愿景描述为"一种衍生活动，通常聚焦在公司如何做出调整和改

变，以实现未来的业务增长"。他断言，这是比未来预测更具有激励性和富有情感的过程，因为愿景蕴含了很多希望和理想的计划。战略型领导者应当像一位乐队指挥家一般引领整个过程：他可以挥舞着指挥棒，但是需要依赖团队中的其他成员才能奏响乐章，唤起成员的情感与共鸣才能成功完成演出。乐章（愿景）和指挥家（领导者）都必须是富有感召力的。

米利特的结论以某种形式将未来预测和愿景融入战略性计划中，识别出运营和资源上的特殊变化，并将其付诸行动——将想法付诸行动。

战略性领导者的目标是引领他们所在的组织和追随者度过变革阶段，运用各种方法实现他们所设想的繁荣且可持续的未来。对于领导者而言，变革意味着一系列的重组和削减成本，而这对于追随者而言，就意味着保住工作或者失去工作。变革本身就充斥着不安，而雇员对其控制力更少，心理上则会感到更多的不安。因此，领导者必须理解并协调组织方与员工方之间的关系，并处理好变革项目所带来的后果。他们不应该在对外答复的时候，不考虑事件对于组织内部的影响；通过内部变革，他们也不应该强制将不再适合组织的运营模式持续下去。战略性领导者应当做的是从理性的层面评估组织是否做好了变革的准备，同时也从实践的层面评估组织是否能够适应变革。贾勒特写了一则关于变化的公式：内部能力+外部环境+战略性领导力=变革策略。他进一步解释了何为"变革之谜"，他认为变革是可以按步骤进行的，基于稳定的、明确的权利与资源的集合，所进行的一项有计划的、可控的过程。

他声称现实是：

> "我们现如今生活在一个快速变化的后现代主义世界里，复杂性、不确定性和差异性是我们规则的一部分，是力量的源泉，同时也是雇员和客户的期望，时时在改变；突发事件以及互动的过程会导致某些结果。明智的领导者会避免采用单一的处理模式。"

卓越领导者之见

为了能够使得变革取得成效，你不仅仅需要在系统、流程或组织架构上进行变革，你也要在行为上发生改变。大多数变革项目失败的原因是领导者没有在管理预期方面给予足够的重视，也没有对必须要改变的行为采取行动。要改变管理者行为，你不得不反复地沟通、沟通、再沟通。

——安·弗兰克，英国特许管理学会首席执行官

考夫曼对于战略性思维的整体观的定义是：将组织视为一个经济利益共同体中分裂出的各个小团队的集合，小团体为争夺资源而展开各项竞争，在处理具体事件时，组织会将各个分支的关系作为一个整体整合在一起。在组织中的每个系统、每一道程序、每一项政策、每一种组织文化、每一位员工以及领导者都是整体的一部分，都应当被考虑在内。

为了提升高级管理者的"系统思维"能力，卡普兰和诺顿提出了战略地图的理念，即"给予员工一个清晰的全景，让他们了解自身的工作与组织的整体目标之间的联系，使他们能够协调好工作关系，以实现组织预期目标"，并且"将组织关键性目标与重要工作关系之间可视化，从而更好地推动实现组织绩效"。战略地图认为员工的工作能力、科技和企业文化都是宝贵的财富。每一笔财富不能彼此分离，他们都是相互联系的。通过战略地图，高级管理者能够了解如何在组织的各个环节中做出战略性决策，从而对其他环节造成影响。由此可见，战略性领导者需要理解这些财富之间互为依存的联系。

重要的是，个人可以在组织内部或外部探索新颖的解决方案，用以对抗其竞争对手，所以战略性领导者必须要充满创造性。福特提出："创造性思维是一种能够因某个问题产出许多可替代解决方案的能力，可以被运用于不同的情境或模式之下。"这意味着正如认知学派所述，战略思维是一种思考过程，然而战略型思考的能力会受到个人与他人之间联系的影响，从公司股东到车间工人各不相同。

管理学奠基人彼得·德鲁克为战略性思考提出了以下三个步骤。

1. 问一些尖锐的问题，以激发出有创造性的方法

德鲁克建议了如下两个能够启发领导者思考的基本重要问题。

（1）我们不应该涉足何种业务？

（2）就目前来看，我们能否跨入这个行业？

第一个问题揭示了一些早期的决定可能并不是十分恰当或高效的。这些决定可能在当时看上去是合理有效的，但可能高估了收益或低估了成本，或者可能对于商业环境未来发展变化的预估并不准确。第二个问题假设了我们十分了解自身的业务，并对此有深刻的见地，这些经验能够支撑我们直面现实，探讨方案的可行性。如果我们对此的结论是我们真的不应该在此业务领域中继续下去，那么我们所应该考虑的就是如何解决这些问题。德鲁克表示虽然战略规划模型和系统是有一定的帮助，但是可能不足以应对现实的复杂性问题。他的万能评判标准就是：你是不是问对了问题？

2. 重新定义及简化主流观点

借用爱因斯坦的名言："傻瓜会使事务复杂化，而天才会将事务简化。"德鲁克建议领导者重新规划并简化事项，作为一种增强并明确战略型思维的方法。以他在 20 世纪中期遇到的一则事件为例，当时人们呼吁社会重视白领员工在美国制造业所做出的卓越贡献。在此之前，白领员工仅仅被视为支持生产线工人的管理成本开销部分。在引入了"知识性工作者"的概念之后，德鲁克重新定义并拓展了战略性管理思维关于组织文化的概念，以及创新性（非生产性方面）思考者的关键贡献内容。企业领导者开始意识到知识性工作者能促进产品和服务的创新，有助于组织的竞争发展战略。

3. 质疑基于当前观点的种种假设

战略思维要求领导者能够针对问题提出具有建设性的观点，并对组织实施行之有效的管理。管理的前提可以是"我们销售自己所生产的产品"，紧接着的战略计划就基于"我们在未来如何继续销售自己所制造的产品"这个问题。在这一方案下所潜藏的危机假设是"顾客是否会继续购买我们的产品"。德鲁克建议企业领导者们挑战一下整个思维过程，提出与过去截然不同的前提假设，换句话说就是"客户决定了业务发展方向"。相应地，这就引出了一系列不同于以往的问题，比如"谁才是顾客""我们如何明确客户的需求""客户所认为的价值是什么"以及"我们当下和未来如何向客户提供有价值的服务"。这便是战略领导者的职责所在，创建一种文化，有意愿也有自信去挑战既定存在的假设。

卓越领导者之见

我认为我们对于领导者应该知道未来十年内将会发生的事情寄予了过多的期望。在我们公司，我们会将重心放在如何适应和变革上，而不是假设自己可以预知未来。首先明确我们如何走到今天这一步，以及我们的价值观是什么，然后再随着环境的变化主动去学习并改变我们的计划，这样一来更为妥当。

——格雷戈尔·塞恩（GregorThain），洲际酒店全球领导力发展副总裁

总结概括一下德鲁克所提及的战略思维的三大技巧。

（1）工作并不是要将往日的常规化流程强加于充满变数的今天，而是要调整业务内容、行为方式、工作态度和自我期望，同时产品、市场和分销渠道也要进行相应调整以适应新形势。

（2）战略性领导者需要有高级分析技能，能够以创新的方式处理可利用的资源与信息，引领大家突破思维定势，跳出固有框架想问题。

（3）加韦蒂认为领导者们"同时也必须是心理学家，可以专业地分析及处理他们自身与他人的思维过程。难点在于要求战略性领导者是优秀的经济学家的同时，还要是优秀的心理学家"。行为与认知学科方面所取得的进步为战略性领导者提供了更多的理论方法，可以用于行为识别、采取行动和提供公平机会，从而矫正行为，提升绩效。

联想思维

加韦蒂运用当代认知与神经科学方面的研究来说明战略性领导者在几个心理阶段如何进行管理，作为克服自己和他人对认知局限性的一种手段。他断言大多数组织将他们的战略规划重点集中在有限的机遇上，然而激烈的竞争使其得不偿失。虽然在外部存在着很多的机会，但由于认知距离的存在，这些机会很难被识别并付诸行动。然而，这其实是种双重的不幸，因为对于其他组织来说，他们也难以辨识出这些机遇，所以很少会有竞争的情况。加韦蒂断言，当战略规划模型旨在明确未来发展机会时，它的使用就会受到局限性，因为规划重点会放在认知距离上。最近人类认知学提出，人们应该更合理的运用联想思维以期达到目的。

联想思维解释了我们理解世界的主要方式是将我们不熟悉的事物，与已知的、并记录在长期记忆里的事物进行对比。联想对人类的认知至关重要，运用联想思维的领导者们所提出的创新性解决方案有潜力取得显著的竞争性优势。然而，联想思维要求领导者们在管理好自身心理表征的同时，也管理好他人的。当我们面临新情况时，我们的大脑会自动检索长期记忆库里曾经经历过的相似场景，并将其重新在意识表层呈现出来。这些经历会成为我们解释及应对新场景的基础。虽然联想思维会受到各类偏见、态度和情绪状态的影响，若希望整个过程行之有效，则必须接受挑战。

因此，从实际角度上来说，战略性领导者会将商业场景与之前所经历的场景进行比较，然后形成一种新的视野，改变目前的现状，取代旧模式。然而，为了创建特别的时机，管理者们必须改善其表示方法，将充满竞争的环境现状通过全新的、掷地有声的方式重新展现出来。联想思维与其他创新性方法（比如头脑风暴）不同的是，它是可以被传授的。通过比较新旧场景之间的相似性，人们想要求证其真伪的天性会被激发出来；员工在一家工厂中某一个部门以往的经验，可能对其他部门来说有着重要的参考价值。管理者们可以从类似的角度出发，努力将联盟潜能最大化。值得注意的是，情感因素可能会扭曲或转移原本清晰的战略性思维。

卓越领导者之见

为了找到最佳方案，领导者们需要保持天生的好奇心：持续地挑战现状，不停地问"我们是否能够将此做得再好一些"。与此同时，他们也需要留心那些无关紧要、不利于"创新"，并且分散我们资源的事情，并将精力聚焦于组织真正需要实现的目标上。

——大卫·费尔赫斯特，麦当劳（欧洲区）首席人力官

从本质上说，加韦蒂所倡导的是，与其试着以不同的方式去思考（跳出盒子的思维），战略性领导者应当学习如何将联系思维结构化，缩小认知距离，作为重新定义业务理念的一种手段。其他研究者也运用了认知理论，以开发战略性领导者的能力，他们中的一些人所使用的技巧与加韦蒂相似，这些技巧被定义为"实验学习法"或者"类比推理法"。当人们基于不确定因素做出决定时，他们会将新遇到的问题与过往的案例或者经验进行比较，并从中得出有用的信息或行动方案。诸如此类的思考过程会直接影响组织的未来，让组织在今后仍保持竞争力。米耶蒂宁批判实验学习法并不能获得反馈，也不能将新知识融入其中。在米耶蒂宁看来，实验性思维所得出的结论是错误的，对于理解新变化与新体验毫无用处，并且可能会导致惰性和教条式思维的形成。这就意味着诸如创造性、创新性和开放性的特征会受到一定程度的阻碍。

战略性能力是一种要求领导者能够接受全局信息，并以分析性思维思考的能力，同时，也要求领导者具备创新性思维，虽然人们目前对这些能力的定义并没有达成一致。这是一种多元化多维度的认知能力，能够使人成为优秀的战略型领导者。因此，战略型领导者最终所需要的能力是在思维定式与积极主动思维之间来回切换的能力，这一过程被称为认知齿轮的转换。实际上，从某种处理策略切换到另一种策略是很难的，因为在信息收集、组织、处理和评估方面存在着很强的个体差异性。每个人有着不同的信息处理方式，管理者们会根据环境因素、目标和个人偏好因素选择不同的方式，组织是否采纳这些策略也是管理选择的直接

结果，受制于社会、部门、环境和组织这些因素。

人们考虑问题时，会经历两个相辅相成的步骤，用以评估出可能性的解决方案（霍金森和斯帕罗），即：

（1）基本上属于自发性无意识的过程，包括运用启发式方法（如一些基本的经验法则"rules of thumb"）；

（2）更深层有效的进程，包括细节分析。

这一方法是基于认知理论，人们通过构想理念，使所搭建的心理表征有意义，从而引导他们的思绪和决策的方向。他们会设想可能发生的场景、可能采取的行为和可能发生的结果。然而，当进程中信息过量、人们超负荷处理复杂信息时，问题也会接踵而至。在处理过量信息方面，人们的记忆是有局限性的。其中一项关键能力是战略性领导者能够从所有的复杂细节信息中看出较大的格局与前景的能力。

02
战略规划——将长期目标具体化，给予员工清晰指引

既然愿景已经设定好，现在战略性领导者就需要做出决策与计划，将组织引向"光明的未来"。一旦战略成型，规划也必须着手准备起来。相关研究者对战略规划的定义是：组织层级计划的设计与规划，应当设定全面而灵活的目标、策略和业务政策，推动组织朝着未来的方向前进。

本书希望探究战略规划是如何实现其既定目标的。在整个规划过程中，如何影响在计划中所涉及人员的主观能动性？在 LES5ONS 系列管理视频中，联合电力公司首席执行官约翰·罗伯茨博士（Dr. John Roberts）讲述了英国电力行业企业私有化的过程，这项决策是英国保守党派于 1988 年制定的。在此之前，罗伯茨认为该联合电力公司是效率低下、自我放纵的：组织实际上对于客户服务并不了解，对劳资关系也知之甚少。该组织行将就木，对于变化的理解速度很慢，然而它对于失败也无所畏惧，因为该组织完全归政府所有。

在接下来的几年，该组织被合并为联合电力集团公司，罗伯茨被任命为企业的首席执行官，享有能源部门内所有其他竞争对手的自主管理权。正如罗伯茨所述："我们可以自由进入零售行业，自由进入酒店业，自由地选择财产清算！"在非常短的时间内，随着环境的变化，他发现公司人员行为发生了巨大的变化。

只要将简要的综合性战略信息告知人们就会带来诸多的不同。人们会关注归属感、所有者权益和战略性方向，会推动组织向前发展。人们是有潜能完成好工作的，他们所需要的只是适当的领导以及适当的激励。如果你给人们指明方向，他们会有所回应。

然而，事实证明并不是所有组织都愿意像联合电力公司一般进行变革的。战略性思维也可以是综合性的，详细规划出有竞争性的、可持续的未来，但是只有当这些计划被有效地执行时，才能取得成功。成功执行计划的路上总会有一些潜在的障碍阻碍战略领导者的既定方案实现。海德、格劳恩豪格和约翰·内森做了项关于挪威船舶公司的案例分析，将所遇到的 174 项障碍分为如下几大类：沟通（123）、组织架构（19）、学习（13）、人员管理（8）、文化（8）、政治（3）。这也带给我们一定的启发，再次证明了沟通是决定领导者——追随者关系的关键因素。

如约翰·罗伯茨在联合电力公司所发现的，如果人们感觉自己是在整个战略计划实施环节中的话，他们就更倾向于接受与计划实施相关的变革。从传统意义上来说，制订战略性计划被视为是高层管理人员的职责所在，他们总是很轻易地将这一角色解读为权利的象征以及阶层差异的体现，这一差异是指他们自己与组织内较低层级者之间的差异性。然而，近期更多的研究强调了中层管理者在战略规划形成与制定过程中所扮演的重要角色。年轻一代（Y一代）经理人教育水平的提升，以及近年来关于分权的趋势，都证明了严格的自上而下的管理模式可能并不能产出最佳战略计划。毕竟，运营执行层面的领导者们有责任将战略计划传达给团队组长以及其他人。

卓越领导者之见

领导者们可以决定企业基调与方向，但为了登上顶峰，如果员工不清楚顶峰在哪或者不了解你所指的方向，仅仅与他们说"跟我来"是不足以激励员工的。因此，每一个层级都需要领导者，需要有领导者这般角色存在。

——伊恩·门罗，New Charter Housing 公司首席执行官

与所有利益相关者（包括低阶管理层）分享战略性信息，这似乎是最恰当的行动方针，虽然可能会遇上一些既定的风险。特别是，行业内竞争对手可能会借此得到敏感信息或者将掌握这些情报的人员挖走。战略性领导者必须把控好信息需求，平衡好那些需要战略信息以执行任务的人员与需要战略信息以寻找竞争对手优势的人员之间的关系。平衡之术是很难的，帕内尔和莱斯特提出："要在整个过程中将战略信息做区分，挑选出最重要与最机密的信息，摒弃没有价值的信息。"

整个组织若缺乏对于战略规划的清晰认识以及把控力，就很难将资源充分利用，所浪费的管理时间就会花费在修正及澄清误解上，最终战略计划执行成效差，很大程度上归咎于人员和工作管理的不清晰、不规范。战略性管理者的重担在于在管理团队中建立起人员对于"做什么"以及"为什么"的广泛理解。方法之一是识别并发展组内的人才，运营层管理者在此过程中可以扮演拥护者的角色，自上或自下地帮助这些人才。这些优秀人才并不用顶替高级团队领导者的角色，而是在这个过程中扮演一种催化剂的作用，在战略理念与执行层面之间搭建起桥梁，为整个实施过程提供动力，保证方案贯彻的一致性。这样的战略支持团队也包括了待晋升人员，他们得益于这样的成员关系，并获得成长的机会。他们将成长为各方面素质兼备的管理者，公开地认可支持组织的战略，并处于更好的地位以便提升，从组织的成功中获益。

> ### 卓越领导者之见
>
> 我制定了一套属于自己的帕累托法则，20%的时间用于充分了解自己的愿景，以便设定目标；30%的时间用于简单执行过程，相当于把计划写下来；剩余的50%时间要与不同层级的下属进行互动，检验整套流程是否可行有效。事实上，我鼓励并期待所有的员工自己每周选一天花费20%的时间进行思考。这样做的效果是极好的，一旦你让员工明白了自己为什么这么做，他们会做得更快，并将其纳入到他们日常生活中的一部分；我们就能得到更好的结果。
>
> ——菲尔·洛奇，西米德兰兹郡消防署消防署署长

降低战略制定与实施阶段的参与程度对传统思维是一种挑战，因为传统理念认为少数人推动组织向前发展。它所鼓励的是一种包容性的组织文化，建立在大家享有共同的知情权与目标的基础之上，而且战略领导者也并不待在他们的象牙塔中，而是作为团队的一部分融入其中。将其他人纳入计划的一部分也是重要的领导职责之一，体现了共同承担社会责任的领导方式，这一点在第一章中有所提及，有四项原则：

（1）领导者必须认为自己是"其中一员"；

（2）领导者必须认为"（此事是）为我们自己而做的"；

（3）领导者必须培养下属"归属感"；

（4）领导者必须告知下属"我们很重要"。

战略规则中体现人的方方面面是计划得以成功的关键所在。因此在战略规划实施过程中会遇到各种障碍或险阻并不惊奇，维塞尔将这些困境进行了概括，具体如下所示。

（1）过多的优先级别互相冲突；

（2）高管团队没有很好地行使职责；

（3）自上而下的管理风格；

（4）内部交互冲突；

（5）纵向沟通不畅；

（6）管理制度不完善。

03
战略型领导者的三种核心品质

现在让我们更详细地了解一下战略性领导者的心理需求与构成，特别是在制定涉及未来发展方向的决策过程时的心理状态。

高级管理者在对内对外的环境管理过程中，遇到很多不确定性、模糊地带、复杂性以及信息过量的情况。基于这种情况，博尔和霍伊博格认为战略性领导力的核心是三种品质的创建与维护：吸收接纳能力、适应能力，外加上管理智慧。

（1）吸收接纳能力：是指通过了解及吸收新信息，从中学习到新知识的能力。有时候，吸收的过程仅会在前期的基础上进行小型的修改或者调整，但有时候新信息会使世界观发生变化（对生活的阐释，或是对这个世界的看法）。人们会不断地在自己的记忆里添加或忽视信息，但对于战略性领导者而言，这个过程是特别重要的，因为他们所处位置的特殊性，他们需要改变或加强现行政策及组织内部流程，从而更好地为组织定位，在业务环境中保持竞争性。

（2）适应能力：是一种变革的能力，是能够有策略地、灵活地面对时刻变化的竞争环境的能力。为了识别并把握住未来的机遇，战略决策者需要在认知方面与行动方面兼具灵活性，同时要具备开放性，拥抱变化。

（3）管理智慧：是指可以预测环境何时发生变化并随之及时采取行为的能力。在古希腊时代，人们将其描述为"契机"：指在出现出口时的那一瞬间，如果想要取得成功，就必须采取行动。在这样的大好时机之下，领导者需要拥有并发挥高情商。相关能力可以参考戈尔曼的情绪能力量表（第四章）中所列举的四种能力维度，其中包括了自信（主要是自我意识）、乐观（自我管理）、同理心（社会意识）和变革的催化剂（关系管理）。

当然，决策能力是任一领导层级所需要的基本能力之一，可能没有任何一项能力比决策能力更贴近于战略规划与执行。组织与员工的整个未来可能与战略领导者所做出的决策息息相关。因此，我们十分有必要仔细考虑一下可能有助于或有碍于决策的因素，并希望能够帮助决策过程取得成功。

确认偏误与视后偏差

想象一下某位小队组长对他所负责的工作要求很高，没有足够的时间去与团队成员融合在一起，所以他会花费有限的时间去发展并激励那些他认为表现最佳的员工，被挑选的精英们承担了更高标准的工作职责。所以按此看来这样的策略是成功的：领导者投入时间关注的那些人就是他的最佳员工。然而，如果员工的工作表现与管理者对其所投入的时间相关，那么我们可以认为员工所呈现的工作状态是由管理者所决定的吗？要想验证此事的唯一方法是管理者分配较少的时间给那些被挑选出来的精英，而给予团队中他认为价值更小的员工更多的关注；最后他可以比较及评估这样做的最终结果。我的观点是，人们倾向于认可有利于自己观点的证据和信息，让他们反驳自己的观点是很难的——这就是确认性的偏差（确认偏误），而不是排斥信息。

危险在于，战略性领导者只想寻求准确的信息去佐证他们决策的持续有效性，而不是严格地验证他们的策略。菲施霍夫与MBA学生做了一项实验，要求他们预测在未来的某个特定时刻的政治事件结果。学生们做出了他们的预测，并将自己对于这项预测结果的信心指数量写在了结果旁边。两周之后，当事情发生之后，学生们紧接着在国家媒体里听说了这则事件，他们被要求回忆下自己之前对于事件预测的信心指数是多少。学生们的回答很有启发性：预测成真的那部分学生会倾向于回忆起自己曾满怀信心地预测这件事情会发生。而预测未成真的学生要么就声称自己没有预测过事件会发生，要么就表示自己对于这件事情会发生所持有的信心很低。他们的行为表现就是后视偏差，是一种"我从一开始就知道了"的判断。由此可见，我们作为战略决策者似乎不总是从我们以往的经验中学习，因为我们并没有给过去的经验赋予足够的价值，而是我们对于过去决定的回顾证实了我们的想法，认为我们过去的决策都是好的。

虽然距离菲施霍夫的实验已有一段时日，但实验的结果至今仍具有参考价值：人们倾向于相信自己的判断是正确的——这一观念可以借由确认偏误和后视偏差得以强化。这些偏差给予了我们在决策时不合时宜的自信：对于战略性领导者来说这是个非常危险的认知习惯！

裁量权

汉布里克和芬克尔斯坦认为高级管理者的自由裁量权将左右他们关于组织成果的战略性选择：裁量权越高，结果造成的影响越大。决策者的自由裁量权会受到人口与组织因素的影响，也会受到个性特质的影响。个性因素决定了他/她如何理解自己所拥有的裁量权：如果领导者们没有意识到这一点，那么在一些特定的情景下他们可能不会采取行动；相反，如果他们认为自己所享有的裁量权大于实际他们所拥有的权利，他们的决策很可能就会遭到质疑与抵制。

豪斯和阿迪蒂亚认为裁量权与"弱"心理场景相关的时候，决策制定的自由度会比较大；在"强"场景之下，决策者的选择与行为都会被限制，领导者的个性特质也不会有很大的影响力。总的来说，在管理者拥有合理的自由裁量权的情况下，领导者性格因素对于决策的影响力是很显著的。

高阶管理理论

汉布里克和梅森认为高层管理人员的专业知识、经验、价值观和偏好会影响他们对于组织环境的评估，以及他们由此所做出的战略性决策。芬克尔斯坦和汉布里克研究战略领导者的心理构建过程，以及这个心理过程是如何影响信息处理和决策制定的。如果战略选择与行为因素相关，那么这些决策将反映出决策者的特质与偏好，包括他们对于未来的见解与设想，他们对于其他可行方案的见地以及他们对于每一项决策所带来的结果的看法。他们将如何分类处理每一个选择及其最终结果，这会受到领导者个人价值观的影响。这一过程会随着不间断的内外刺激因素而变化，决策制定者关于应该如何做的观念也会随之改变。汉布里克和梅森坚持认为战略性领导者在面临复杂情景时是无法进行全面的了解和分析的，所以需要强调认知基础与决策价值，在当下的情景与他们对于该情景的最终认知之间搭建起一座桥梁。

其次，领导者对于将要发生的事件的认知也是很有限的，他们无法了解到所发生的方方面面的情况。而且，他/她的认知会因为他们仅选择性地考虑自己"视野"里的某些信息而进一步被限制，这些领域就是他/她关注的方向。因此，领导者所关注到的信息通过一定程度的过滤，形成了他/她对于该领域的认知与观念。所以，领导者最终做出的决策是基于其对形势的看法，并结合了一套个人的价值观而形成的。

影响决策者解决问题的风格及其行为特点的因素包括年龄、在组织内的任期、职业背景、教育背景、社会经济原因和经济的稳定性，所以高阶管理理论更强调领导者的背景特质，而不是其他心理指标维度，因为前者会影响他们的决策。组织的未来也可以通过评估领导者的背景而被部分预测出来。

启发式策略的运用

决策者没有无限的时间与资源去收集和分析信息，他们也没有无限的精力去解释这些数据所表达的潜在意义。即使他们试图通过理性和逻辑做出分析和决策，由于有限的可用信息，他们经常需要简化假设。在诸如此类的情景下，他们可能就需要用到启发式策略，这是减少与决策相关的认知负担的捷径。它为使用者提供通过考虑较少的选项并对记忆存储量与检索要求较少的方法，达到简化决策复杂性的目的。认知心理学家已经确定了许多人们在做决策时用到启发式策略，特别是代表性启发（又称代表性法则）和可得性启发（又称可利用性法则）。

代表性启发是一种精神层面的快捷方式，将现状与特定事件或行为的原型作比较。如果同一个事件中有两个可选方案，人们倾向于选择最初的那个方案，因此做出决定时所需要的信息与精力最少。

可得性启发鼓励人们在做决策时，参考他们所能轻易忆起的过去所发生的最类似事件，进而评估此类事件在未来再次发生的可能性。

启发式策略可以被有意识或无意识地应用，然而，战略性决策者也应当做好推翻这些策略的准备，因为这些策略可能会导致一些重大的偏见。

1. 问题定性

描述问题的方式很大程度上影响着我们解决问题的方式。比如，财务政策会受到当前政权立场是积极还是消极的影响。如果是积极的，我们倾向于规避风险；如果是消极的，我们更可能冒风险去收回之前的损失。事实上，用来描述问题的字眼会影响到我们如何阐述这个事件。洛夫特斯和帕默尔做了项实验，目的是为了研究影响电影中一场车祸记忆的因素。他们发现提出问题的方式（使用这类字眼：碰撞、撞碎、相撞、轻碰或碰触）很大程度上决定了实验参与者对于车速的估量。与此同时，那些被问及的问题中含有"撞碎"字眼的参与者与问题中含有"碰撞"字眼的参与者相比，他们更倾向于相信自己看到了破损的玻璃（实际并不存在）。

2. 信息运用

我们不仅倾向于将重心放在易得的信息上，对于容易检索的信息也是如此，我们最好能将更多的精力投入到信息处理方面。

3. 判断偏差

不可避免的是我们每天都过滤掉了大量的感官信息。如果领导者并没有这样做的话，他们就会陷入"过度分析/分析麻痹"的困境——无法解读任何情景。然而，我们过滤信息的依据和方式确实会产生判断偏差的风险，尤其当我们有天生过度或不足的信心，或者乐观或悲观主义的倾向。这一问题从某种程度上来说，可以通过重新审视决策或获得更多有用的信息得以解决，虽然很多人并不乐意这么做。

4. 决策后评估

基本归因偏差是一种我们倾向于将好结果归功于自己的决定，而将坏结果归咎于我们可控范围之外的因素的倾向性。所以，我们会过滤或减少有可能会质疑我们最初决策或威胁到我们自尊的相关信息。人们天生想要控制，或者想要控制影响我们的事件，这可能会导致我们以为自己的影响力比我们实际拥有的要大。

这也会导致我们低估了自己的行为或决策所产生的风险；减少了大量的学习，因为我们过滤掉了会影响我们实际控制权的信息。包括战略性领导者在内，没有人能够完全掌控自己所处的环境，所以我们不能屈服于评估中的这些偏见，我们要努力与这种不可避免的问题达成一致。

04
战略型领导者的五大基本技巧

在本章结尾，我提出如下五种基本技能给指引组织走向积极、可持续未来的领导者们，以供采择。

1. 预测未来的威胁与机遇

组织在过去可能表现得十分出色，但这不可能无期限地持续下去。所有的外因与内因可能会排着队等着将公司推下神坛，尤其是竞争对手、消费者们不断变化的需求，以及通讯科技的进步。因此战略性领导者必须保持警惕，监测环境中早期变化发展的迹象。这就要求企业与客户沟通，聆听客户需求；调研，或至少紧跟市场的最新研究报告；评估新兴领域的竞争对手；进行情景规划，绘制出未来可选的方案计划。

2. 挑战现状

鼓励客观多样的意见与建议，提出鞭辟入里的问题，思考那些"毋庸置疑"的事情，这些问题有可能会牵扯到组织的立身之本，实践里卡多·塞姆勒所提出的"三个为什么"：只有在你提问了三遍之后，你才可能了解其深层含义，以确定其真正被认可的价值。借此识别出组织中那些乐于待在自己的"舒适圈"，无意面对现实和未来的员工也是很有必要的。

3. 建立学习型组织

组织中应该浸润着一种发展的文化：寻找新的学习路径。战略性领导者应当以身作则，通过一种开放的、具有建设性的方法面对失败，找出隐藏的问题：将错误视为学习的机会。同时，要庆祝成功，将其作为一项激励因素激励他人加入团队。

4. 做出决策

战略性领导做出决策的过程是严谨的，但不会优柔寡断；是灵活的，但不会举棋不定；是客观的，但不会与负责决策的领导者的个人价值观相左。领导者应当对任何可能影响决策有效性的偏见时刻保持警惕。

5. 寻找利益相关者入伙

为了使战略计划取得最大的成功，组织的所有利益相关者都应当与计划保持一致性。成功来源于持续不断的沟通、互信和频繁的参与。利益相关者包括外部客户和资助者，也包括各层级的管理者与员工。组织的掌舵人应该认识到，组织不仅需要高级管理者团队支持组织，也需要认可组织未来的中层管理者。建议领导者们要清晰地认识到人们天生抗拒变化，特别是当这种变化的必要性受到质疑的时候，届时，战略型领导者们需要准备好与员工分享在保密条件允许下的信息。

| 本章小结 |

如今的环境充满各式各样复杂的挑战与机遇，由于国内与国际间的商业贸易未来存在不确定性，该领域在战略思维与计划方面也从未有过更大的需求。高效的战略领导者会平衡好短期稳定发展与可持续繁荣发展的目标，他们会向所有利益相关者描绘一个引人入胜的愿景，吸引他们入伙。

本章探讨了战略思维和所有必要的战略规划过程，以确保组织的未来切实可行。领导者首要对组织的现有运营状况和竞争对手进行全面评估，接着再评估企业的未来发展方向。入木三分的问题及挑战现状的假设都可以作为明确计划进展的基本手段。本章探讨了对战略领导者的分析，增强组织绩效的方法，实现组织愿景的四大标准以及与战略规划相关的理论。

本章最后一节分析了决策过程中心理学方面的问题：认知功能、偏见和其他经验或行为是如何影响决策过程的，其中包括了战略性领导者所需要的五大基本技能，助力他们为组织绘制一个积极光明的未来蓝图。

Leadership Psychology
How the Best Leaders Inspire Their People

第八章

极致领导力——危机时刻，领导者该如何做

到目前为止，我们对领导力的探讨都侧重于它与心理学之间的关系：领导者如何通过了解思想对行为的影响从而引导下属行为。然而，这些领导者所处的工作环境相对安全，肯定不会危及人身安全。领导者所做出的决定可能会影响到追随者的幸福感，但肯定无关乎生死。在本章中，我会探讨在极端情况下的领导力：领导者的角色是在身体、物质或精神上可能会受到真正伤害，通常也是迫在眉睫的时刻，给予下属行动目的、动机和指导。领导者此刻的行为会影响到他人的身心健康，甚至是最后的生机。他/她可能会在一种军事或极端生存环境中直面来自于人类或自然的生命威胁；或者在政治或公共服务的情况下对国家或当地的紧急情况做出反应。我们将研究这些领导者为了确保他们所负责的人的人身安全所采取的方法，以及在极端环境下所取得的经验是否可以转化为有益经验，为那些处于安全商业环境的组织和企业提供可借鉴的依据。

市面上已经有了很多关于"危机管理"的书，但我的关注点不同。维基百科对危机管理的定义是："组织处理可能危害到组织及其利益相关者或一般公众利益的重大事件的过程。"因此，危机是指一种不可预见性的威胁，它需要人们采取紧急行动，主旨是关于在组织层面上制订一系列计划的变革过程。事件可能会产生极其深远的影响，且对人的生命和健康造成不同程度的威胁。

卓越领导者之见

我们刚刚为领导者开发了一个新的学习模块，命名为"危机领导"，这样我们就知道如何在一些极端的场合下进行管理。如果你经营的一家酒店的所在地区刚遭遇了海啸，这肯定与管理一家工厂不同。事实上，酒店恰好会成为一个安全的港湾，能为其他许多团体和自己的员工提供安全的庇护。这是我们公司社会责任政策上的一部分，我们称之为"风暴中的庇护所"，这项政策允许我们酒店向社会公众开放，而不会有财务问题的后顾之忧。在这种特殊时期，你需要有不同的领导力管理风格。这关乎如何将价值观和有权限做正确的事情联系在一起。

——格雷戈尔·塞恩，洲际酒店全球领导力发展副总裁

　　汉娜等人将极端情况定义为"有一件或多件极端事件正在发生，或将要发生的情景，这些事件可能会超出组织的可控范围，并可能导致组织成员受到大范围且不可估量的身体、心理或物质方面的伤害"。本章中所讨论的"组织"包括在作战区的军事巡逻侦察队、极地探险队、保障国家安全的组织、消防队以及其他紧急救援分队。这些组织（无论组织规模大小）中的领导者是如何应用管理技能保障员工人身安全，或降低危机威胁性的？

　　极端情况下的领导力是由多种因素决定的，相应地会受到不同极端情况的影响。

　　图 8-1 展现了两者之间的关系。

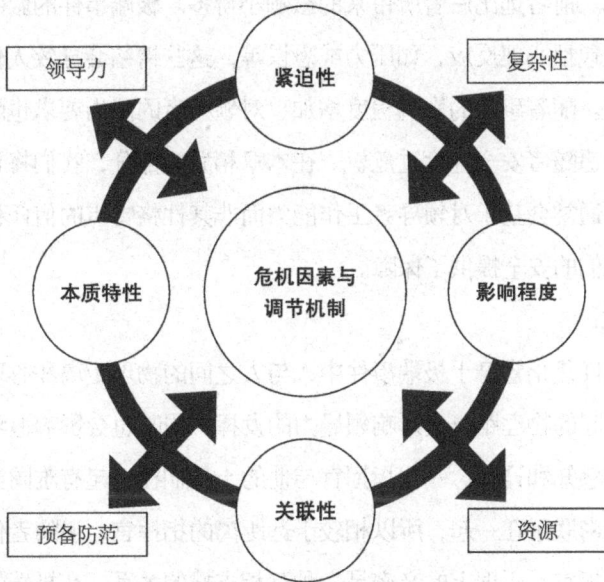

图 8-1　危机因素与调节机制

让我们定义一下极端事件的四个要素。

1. 紧迫性

　　领导者所面临的威胁可以被粗略概括为，从一种相对稳定的情境快速地转变为可能对身体或心理造成伤害的情境：比如武装敌人的出现，或工业爆炸事故的爆发。有效的领导力会迅速对如何处置敌人，或者如何确认引起爆炸的原因做出判断。若以抛物线作比喻，紧迫性指的是事件从某个基准快速地发展到一个峰值，然后再趋于相对稳定的状态。这项事件会需要领导力长期投入在其中，比如博帕尔毒气泄漏事故，它发生于 1984 年 12 月，曾导致超过 2 250 人瞬间死亡，在接下去的几周时间内大约 8 000 人丧命。比如发生于 1986 年的切尔诺贝利核事故，在事发许多年之后仍有生命体遭受那场核辐射的影响。在此类极端事件中，特别是十分紧迫的情况下，成功的领导者行为将很大程度上为预备和应对做好铺垫，进而引导后续的行动计划。

2. 影响程度

极端事件在规模上各有不同：从登山事故到 2005 年美国新奥尔良市发生的卡特里娜飓风。前者远比后者所带来的影响小得多。极端事件的影响程度会体现在许多方面，包括心理反应，如压力或恐惧等，这些情绪会导致人们感到无能为力或不知所措。随着事件的影响程度增加，对领导者的能力要求也随之提升，领导者需要引领追随者安全地度过危机。在本章稍后的部分，我们将讨论在某些环境下，追随者通常会基于对领导者工作能力而非其性格特点的信任程度，判断领导者能否为他们的安全提供了保障。

3. 关联性

在此关联性是指置身于极端事件中人与人之间的物理距离和心理距离。领导者和追随者之间的物理距离会影响领导力的发挥，同时也会影响追随者对领导者风格与行为的感知和诠释。一位指挥官与他的士兵们在一起有难同当，可以被视为与追随者紧密联系在一起，所以相较于远距离的指挥官，追随者们会更信赖于并肩作战的指挥官。心理上的亲密是一种互相支撑的关系，在极端的情况下对于凝聚力和信任感的培养起着至关重要的作用。集体认同感会使参与者感受到他们属于一个亲密无间的团队，他们甚至会为了团队中的其他成员置自己的个人安危于危险的境遇。

4. 本质特性

汉娜等人认为极端情况是指会对组织成员身体、心理或物质方面产生影响的情况。人身伤害或死亡的风险可能会导致人们在面临危机时产生巨大的恐惧，而由此引发的反应更多地则是基于人们对自我价值和对未来的不确定性。追随者的反应也取决于危机的本质，比如那些面临着人身伤害的人会即时做出反应。当然，危机的形式也是多种多样的，比如消防队员在救火保护公民财产安全的时候需要适应性强的领导力风格，以协调响应现场的各项事宜。

把这四项危机要素独立来看，紧迫性、影响程度、关联性和本质特性，只描绘出了极端事件的一半，因为危机事件的影响由四个变量构成：复杂性、资源、预备防范以及领导力。这些变量可以也将会加强或削弱危机的四项基本因素所带来的影响。

复杂性

在极端事件中的危机因素，其复杂性可能以意想不到的方式造成不可估量的影响。当事件发生时，即使是无关紧要的小事也会产生化学反应，产生不可预估的戏剧化结果。事件的复杂性会受到多种因素的交叉影响。此外，这些变量会引起领导者的影响力范围之外的因素发生变化，也会影响领导者的可控范围，比如领导者和追随者之间的关系。

极端事件发生的期间，组织内部与外部机构之间的信息流，正确的信息和错误的信息交杂在一起，会导致一定程度的复杂性。这使我们想到在第一次世界大战中所发生的一个故事，传说当时战壕里要发出一条信息："请求支援，我们准备前进"，然而经过多方转手，最终司令部接到的消息是"给我们三到四便士，我们要去跳舞了"。即使是在如今的信息时代，技术通信的多样性也会增加危机事件中的复杂性，比如在伊朗战争初期，英国军队就曾使用过一种并不可靠的战场无线电装备。因此，无论是沟通的内容还是通信的方式都会在一定程度上增加危机事件的复杂性。

清晰简洁的沟通可以在极端事件发生之前降低事件的复杂性。比如美国海军陆战队使用一套被称为"五段指令"的作战指令，要求每一位海军陆战队成员都对其严格地遵守并执行，其体指令如下。

（1）状态——解释当下发生了什么；

（2）任务——包括任务和行动目的；

（3）执行——描述领导者想要如何完成任务；

（4）管理与物资——明确成功行动中所需的信息；

（5）指挥与信号——详细的指挥计划及行动管控。

作战指令是为明确行动过程中所有核心要素而设计的，这样简明的设计能够使随后的突发事件的数量和影响程度都随之减少。因此，有效地解决危机事件中的复杂性问题能够为预备防范机制打下基础。

资源

组织规模和心理方面资源的可利用率也会影响极端事件所造成的威胁程度。前者可以根据技术、财务、后勤或人力资源进行分类。枪的数量和能有效使用它们的士兵数量显而易见会影响军事行动的结果，正如沙袋的数量对于抑制洪水的作用一样。从宏观层面来看，分配给该事件的财政支持程度将对于整个事件的威胁等级产生深远的影响。

在对极端事件的应对中，人力、物力资源的多寡与相关人员应对极端事件的心理状态之间也有联系。执行者从某种程度上相信，资源需要与目的相匹配，因此危机应对资源是否充足往往显著地影响着人们的动机、士气和表现。当对于威胁的评估大于可用于应对该威胁的资源时，人员不安的程度，甚至恐惧的情绪都会随之增长。杰维斯指出，人们对威胁的感知程度与他们对自己有效反击该威胁的信心有关。在面对极端事件时，如果人们对他们所接受的支援有信心，他们的表现也会相应提升。人们面对自然灾害的快速响应、投入和公共支持，可以使人们从中恢复信心，重燃希望。所以，对于国家领导人而言，在诸如此类的灾难之后，他们需要义不容辞地现身，给公众以心理层面的宽慰，同时也提供实际的支援。我们将卡特里娜飓风后乔治·沃克·布什总统的做法与纽约市市长鲁迪·朱利安尼在"9·11"恐怖袭击事件后的做法作对比。布什总统在事件发生的三天后才发表了正式声明，然而朱利安尼市长在恐怖袭击发生的伊始就出现在了公众面前，确保市民明白"我们会一起撑过这场灾难"，甚至连朱利安尼的政治竞争对手都赞誉他所表现出的正确情感基调。

预备防范

战略领导者有责任提供前瞻性意见、规划和培训，以应对极端情况所带来的影响。领导者必须要与天性做斗争，不能想当然地认为"灾难永远不会发生在我们身上"，而是要确保有一定程度的预备防范措施，即使灾难很少发生。某些国家可能正值极少受到威胁的时代，某个地区可能被认为是犯罪率极低的地区，但按照墨菲定律——如果所有的事情都按部就班地进行，那很显然某些步骤即将出现差错——而突如其来的事件可能会使没有准备的领导者手足无措。很多人会引用全球变暖作为预防自然灾害的理由，比如 2014 年英国南部遭遇前所未有的洪水，英国政府环境总署因此受到了严正的批评，因为在过去几年间，他们并没有在防洪和河道疏通方面投入足够的资源。

为了最大限度地减少危险事件带来的恶劣影响，危机应对培训是至关重要的。2012 年 12 月 14 日，位于美国康涅狄格州纽顿镇的桑迪胡克小学的校友走进了校园，他在 5 分钟内杀害了 6 名成年人和 20 名孩子。当听到第一声枪响时，小学校长道恩·霍施普兰冲出了她的办公室，直接面对歹徒。同时，她也打开了校内广播，警示其他人这不是一场演习，而是真正的紧急事件。在她被枪杀之后，校内其他的老师和员工将他们之前所习得的危机应对课程付诸行动，包括当面对炸弹威胁和武装分子时所应该采取的行动。他们把学生藏起来；在教室、洗手间和储藏室都设立路障；并将武装人员所在的区域进行隔离。这些行为为许多孩子与成年人的逃生争取了时间和机会。

为危及生命安全的情景做准备并不仅仅包括做好培训与资源准备，也包括做好心理准备。训练有序的作战士兵和医疗团队在处理大规模伤亡事件或者面对自然灾害时往往在心理上对于极端事件的发生有所准备，这可以让他们在面对危机时，更自信、更好地控制局面。这也可以帮助他们减轻心理压力和由创伤导致的长期心理健康问题。当人们没有准备好面对极大的压力时，他们通常不能如往常一样理智地思考，这会影响他们的决策和整体表现。然而，当人们充分了解了自己在面对严重伤害，或者说在生命和财产受到威胁时可能做出的反应之后，就能更好地控制住自己的反应。心理学家将人们为极端情景做出心理准备的过程称为"压力接种训练"：消除面对危机时可能产生的心理反应，并学习应对策略。

（1）想象一下，当你感到担心或焦虑时，请记住这些感受是正常的。但这一招并不总是管用，特别是在你的人生安全受到威胁时。

（2）要识别与焦虑相关的具体身体反应是什么，以及是否有任何可怕的想法可能会给你增添恐惧。

（3）通过控制呼吸和自我对话来管理自己的反应，以便尽可能地保持冷静，专注于需要注意的实际任务中。

领导力

第四个也是最后一个可能增多或减少与极端事件相关的威胁因素的调节机制是领导力，从一定程度上来说，我们需要考虑领导力在生存、政治、应急反应和作战场景下的应用。本章将总结如何将极致领导力的经验转化为适用于商业和组织场景的领导经验。

01
生存领导力：化解生存危机的十项经验

在本章开篇我就对生存领导力在极端情况下的作用做了阐释：领导者角色的存在就是为了给处在真实危险情境下的人们提供动力和方向，通常这些情境都是迫在眉睫的，人们承担着身体、物质或精神上的风险。就自然环境而言，很少有比地球上最高的山峰，或南北极的极地地区还要更险峻的地方了。在这种极端环境下，探险队队长及队员所采取的每一步行动都有可能导致受伤或死亡。历史记录了登山者们的壮举，比如乔治·马洛里（George Mallory）和埃德蒙·希拉里爵士（Sir Edmund Hillary）（后者随着夏尔巴人成为第一位登顶珠穆朗玛峰的人）。著名的极地探险家包括罗伯特·福尔肯·斯科特（Robert Falcon Scott）、罗尔德·阿蒙森（Roald Amundsen）和欧内斯特·沙克尔顿爵士（Sir Ernest Shackleton）。

1914年8月，沙克尔顿爵士与他的团队和科学家们一起穿越尚未受到勘探的南极大陆。在1915年1月19日，他们遇到了困难，他们乘坐的"持久号"在距离南极洲60英里的地方被威德尔海（Weddell Sea）的冰封住了去路。他们最终在1916年8月30日获得救援，在此期间，沙克尔顿爵士和他的团员们经历了船只被浮冰撞碎、被滞留在冰冻的威德尔海面上、凭借扁舟两次横跨南太平洋、被困于荒无人烟的大象岛（Elephant Island）等一系列考验。28名成员中的每一位都从这极端环境的考验中幸存了下来，这正说明了沙克尔顿爵士卓越的领导才能。

帕门特认为，从沙克尔顿爵士的案例中，我们可以学习到关于极致领导力的十个经验。

（1）管理好眼前的危机。 比如尊重和充分利用高级团队成员的才能；决策要灵活变通；即使在最严峻的形势下，也要保持幽默感。

卓越领导者之见

无论你对眼下的情景多么了解，一旦涉及需要做出关乎未来的决定时，你身边就需要有一个优秀的团队。你要知道，没有一个人拥有一切技能。所以，团队的多元化和技能的搭配是十分重要的。你必须拥有优秀的成员在身边——他们能够挑战你和你的想法。

——卡门·沃森，Pertemps公司首席执行官

（2）谨慎招募你的团队成员。 以性格、能力和多项技能为考量进行招募，这样才可能培养出团队领导者。

（3）充分表现出正能量。 就沙克尔顿爵士来说，他工作得最辛苦，睡得最

少，但是他从最开始就带领着大家前进，从不轻言失败。

（4）**积极有效地沟通**。不断通过非正式的、私下的咨询和讨论增强沟通。这样做可以避免组内分化。

卓越领导者之见

在特定的文化框架之下，我们如何创造正能量？答案是通过沟通和信任：消除我所说的和你所听的之间的不实。如果你信任我，你就会仔细清楚地听到我所说的每字每句。如果你不信任我，我们之间就可能会有误解与隔阂。

——菲尔·洛奇，西米德兰兹郡消防署署长

（5）**预见未来并用心去实现**。展望未来，并相应地进行规划。沙克尔顿爵士在计划上十分大胆，但在执行过程中却小心翼翼，尽力将潜在的风险最小化。

（6）**培养信任感**。使任务分派与个人素质及技能相匹配，抛开职务因素的干扰。在沙克尔顿的团队中，全员都要干粗活累活，不存在等级划分或例外。

（7）**重塑自己并保持创新**。向过去的经验和错误学习。

（8）**将优秀的个人价值观**。沙克尔顿爵士个人尊重他人、谦逊、与大家共同面对困境，团队成员也是如此。

（9）**做一个服务型的领导者**。服务于他人比期待着被他人服务要好得多。沙克尔顿是第一个看护团队成员的人，他会给伤员泡茶。我们将此视为强有力的领导力体现（我们将在第九章对服务型领导力进行深入探讨）。

（10）**了解心理学原理**。在与团队成员相处时，领导者可以充分运用心理学原理。当有人回应时，沙克尔顿会表现得很高兴；当与那些承认失败的人相处时，他会管理好自己的愤怒与挫败感。他亲自与那些持有不同意见的成员交谈，避免不必要的权力纷争，这些所有例证都体现了沙克尔顿高情商的应用。

正如第一章所述，情境领导力要求领导者们根据他们所面临情境的不同调整他们的管理风格，而极地地区无疑是特殊的情境。伊恩·洛夫格罗（Ian Lovegrove）

的有关说法很有趣："南极洲的领导者体现的就是南极站管理者的特质。"南极洲永久性科学考察站面临着极端环境的考验，需要与社会隔离，其社交圈也十分有限：长达数月与你交际的人并不是由你自己选择的，而是公司所挑选的同事。在这种情境下的领导者对于完成工作任务和保障员工福利方面都负有责任。

洛夫格罗对26个科学站的管理者和成员进行了研究，定义了科学考察站的管理者所需要的情感因素和性格特征为如下几点。

1. 自我意识、稳定性和自我克制

高情商的管理者能够调整并控制他们自身的和追随者的情绪，并能够高效地应用自我管理策略。研究证实了科学站站长与不在极端环境下工作的领导者们相比，他们的自我意识更高。无数的研究资料表明情绪稳定性和快速恢复能力是领导者和科学家们最重要的性格特质。站长的情绪稳定性是保证团队整体状态稳定的基础。自我克制也是情绪特质中的一种，它与情绪稳定性相关，其特征是高度负责、高度自律和高度守序，尽管追随者们可能认为领导者过于冷静，缺乏激情。

2. 焦虑及神经质特征低于平均水平

研究者们认为南极站领导者倾向于表现出冷静、自在、十分自信与乐观的特质，事实上这些特质在南极站领导者身上确有体现。与不在极端情境下工作的领导者相比，他们的精神状态是非常稳定的，鲜有神经质，这就为日常决策提供了稳定的情绪基础，也使他们在面对危机事件时能够镇定自若地展现能力。冷静而有条不紊的个性是南极站领导者的关键性特征，当他们面对南极长达数月之久的黑暗冬季时这点尤为重要。

> ## 卓越领导者之见

当我在冰面上时，我感觉很自在。暴风雪、熊和开阔的水域是我工作中的一部分，当这些事件发生时，你就要想办法解决它们。

——马克·伍德，探险家

3. 乐观幽默

乐观是南极站领导者们密闭环境下所表现出来的最明显的特征，追随者的不安情绪能够在管理者的乐观情绪下受到感染和安抚。幽默在舒缓紧张方面也可以发挥重要的作用。如沙克尔顿所言，"性格开朗、乐于大笑的人对于同伴而言是一束阳光"。

4. 正直

为了在南极站内有效地展开行动，站长所呈现的价值观是至关重要的。由科考站成员所列举的清单上，居于榜首的价值观就是正直——真诚性领导力特质之一（第九章会讨论到）。员工们希望领导者能够起到榜样的作用，能够正确引领大家，特别是在处理站内成员的事务上要表现得宽容、公平、公正，要在整个科学站内建立公平竞争机制，所有的条例和公正性也适用于管理者本人。为了展现诚实和透明的性格特征，领导者的心理健康水平要高于其他人员。没有任何事情能够逃过群众的眼睛，领导者的真诚是成功建立起平稳和谐的社区环境的关键所在。

卓越领导者之见

人们想要相信他人。他们想要做正确的事情，想要成为榜样。这是一场平等和多元化进程的演变过程。这是核心价值的变革，而不仅仅是将其张贴在墙上的标语。每天在这个基础上进行反思，总有一天你会得到正确的答案。

——菲尔·洛奇，西米德兰兹郡消防署署长

【领导力最佳实践】

2005年，马克·伍德带领探险队进入北极圈，在距离大本营2公里时，他们遇到了8级大风。他们的一个帐篷被大风吹走了，这就意味着全体13名探险队成员只能穿着湿衣服挤在一个非常小的帐篷里。当时，马克的第一要务是保证所有人都有东西吃，让他们了解现状，以及更重要的是，鼓舞全员的士气。

三天之后，他们找到机会返回大本营。暴风雨仍不停歇，马克开始为他们接下去的行程做准备。将任务分配给团队中的每一位成员之后，马克退居一线掌握全局进程。当一名团队员冲出帐篷，大喊"着火了"的时候，幸运的是团队中的一员曾是消防队员，她迅速地破灭了火苗。然而全体成员都受到了惊吓，他们看向马克，寻求宽慰与指导。

马克让全员抱膝，像橄榄球队一样围坐在一起，轻声细语地向大家解释目前的现状。他说"这的确是有点吓人，但我们仍然平安无事"。他的冷静和威严让大家同意了他的后续行动计划，但他也注意到有一个成员很容易受到他人的影响，并很明显地摇摆不定。马克没有公开地提及此事，而是把这个人带到一边，告诉他需要有特殊技能的人和他一起行动。最后他们出发一起回到了安全的大本营。马克回忆起这三天的经历，认为这是对他领导力技能最严峻的考验之一。

02
政治领导力：国家层面的领袖魅力

政治领导力表现在，当追随者的生命受到威胁且不可避免地发生国家级层面的冲突的情境中。第二次世界大战可能是最为著名的国际冲突之一，个别的政治领导人被公认为伟大的政治主导者。丘吉尔就是其中一位，他动用举国之力，积极地采取了防御行为。我将在这部分主要介绍温斯顿·丘吉尔的领导力表现。

丘吉尔最重要的领导力特质就是，就算前景无望，他仍能够鼓舞人心。他之所以有这本事，很大程度上是因为他的个性，他特别有决心，特别乐观（起码在公众眼前），他不会将失败作为玩笑。

正如他的官方传记作家马丁·吉尔伯特爵士所记载的：

> "丘吉尔个人反对一切形式的失败主义，他在作为战争元首期间的前六个月里所确立的领导风格和作战模式都打上了他的个人烙印。"

关键是，他的决心和意志能够感染英国民众，增强他们的勇气和毅力。能够体现他决心的最佳案例，可能就是 1940 年 6 月的那场著名的演讲：

> "我们将战斗到底。我们将在法国作战，我们将在海洋中作战，我们将以越来越大的信心和越来越强的力量在空中作战，我们将不惜一切代价保卫本土，我们将在海滩作战，我们将在敌人的登陆点作战，我们将在田野和街头作战，我们将在山区作战。我们绝不投降。"

通过阅读演讲稿摘录片段，我们似乎就能感受到他声音里蕴藏的激情。英国美体小铺的创始人安妮塔·罗迪克（Anita Roddick）曾说："激情是最有说服力的。"丘吉尔的沟通技巧具有典范性：他会先开诚布公地解释目前的现状，然后向大家描绘一个鼓舞人心的愿景与未来。

没有谁能够抵抗住他字里行间的激情：

> "我们绝不屈服，绝不屈服，绝不，绝不，绝不——绝不屈服于任何东西，不管它是伟大还是渺小，庞大还是细微。我们绝不屈服。除了荣誉与智慧之外，我们绝不屈服。"

他对于未来的见解并不仅仅基于乐观与决心之上，还基于高水准的战略远见。他的个性也不仅仅是乐观、有决心，他也很有魅力，其智慧与幽默为众人所周知，同时也表现得出乎意料的谦逊："我的国家狮心寰宇，我只是有幸地喊出了狮子的怒吼。"他用自己独特的魅力和性格感染了整个国家。

按照巴斯的定义，变革型领导者能激励和鼓舞追随者取得非凡的成就。但他们是否都是富有魅力的领导者呢？所有的变革型领导者是否都需要具有魅力？是否所有有魅力的领导者都是变革型领导者？

据说当有魅力的人走进某个房间时，他们会吸引这个房间内所有人的注意。他们会散发出一种磁场吸引他人：让人们想要跟他们有所联系，成为他们小团体的一员。富有魅力的人会笼罩着自信和积极的光环。魅力型领导者坚信他们可以通过个人魅力引导他人：无论是以面对面的形式，还是通过间接形式，他们都试图让他们所遇上的人觉得自己是这个世界上最重要的人。他们能够本能地了解到每个人的顾虑所在，甚至在面对一群人时也能做到这点，他们运用自己的语言和行为将这个效力发挥到最大，他们也是肢体语言的大师。超凡的沟通技能也是魅力型领导者最不可或缺的能力，那是一种能够有力地、富有感情地进行沟通的能力。

我们完全可以想象丘吉尔戴着他的领结和高帽子，抽着雪茄，竖起两个手指比画着胜利手势的样子，时刻彰显着其个人魅力和高超的交流能力。他的人格魅力对于必要性变革来说是强大的辅助手段，用来捍卫一个民族对抗强大的敌人。

在我看来，领导者若想要在一个国家面临极端情况时改变人们的想法和行动，人格魅力是最有力也最有效的性格特质。这里我们要注意道德的参考标准。魅力型领导者所提倡的价值观往往是他们自身的体现：如果他们是充满善意和仁慈的，在面对长期的极端环境和条件时，他们会积极有序进行变革；如果他们是自私自利或不择手段的，历史证明他们会创建出强大且极具破坏性的邪教。

如帕特里夏·塞勒斯（Patricia Sellers）在1996年《财富》杂志中的一文写道：

> "人格魅力是个棘手的东西。杰克·肯尼迪（Jack Kennedy）拥有人格魅力，但是行骗老手、江湖骗子、自大狂也都可以像最棒的首席执行官、明星和总统一样高效运用人格魅力的技巧。明智地使用人格魅力，会使各方各得其所；而肆意妄为的话，那将造成一场灾难。充满魅力的梦想家们引领人们前进，但有时也会使人们误入歧途。"

03
危机领导力：危机领导者的三大共同特质

这一部分将探讨领导者们在面临危机时刻、在他们的生命受到威胁并且只有有限的时间做出反应时，他们采用的管理风格和所需的能力素质。一般来说，针对这样的事件组织可以有所预测、计划并且进行应对策略训练，但这类事件所构成的极端威胁依然与不确定性联系在一起，所以需要一套特殊的领导技能。

能够快速响应危机的领导者所需的技能和特质与前面所提及的魅力型和变革型领导者不同。魅力型领导者的能力，如自信、聪慧和社交技能，这些与危机领导者重合，同时危机领导者还需要运用分析能力和适应力来面对各类的突发事件。类似地，变革型领导力的特质包括鼓舞人心的能力、榜样的力量和值得信任，这些都与应对紧急事件的领导者所需的素质重合，虽然应对危机的首要关注点不是人们的态度和信仰是否产生变化。变革型领导者的目的是改变现状，改变组织成员长期认可的价值观与愿景，然而危机领导者更关注快速决策所产生的结果。前者通过协作与协商寻求组织层面所发生的变化，然而后者必须愿意承担起后续行动所产生的后果。

卓越领导者之见

在消防救援行业中，你必须运用准确的情境领导力方法。无论是在指挥部还是在消防站，变革模式对 96% 的情况都适用。然而在一些极端情况下，这一方法也不一定行得通。准确判断合适的领导力方法就是危机领导者最关键的技能。

——菲尔·洛奇，西米德兰兹郡消防署署长

与其他有关情境领导力的诸多研究相比，我们在本章中为对极端情境的研究添加了很多案例分析。这是因为情境领导力中的很多特殊案例并没有广泛地引起研究人员与学者的注意。以梵·瓦特和卡布库所负责的一个项目为例，他们调查美国所有应急管理办公室是否有能力应对危机事件，诸如卡特里娜飓风和纽约发生的"9·11"恐怖袭击事件。每一位参与者被要求从 37 项能力中，挑选出 5 到 10 项与应对极端事件最为相关的领导者能力。同时，受访者还被要求作出评论，提供了实质性的定性基础，评论如下。

"当灾难事件发生时，成功的领导者是那些基于自己的经验和教育，愿意承担起责任的人。"

"领导者必须能够整理并传达信息，不仅仅是要第一时间做出反应，还要传达给一般公众。成功的灾难应急响应里危机沟通行为非常重要。"

"在灾难性事件中，犹豫不决会导致后续事件接二连三地发生。领导者必须果断，并愿意承担风险以取得成功。谨慎的领导风格在（常规）应急情景下也能够有所成就，但这种风格在灾难性事件中常常会导致失败。"

"灾难性事件发生时，要求领导者能够在巨大压力下工作。"

该研究假设是危机领导者在面对危机做出反应时，他们的需要表面出的能力素质与其他领导者角色是有所区别的。表8-1是研究人员提供给受访者的领导能力清单；括号里是每项能力被受访者选中的次数。

这些定量的数据支撑了研究的假设，受访者的评论也为其增色不少，其中"愿意承担责任"是被选择和评论最多的一项。"灵活性"的评语是："危机领导者不应当在决策过程中太过于死板，因为灾难性事件发生得非常快，需要把控好变化的方向。"至于"沟通能力"的评语是，管理者需要确保"指令或指引被充分了解，特别是没有被误解。"

在以任务为导向的领导力行为中分数最高的是"授权"，这一点也是由克莱因等人主导的一项研究中所重点研究的特征，这项研究是围绕美国急救中心紧急行动医疗队展开的。枪击受害者、被刺伤的人员、出车祸的人员和其他外伤者都通过救护车或直升机被送往这个中心，给予伤者最紧急的医疗救治。在此过程中任何错误或延迟都可能会导致病人的死亡，只有快速准确的治疗才能拯救病人的生命。虽然每次面对的情况不同，但医疗团队队长需要履行的职责却是类似的，都关乎危险性、紧迫性和结果的不确定性。

研究者发现领导角色中的"动态授权"有利于促进团队的内部学习和稳定性。当高级管理者授权给下属领导角色时，年轻的管理者能从中学到很多。当需要避免或纠正错误时，高级管理者就会保留或重新审视下属的领导者角色。在这

表 8-1　应对危机时领导者所需要的能力

领导者能力		领导者行为		
品质	能力	以任务为导向	以人员为导向	组织层面
愿意承担责任（13）	沟通能力（9）	授权（8）	团队管理与建设（8）	合作与伙伴（7）
灵活性（12）	分析能力（9）	运营规划（6）	激励（6）	决策制定（6）
果断（11）	社交技能（6）	解决问题（4）	培养员工（4）	明确愿景与使命（6）
自信（8）	影响力和谈判能力（5）	及时发布信息（4）	人际冲突管理（2）	战略规划（4）
快速恢复能力（7）	专业技能（2）	调整评估工作内容（4）	人员变化管理（0）	环境监测（3）
正能量（5）	持续学习（2）	明确角色（3）	人事规划与调动（0）	组织变化管理（1）
情感成熟度（5）		创新管理与创造力（2）		执行常见管理职能（0）
正直感（3）				
服务动力（3）				
成就需求（2）				

种情境下，领导力是一种指挥棒，它掌握在高级管理者手中，高级管理者可以将它交付给更低层级的人，但会在旁监督以保证结果令人满意。

卓越领导者之见

在公司里，我们尽量不亲自主持会议：我们让资历较浅的员工主持，这样他们就有机会探讨不同的话题，并从中获得经验教训。

——威尔·斯科菲尔德，普华永道合伙人

科蒂茨是一位已退役的美军上校，他详细列出了他所负责的三个案例研究，研究的主要内容是将需要从事极端危险活动的领导者能力，与不需要在危险环境下工作的领导者能力作比较。第一则案例的调研对象包括了美国军事学院（常被称为西点军校）跳伞行动队的领导者，以及来自学院其他行动队的团队和个人。他将高风险和低风险团队做了区分。来自这两个团队的领导者被要求给9项已按照字母顺序排列的领导者能力（获得美国军方认可）进行打分。

（1）**评估**。领导者能运用考核评估工具，持续地进行改进。

（2）**搭建**。领导者投入时间与资源，用于改善团队与组织文化，构建健康的道德氛围。

（3）**沟通**。领导者在口头、书面和聆听方面都能很好地与个人及团队沟通。

（4）**决策**。领导者采取合理的判断和逻辑推理，以及善用资源。

（5）**培养**。领导者投入适当的时间与精力培养下属成为领导者。

（6）**执行**。领导者能力出众，符合领导者标准，管理好人员与资源。

（7）**学习**。领导者追求自我完善和组织成长，展望未来，适应环境并随之改变领导风格。

（8）**激励**。领导者根据目标和任务激励、鼓舞及引导他人。

（9）**计划**。领导者计划详细、可执行的方案，这些方案是可实现的、令人接受的以及恰当的。

第二则案例是 2013 年 4 月由科蒂茨和他在美军的战友一起负责的研究，他们曾在伊朗巴格达并肩作战。他们想探寻出从追随者的角度来看认为领导者最重要的能力是什么。

第三项研究项目的受访者是 24 位管理者，他们都符合两个条件：

（1）他们现在正领导着目前处于危机情境下的团队，如美国联邦调查局特警部队（FBI、SWAT）；

（2）他们每一位在过去所负责的团队中，都有人在执行特殊事件时身亡。

这三项研究中的共同要素是身涉危机事件中的人们，无论是领导者还是追随者，他们都将自己个人安危至于险境之中。研究者从三个项目中所发现的共同之处如下。

第一，在高危环境中，能力是至关重要的，特别是在领导者需要赢取他人信任的情况下。这种信任不具有合法性或法定意义，它是当生命受到威胁时，人们对其所接受到的指令的尊重，是一种信仰：相信领导者有能力透过现象看到事态本质。一般士兵可能会认为与其跟随着一位缺乏能力的指挥官行动，还不如上军事法庭。全军将士可能并不喜欢他们的指挥官，但如果他们信任指挥官的能力，就还是会追随他。正如科蒂茨总结的："只有能力才能赢得尊重，而尊重就是在极端环境下管理的不二法门。"

卓越领导者之见

当人们和我一起到冰面上作业时，他们知道我是位经验丰富的探险家，所以他们对我的能力抱有信心。然而，如果我展现了其他领导力特质，比如以身作则及积极进行团队氛围建设，他们就会对我更有信心。

——马克·伍德，探险家

第二，激励技能对于危机领导者来说是次要因素。对于美国军事学院常规行动队成员来说，领导者的激励能力是最为重要的能力。事实上，人们认为这能很大程度上满足在极端条件下工作的大多数追随者们的需求。但当追随者们的生命处于危险时，情况就不同了。对于美国军事学院跳伞行动队员来说，激励能力排在九条领导者能力中的倒数第二个。研究人员将危机情景归纳为固有动机：危险因素赋予人们面对威胁的勇气。固有动机（本能）与内在动机（是由内在力量驱动的）不同，被认为是最有说服力的理由，与死亡威胁或受到严重伤害相关。面对如此威胁的追随者们并不需要一个啦啦队队长，他们需要的是一位克制、镇定、专业的领导者，如大多数危机领导者一样。实际上，这与好莱坞所演的人物不同，电影里具有传奇色彩的领导者在危机时刻总是在激励他的属下，而在现实生活里，事件越重要，真正的危机领导者越需要保持冷静克制。

第三，危机领导者需要持续学习。跳伞行动队队员将学习能力排在领导者能力的第一位，其他受访者也认为这一能力同等重要。极端环境需要领导者时刻关注外界，在变幻的形势中抓住重点。随着威胁程度的升级对领导者这一能力的要求也逐步提高。危机领导者需要持续观察周遭工作环境，努力搞清楚方方面面的状况，以免有什么失误从而构成威胁。持续不断地学习并且保持警惕的能力，被认为是在危机生命的工作环境中取得成功的关键。

第四，危机领导者与下属共同承担风险。这种特质使危机领导者与他人不同，构成了决定性的差异：永远在前方带领着大家。这次访谈证实了与追随者共同承担风险并不是出于领导者的自大或炫耀——这是领导力本能的一面。这样做对于追随者来说意义深远，他们将其视为领导者的价值观和性格特质的一部分。与人们并肩作战的领导者们能激发追随者们的信任，而那些与追随者保持一定距离的领导者通常被认为是不值得信任的。

第五，危机领导者与追随者同吃同住同生活。双方都在恶劣的生存环境下：食物短缺，天气冰冷，缺少基础的便利设施。领导者与追随者共同经历了那些困苦与不幸，没有表现出高高在上的感觉，这让双方建立起互信互尊的氛围。在生命受到威胁的情境下，生命的延续所带来的价值远高于任何物质价值。科蒂茨认为："极端环境是变革型领导力最佳的孵化环境。很大程度上来说，由于象征性价值的无效性，交易型领导力在极端环境的设定下几乎是完全失效。"对生命所构成的直接性威胁消除了任何奖励或惩处能够带来的影响力——最重要的是生存。与追随者同吃同住共同生活的领导者们经由粗菜淡饭和艰苦磨难的考验，向追随者们佐证了自己将心比心的价值观，这一点不会被人们所忽视。

> 卓越领导者之见

我们公司的人都知道首席执行官总是事事亲力亲为。他不只是告诉员工要做什么，还会在后面支持他们，自己也会参与其中。员工看到了这一点，并因此敬重他。所以当他不得不强硬采取措施时，身边的人也足够信任他。

——安东尼·史密斯，伯恩旅游集团有限公司企业文化与发展经理

04
作战领导力：战争冲突下的特殊领导才能

在危机领导力中所提及的一些案例场景都设定于军事背景之下，现在让我们将注意力完全转换到战争冲突情景之下。战区内的武装部队需要男性或女性都具有特殊才能，因为在极端环境下，他们需要施展出来的领导能力与其他地方所需不同。我们将在本章稍后的案例学习环节与荣获特殊勇敢十字勋章的西蒙·库普特斯上尉（Captain Simon Cupples）进行探讨。

军方训练他们的军官在相对较小的年龄就承担特殊的职责。在库普勒斯中尉（当时他所担任的职位）和他的副司令员鲁伯特·鲍尔斯（Rupert Bowers）少尉遭遇塔利班袭击的时候，一个年仅25岁，一个年仅20岁。实际上，他们非常专业且无畏地完成了任务，这需要归功于他们事先参加了一系列的周密计划、训练以及教学与实践相结合的项目，远比民间组织所提供的相关培训覆盖面更广，也更有价值（我清楚地记得我在1973年委任英国皇家空军军官时所接受的类似训练课程）。另一个重要原因是军事领导力以很强的责任感、服务意识和自我牺牲

精神做基石。军官们将他们对于士兵们的这种责任视为一种义务，将自己的需求置于军队需求和部队家庭需求之后。

英国某位前线作战单位的指挥官的"十条军规"很好地体现了这种精神。

（1）在此，我作为你们的指挥官、导师、同伴和手足兄弟为你们服务。

（2）当我们面对敌人时，我会在你们身前。当敌人在我们身后时，我会从在背后支援你们。

（3）我会提醒你们每一个人所应承担的职责，你们也必须相信我会对你们所有人负责。

（4）我会忠诚于你们、公正对待你们、信任你们，并会赢得你们的忠诚、公正与信任。

（5）想要成为专业人士没有捷径。我们这里没有第二名。

（6）你的职责就是士兵；我的职责就是引导你全力以赴当好一个兵。

（7）当我要求你做某事的时候，要知道我这么做是因为你是做此事的最佳人选。

（8）成功是你们的桂冠，你们要心怀谦虚地恭敬地戴上它。失败是我的责任，如若失败那必是我让你们失望了。

（9）你们都是我最宝贵的财富；你们是我的家人。当你离开家的时候，你的家人就是我的家人。

（10）你的工作是一种职业，而我的工作则是一种殊荣，每天都必须努力争取成为一名好军官。

这些震撼人心又谦逊有礼的字句可能对于那些认为军事领导力是基于独裁专制性原则的人来说是意想不到的，他们可能认为军官们都沉浸在自视甚高、高人一等的想象里。纪律，毫无疑问是武装部队的基石，但上述所列举的十条军规表明军队中的服务精神是双向的，不分等级与军衔。在我看来，这十条军规所体现的正是服务型领导力的本质（第九章会涉及）。在激烈的战争中，战士们并不服务于他们的女王、国家甚至部队，而是服务于自己的手足兄弟。

无论是军队内还是军队外都要求领导者施展一系列的能力，这在所有行业中都是共通的，差异性往往是非常小的部分。马克斯韦尔·D. 泰勒（Maxwell D. Taylor）是美国著名的将军，同时也是美国两任总统的内参顾问，他将军事领导力分解为四种特质。

（1）**专业能力**：如本章前一部分科蒂茨研究所证实的能力。

（2）**纪律严明**：如国家所要求的一样，军事领导者要有足够的智慧给下属提供庇护，同时能清晰地通过口头和书面传达指令。

（3）**鼓舞人心**：军事领导者要能鼓舞人们表现出不凡的英勇。泰勒认为勇气是需要被激发的，军事领导者要唤起普通人心中的热血，让他们释放出自己的激情冲向敌人。

（4）**可靠可信**：军事领导力必然是建立于诸如可靠、使命必达、坚定决心、自律和勇气等性格特质的基础之上的。

事实上，阿戴尔从英国皇家海军学院、皇家空军学院和加拿大皇家军事学院那里得到的信息是，勇气是唯一一项通用的领导力素质。道德方面的勇气包括忠于自己的价值观，同时正视自己的短板，将其运用得越娴熟就越容易克服自己的缺点。然而，如果一个领导者没有在道义上做出过艰难的抉择，那么他将难以妥当应对未来可能遇到的困难情境。具体来说，如果一个领导者在作为初级军官时没有经受过考验，那么随着其军衔的提升，当情境变得更为严苛时，他也更难奉行道德层面的准则。

聪明但缺乏经验的军队领导者鼓励并依赖于高级士官的建议。陆军元帅彼得·英嘉爵士（Sir Peter Inge）所著的《领导者的领导力》（*Leaders on Leadership*）一书中讲述了一个关于道德层面的故事，关于他早期军旅生涯中的准尉。作为一名普通军官，年轻的彼得爵士会尽力避免与准尉接触，但有一天晚上他恰好是值班军官，所以就不得不在军事餐厅坐在准尉旁边。准尉说他注意到有一天有位士兵没有对英嘉中尉敬礼但却没有被指正出来。准尉认为，比这士兵缺乏纪律更为严重的是中尉注意到了这一点却毫无作为。如果这名士兵在军营里都没有遵守纪律，怎么能期待他在实际场景下会严格执行命令呢？许多年后，彼得爵士才将这一事件视为有益的一课。如果忽视了微不足道的小事，那么在面对更严酷极端的环境时，你可能会需要更多的勇气来做出道德层面的决策。

彼得爵士还了解到，军官们的领导风格中人性的那一面必须包含强烈的民族精神，这种精神从某种程度上影响着人们在战争中将自己的生命置之度外的决心。他将同伴之谊、团队精神、正直与服从精神看作一个集合体，认为人们会为自己所在的部队感到骄傲。他引用了陆军元帅蒙哥马利在 1942 年对他手下的非洲官员做出的讲话："我相信一位指挥官的首要职责就是建立起我称之为'基调'的东西，他的参谋长、下级官员和整个部队的生活、工作以及战斗都建立在这样的基调之上。"

【领导力最佳实践】作战时的领导力与压力

2014 年 2 月我有幸得到英国皇家桑赫斯特陆军军事学院校长的邀请，参加荣获特殊勇敢十字勋章的西蒙·库普特斯上尉（Captain Simon Cupples）给军校学院的演讲，这是正规陆军军官训练的一部分，那时他们为期 48 周的培训课程刚刚过半。

他讲述了一个故事，发生在 2007 年 9 月 7 日的晚上，他带领着一排士兵参与阿富汗 PalkPechtaw 行动，目的是清除几个主要的敌对目标，确保连队在南侧攻击。在凌晨一点前，这一排的士兵同时受到来自敌人三到四处的激烈且精准的火力攻击，包括射程在 25 米的中型机枪。这场攻击造成了多人伤亡，敌人攻击火力强度不同于过去，火力持续了超过 5 个小时也没有减退的迹象，库普特斯中尉就是因为这场战役中获得了特殊勇敢十字勋章，他的嘉奖令写道：

"他以非凡的勇气、目标和决心领导部下们在敌人们的集中炮火下冲进了作战区，并完全不顾自己的安危，以击杀更多的敌人。在战斗的某个阶段，他爬到 15 米高的敌人主要防守位置，将自己置于伤员与敌人之间。库普特斯和他的步兵排与敌人激战了超过 3 个小时，尽管面临巨大压力，他仍然保持绝对冷静并专注于眼下的任务。那一晚他所展现的是真正鼓舞人心的超凡领导力。"

在这一次事件中，两名士兵牺牲，七名受伤，三名伤势严重。这是一场密集的五连战，检验了所有人的身体、道德、勇气极限，包括 25 岁的库普特斯中尉。在这场演说中，库普特斯上尉鼓励陆军军官思考并接受如下一番指导。

- 优先考虑你的部下。指挥官在军队中建立有效工作关系的关键就是把将士们的福祉置于自己之前。这一点适用于大本营，尤其适用于作战区。

- 聆听高级军士官的意见。当你拥有最终决策权时，不要忽视身边士官的意见。你不一定要听取这些意见，但是必须要聆听这些意见。

- 永远不失自律。当你离开桑赫斯特皇家军事学院时，就不再有指挥官可以依靠。你必须运用所学，确保履行起你作为军官的每一份职责。

- 沟通很重要。有效沟通是极端环境下执行任务最重要的方面之一。你可能是军队中最佳的指挥官，但如果你无法按照计划与下属沟通，或者报告给你的长官，那你就无法领导任何人。与此同时，如果可能的话，尽量进行面对面的沟通。

- 明确优先顺序。对这一点库普特斯上尉进行了举例说明。在当时的战役中他曾做出一项必须要采取的艰难决定，那就是在作战区停止战斗迅速撤离，以便重新掌控全局。

- 做好风险管理。在作战情境下为了占据上风，有时候需要承担一些可估量的风险。指挥官可以将风险视为一个契机，尽可能地排除潜在威胁，并抓住机会。优秀的指挥官并不能只想着规避风险。

- 以身作则。抓住每一个机会，用你的行动证明你自己也已经准备好要求下属所做的那些事。那才是让他们追随你的原因。

- 学会适应变化的场景。在战场上，环境不停地变化。事件是以惊人的速度展开的，因此优秀的指挥官必须时刻准备着随机应变。灵活性和适应性是施展领导力的关键。

- 信任身边的人。你的士兵和高级军士官也接受过严苛的训练。如果你无法信任他们能够将所学付诸实践，你们永远也不可能成为一个优秀的团队。

- 保持距离。库普特斯上尉强调这一点是军事领导力尤其重要的一方面。在执行任务时，你与士兵们风雨同舟，你们在生活上非常亲密，但你是他们的指挥官，而不是朋友。军队不讲究民主。特别是在返回基地之后，你们之间需要保持距离，这样下属才会尊重你并遵循你所传达的指令。

- 处理战后事务。特别是发生了伤亡的时候。库普特斯上尉从他个人的痛苦经历中汲
取了四条建议如下。

  ☆ 在战后立刻花些时间释放你的个人情绪。哭泣并不是懦弱的表现。在战后的
  三个月，库普特斯手下的一名士兵洛基特中士（Sergeant Lockett）说："当我
  们返回基地时，我们觉得很糟糕。每个人都哭了 6 到 8 个小时。我不得不坐
  在维京装甲车后面，才能消除紧张情绪。"

  ☆ 意识到这一点：如果你感到痛苦，那么将士们的感受也必是如此，他们需要
  你的帮助。

  ☆ 要认识到每个人都是不同的，因此每个人对战后创伤所做出的反应也是不同
  的。要加深对下属的了解，并以个人身份支持他们。

  ☆ 与并肩作战的战友们讨论这件事。在战斗过程中，你接收到的信息远多于将
  士们，所以你要向他们解释真正发生了什么以及原因，同时也邀请他们描述
  自己的所见、所想和所感。

在演讲之后，我有幸能有机会向西蒙·库普特斯上尉提几个问题，问答记录已详细地
记录在下方。

艾伦·卡特勒（Alan Cutler，以下简写为艾伦）：您如何理解在作战区之外军事领导
者的角色？

西蒙·库普特斯（Simon Cupples，以下简写为西蒙）：领导者的关键职责是时刻准备
着作战，上传下达。所有的作战流程都是一环扣一环，比如团队建设和士兵的职业培训，
以及角色职责和培训。

艾伦：在战争的不同阶段角色是如何发生转变的？

西蒙：基本说来，作为领导者的首要角色是做计划以及完成既定任务。紧随其后的第
二角色就是用你自己的方式关心战士们的福祉。

艾伦：士兵们期待他们的指挥官拥有什么样的技能、品质和能力？

西蒙：这很难回答，因为士兵们所期待的很可能并不是他们所需要的。在执行任务期
间，他们希望你身先士卒。他们也想被领导，知道自己下一步应该怎么做。然而，一些
士兵又希望回到军营后和指挥官熟悉热络起来，如果这种情况被允许的话，就可能在未

来引起一些问题。优秀的军官会根据各种场景,与士兵保持恰当的距离——在极端情境下,他们与部队融为一体,熟悉的关系可以产生积极的影响,然而回到大本营之后,必须强调上下级之间的界限。

艾伦:有哪些因素会影响将士们的士气与积极性?

西蒙:如下几条是最为重要的。

- 同舟共济。特别是作为军官而言,要尽可能地平等对待每一个人,无论是在给个人或小组分配任务时,还是需要以身作则时(西蒙提及了发生在自己身上的例子,他会像其他士兵一样打扫厕桶,尽管那实在不是件愉快的事情)。
- 与家乡的家人和朋友联络,特别是事先约定好卫星通信的时候。
- 食物。特别是将新鲜食物作为军方合成型口粮的替代品。
- 军官与士兵之间达成共识。这一过程涉及了军官委派给士兵任务,并且让士兵们理解他们为什么会被要求这么做,从而使士兵更全面地了解整个局面。虽然这不是军官的必要职责,但是如果能让指令背后的意图和目的得以被理解,那就会成为将士们执行指令时的强大动力。

艾伦:什么样的领导力课程可以从军事方面借鉴到日常生活中?

西蒙:有几个重要结论如下。

- 使命至上。坚定地专注于既定目标,包括业务目标。
- 训练有序。自律,并适当运用奖惩手段。
- 职业道德。当任务需要时,军人们愿意延长工作时间,并善于在资源稀缺的情况下寻找全新的应对策略,体现了乐于进取的精神。
- 交流沟通。运用多样的沟通方式,实现有效的交流。
- 服务精神。桑赫斯特皇家军事学院的格言就是"服务即领导(Serve to Lead)",军官学员们所接受的训练就是不断地教导他们应该懂得自己是多么地依赖将士们,特别是在战场上。
- 领导力发展。军队高度重视选拔以及培养领导阶层。

05
适用于危机情境的两种领导力理论

当然，极端领导力最为重要的一方面就是当事件突然发生时，领导者对于个人和特殊情境的反应力与适应力。所以，情境理论原则也被称为权变领导力，显然与极端情境领导力最为相关。然而，还有少量领导力案例在指挥行动方面很大程度上仰仗于追随者，需要追随者准备着跟领导者出入险境。无论是士兵、紧急应对人员、探险家或是普通市民，在他们或自愿或被赋予这个角色之前，他们都在更为安全的环境之下。当他们的生活从相对安全转为受到威胁的境地时，他们在极端环境下的生理和心理素质决定了他们能否妥当应对威胁，他们需要拥有坚定的决心和动力。而变革型领导者也需要在工作中帮助追随者达到情感与精神上的高度需求。这一类领导者能够了解追随者更高层次的需求与价值观；能够用各种方式激发他们强烈的意愿，提升他们的自信、信念以及共同实现目标的渴望。

卓越领导者之见

作为领导者，我花了 96% 的时间与下属谈话、倾听、思考和决策，才获得了他们的信任。这种信任转化为领导者指令的有效性和对环境的掌控，只有基于高度信任，人们才会响应我的指示。变革型领导风格能够推动交易型管理方法，并使其行之有效。然而，如果变革型领导者没有使人们信服的能力，那么在事件指挥过程中人们也不会听信于他。

——菲尔·洛奇，西米德兰兹郡消防署署长

因此在我看来，在第一章所提及的理论中最适用于危机情境的两种领导力理论是情境领导力理论和变革型领导力理论。极端情况下的领导力并不仅仅是一种管理风格，更是一种在领导者和追随者之间建立起紧密纽带的能力。领导者与追随者在极端情境下共同经历了生死，相互依存，不仅在心理层面上建立了联系，也在价值观、道德感、信念等方面共享了哲学理念。此外，我想在本章中证明极端情况下的领导者所需的技能、素质和行为也可以转化为其他业务和组织的领导者所需要的能力素质。因此在下一章，也是最后一章中，我提出了两种基于心理本质的领导方法，以及三种从哲学视角提出的领导力方式，我相信这对于领导者探索 21 世纪的未知领域是至关重要的。

| 本章小结 |

让我们回顾下本章内容，梳理下极致领导力在面对紧急危机时的表现，并且比较危机中的领导者与商业和其他组织领导者在工作职责上的异同。有趣的是，我们首先试图将图 8-1 中的危机因素与调节机制运用到非极端情境中。这证实了这些危机因素与商业领导者所面对的问题如出一辙，他们的无效行为并不会危及到生命。问题的紧迫性是一个危机因素，虽然对于领导者的要求不如在作战或灾难性事件中高，但也会在一定程度上提高问题的严重性。这些因素在非极端情境下也受到相关调节机制的影响，如问题的复杂性或者不可预见性、人力或物力资源的可获得性、准备程度，以及战略计划或培训等。

领导力在极端情境下和非极端情境下呈现出很多差异。以下是商业领袖从身陷险境的领导者身上所能学到的几点经验。

☆ 展现专业能力。科蒂茨和泰勒他们强调追随者对领导者的首要期待就是领导者要有能力带领他们撑过难关。这就要求领导者担负起角色职责，梵·瓦特和卡布库明确了应急响应官员身上需要具备的领导力特质。该项研究也包含了可控的冒险行为，这一点被库普特斯上尉所提倡。两者都提出了做决策时需要具有灵活性和适应性，沙克尔顿爵士用其两年的返英冒险之旅验证了这一点。

☆ 基于互信互重建立支持性团队。沙克尔顿本人和"持久号"船长弗兰克·沃斯利（Frank Worsley）阐述了他们是如何基于身体和精神层面的考量精心地挑选团队成员的；库普特斯上尉和彼得·英嘉爵士强调了领导者要倾听、委任更富有经验的团队成员；克莱因等人阐述了紧急创伤医疗中心的医疗团队队长如何运用"动态授权"作为发展团队的一种手段。

在本章中所引用的领导力案例呈现了许多可以用来建设团队中互信文化的强力手段。科蒂茨和库普特斯上尉均鼓励领导者在极端环境下与下属们风雨同舟，沙克尔顿也是如此身体力行的，在南极洲的极端环境下，他与团队中的每一位成员一样承担起粗活累活，而将资历放在一边。同样，优秀榜样的力量对于中国军队的士兵来说也是最有效的激励。

☆ 展现最优秀的个人品质。当科学家们在南极站经受身体及物质上的考验时，需要
   领导者展现出冷静、自信和正直的品质；当英国经受战争磨难时，英国人民他们
   需要丘吉尔所展现的那一腔热枕。追随者们总是希冀他们领导者起到表率作用。
   同时，库普特斯上尉、彼得·英嘉爵士、阿戴尔、泰勒和科蒂茨都重点强调了自
   律和道德品质的重要性。

虽然在本章之前没有提及，由美国国家经济研究局发布的一份报告明确了早期在军队服役的首席执行官们的三大主要特点：他们在经济和投资政策方面更为保守；他们很少会被卷入公司欺诈案中；他们比同龄人在抗压方面做得更好。

☆ 领会沟通的力量。梵·瓦特和卡布库认为有效的沟通是危机领导者最重要的领导
   能力。军官们只有向下与士兵们沟通计划、向上与长官们汇报情况才充分了解情
   况并察觉出潜在的危机。在绝境中，沙克尔顿主动与团队成员融入一起，向他们
   分享目前所面对的现实情况。

☆ 理解你自身与下属的情感需求。南极站站长能够运用情商技巧来控制自身与站内
   人员的情绪。库普特斯上尉意识到战士们需要在战后抒发自己紧张的情绪，这一
   点也被他连队中的中士证实。丘吉尔擅长以演讲向公众传达希望，擅长为公众描
   绘出充满希望的愿景，纽约市市长朱利安尼在"9·11"恐怖袭击事件后所表现出
   来的也是如此。

☆ 建立积极向上的组织文化。在本章中，几位领导者和领导力研究都强调了建设积
   极工作氛围的重要性。陆军元帅彼得·英嘉爵士和陆军元帅蒙哥马利借用"沙漠

鼠"一词代表同僚之谊,团队精神、正直与服务则是他们的组织文化;而中国军

队"每个部队的传统和军魂"则是他们的组织文化。此外,欧内斯特·沙克尔顿

爵士在面对极端情境时,也尝试运用各种方式鼓舞团队士气。

☆ "服务即领导"。英国桑赫斯特皇家军事学院的格言所代表的是服务型领导力的理

念,本章以及下一章所提及的服务型领导力被大力提倡,特别适用于 21 世纪的

领导者。

Leadership Psychology

How the Best Leaders Inspire Their People

第九章

未来领导者要掌握的五个方法

在第二章中，我提出 21 世纪领导者所要面临的挑战是：

- 创新；
- 人才管理；
- 社交媒体；
- 全球化。

这些挑战引起了新一轮的思考：我们意识到世界正在不断变化，先前所提及的那些领导力理论无法满足各方组织中的管理者和追随者改善人际关系的需求。成功的领导者们正逐步意识到，对心理学和哲学的了解能够提升他们对员工行为的影响力。组织中的各层管理者们都不得不学习并加强与员工的相处和沟通技能。

卓越领导者之见

如果你想了解如今的主流管理文化是什么，答案可能仍然是官僚主义、专制独裁主义、阶层管理制度，在英国是这样，在美国也是如此，然而所有的这些文化都只会导致不健康、敬业度低、生产效率低和增长率低的结果。管理文化需要变得更多元化、更具有包容性、更具有人道主义精神、更全面，这样才能帮助员工成为更好的管理者和"领头羊"。

——安·弗兰克，英国特许管理学会首席执行官

在本章中，我提出了五套领导力理论，相信能够为未来领导者增添必要的技能。其中两项是基于上下级之间的心理层面的联系：

（1）投入型领导力；

（2）综合心理学方法。

还有三项是基于哲学本质，从人性角度对于领导者职责进行考量：

（1）服务型领导力；

（2）真诚型领导力；

（3）伦理型领导力。

01

投入型领导力：合理分配知人善用，让员工尽情释放潜能

2011 年 3 月 29 日，英国首相大卫·卡梅伦支持雇员参与一项名为"Engage for Success"的独立运动，致力于让人们采用更好的工作模式：通过挖掘人们的潜能与工作能力来带动个人成长、组织发展以及国家富强的工作模式（如图 9–1 所示）。它基于以下三大信条：

（1）每个人都有机会发挥自己的全部潜能；

（2）雇员们参与其中，能够在绩效表现、创造和创新方面产生可量化的改变；

（3）成功组织的下一代接班人是那些能够尽情释放自己潜能的人。

卓越领导者之见

作为一家公司，普华永道对于员工是充满热情的，我们愿意给他们提供最好的工作机会和最佳的挑战，让员工在完成工作任务的同时，也能度过愉快的时光。我认为这就是政府推动"Engage for Success"这项运动的宗旨。

——威尔·斯科菲尔德，普华永道合伙人

员工管理的目的是确保员工在为组织目标而努力，激励员工为组织的成功做出贡献，提升员工的满意指数。这其实是个双向的过程，各层级的领导者必须努力确保下属们有机会参与到组织的各个层面。

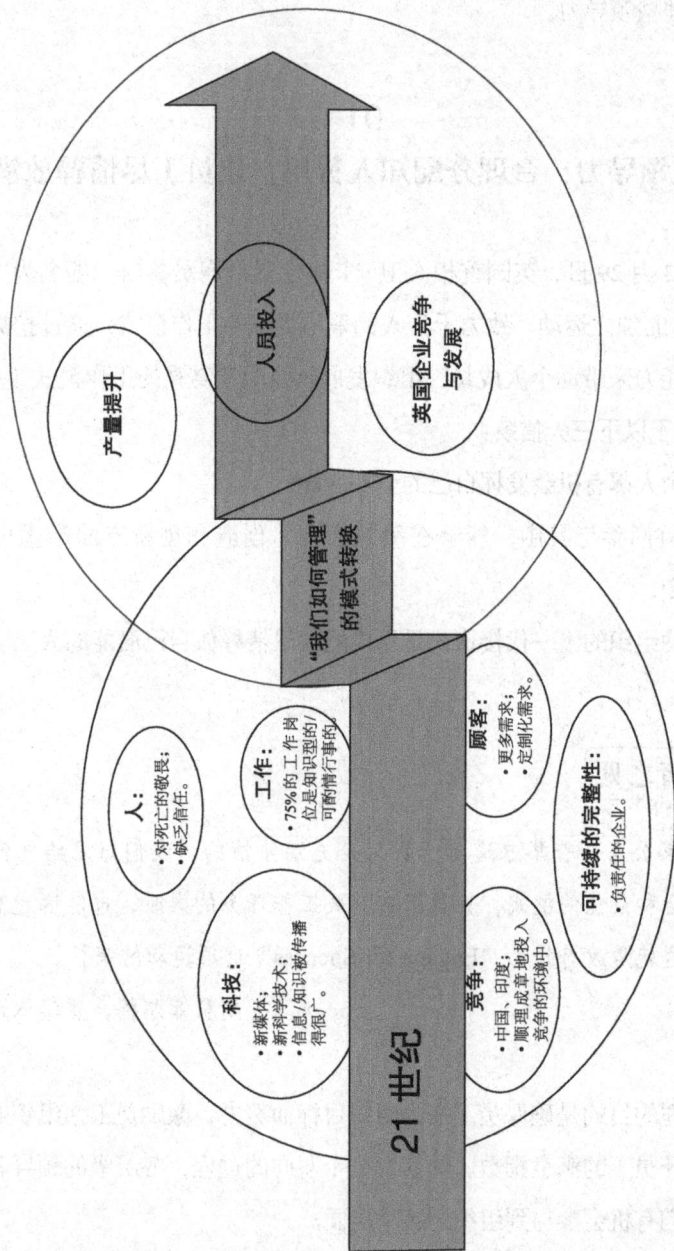

图 9-1 全局观

21 世纪

人：
· 对死亡的敬畏；
· 缺乏信任。

工作：
· 75%的工作岗位是知识型的/可酌情行事的。

科技：
· 新媒体；
· 新科学技术；
· 信息/知识被传播得很广。

顾客：
· 更多需求；
· 定制化需求。

竞争：
· 中国、印度；
· 顺理成章地投入竞争的环境中。

可持续的完整性：
· 负责任的企业。

"我们如何管理"的模式转换

产量提升

人员投入

英国企业竞争与发展

【领导力最佳实践】

星期五股份有限公司有一个传统，那就是它每开一家新分店，都邀请所有的员工、经理，包括首席执行官卡伦·弗雷斯特在内一起庆贺，一起享用意大利面并分享公司的传统。这样做的结果是将公司带入了一个魔法圈：员工信任公司，并表现得十分敬业；当他们全身心投入工作时，他们想为客户带来更好的体验；当客户感受到真挚的服务时就会再次光临；回头客们口口相传，会提议他人也来体验一番；企业因此蓬勃发展。卡伦告诉我，他们已经连续四年保持增长，并且遥遥领先于市场 30 个百分点。

2011 年，MindGym 机构发布了《员工敬业度》白皮书，这份报告是对于 30 余份独立研究报告的总结与回顾，是多个公共和私人机构磋商探讨之后得出的结果。研究发现，雇员对于组织的感受是组织未来财政表现的一个强有力的预测信号。尽管有些公司采取了相应的措施，但其员工敬业度依然持续下降：2010 年英国高度敬业的员工人数跌了 10 个百分点，至 32%，然而在美国这个数据则更低，只有 28%。

更为讽刺的是，高绩效员工的敬业度产生了更大程度的跌幅。有 12% 的人认真考虑过要离开组织，而 17% 的人不确定是否会继续留任。将员工敬业度放于业务案例中则更为清晰。业务部门的员工敬业度得分只处于中游水平，尽管业务数据可喜。

• 顾客满意度提高了 12%；

• 盈利收益提升了 16%；

• 生产率提高了 18%；

• 缺勤率降低了 37%；

• 人员流失率降低了 49%；

• 安全事故减少了 49%；

• 质量缺陷减少了 60%。

虽然在过去几年间，组织内增加了许多相应的举措来提升员工敬业度，但效果甚微。白皮书还发现，管理者们大多存在如下五个方面中的一个甚至多个方面不足。

（1）**只从事了调研工作**。虽然在收集信息和分析结果方面付出了很多精力，但是没有采取更多的行动去解决问题。正如一位人事经理所说："只给猪称重是养不胖的！"

（2）**与员工对于问题的争论犹如父子之间的争吵**。领导者很快就承认错误以及答应员工的请求，会让员工形成依赖性以及与日增长的期待（与失望）。

（3）**依赖于大刀阔斧的变革**。管理者施行全新的福利政策，但那并不能解决影响工作满意度的基本问题。

（4）**领导者容易被分散注意力**。领导者最初会热衷于改变其工作方式，但随后却常因为更紧急的事务或更有吸引力的机会而半途而废。

（5）**全权委托人事**。人力资源部门被委托解决员工敬业度的问题，却受不到高层领导的支持。

在整个公司范围内，"一刀切"式的员工敬业度措施无法取得持久且积极的影响。对于领导者而言，持久有效的解决方案是了解每一位员工的工作期望，并且尽量实现这些目标，满足他们的心理契约。为了实现组织对于员工的承诺，激励员工并让他们感受到幸福，四方都需要做出一定的贡献，包括员工个人、直线经理、高级管理者以及同事。

员工个人

两位在不同环境下有着相同经验的人，他们的感受也会有所不同。相对来说，场景下的事实对于个人感受来说影响甚微。心理学家的一项研究明确了每个人在从事任何工作时最关键的五种心态。这些是人类最基本的需求。然而，这些心态之间的关联性以及每个人对这些心态的接纳程度会根据所属国家、文化、组织、职业或团队的不同而不同。以下列举了这五种关键心态。

（1）**积极乐观**。心理学家发现，当员工工作中的挑战与技能达到平衡时，他们会工作地更愉快。所以21世纪的领导者必须了解如何运用基本心理学，鼓励员工采取更积极的工作态度，使他们更享受工作。鼓励他们积极看待自己的工作，做出小小的改变，这对于员工敬业度也会有着十分积极的影响。

（2）**目的与意义**。研究发现，无论何种职业，员工对于工作的看法各有不同，有人将工作视为谋生手段（纯粹是为了金钱），有人将工作视为事业（成就感由金钱方面的奖励以及个人进步来衡量），也有人将工作视为使命（对于工作充满热情，总是希望能做得更好）。对于工作的态度并不影响其使命感一名外科医生与医院门卫都可以将自己的工作职责视为一种使命。这与工作本身无关，而是了决于任职人的态度。此外，那些将自己的工作视为使命的人，他们普遍更享受，更满意自己的工作及生活。那些认为自己的工作对组织是有所贡献的人就更为敬业，他们的理念是："我所从做的事情对我来说很重要，同时对于其他人或事来说也很重要。"

（3）**自主权**。自我决定理论认为人类满足其更高层次的心理需求，必须先满足三个内在需求：自主需要、能力需要和归属需要。然而，自主程度不依附于工作本身，而是依附于我们的感知程度。了解个人在工作中的自主程度，而不着眼于来自其他方式的控制力，这样有助于形成自主权。当员工意识到他们有一定程度的自主权，能掌控自己的气运时，他们就会采取更为积极和主动的方式对待自己的工作及事业。

卓越领导者之见

我们公司的独特之处在于，相较于其他公司，我们会将更多的责任和权力委派给管理者。这样一来你会发现员工对于工作抱有绝对的热情，真正地投入其中，因为他们感受到自己就是掌舵人和推进者很快，你就会发现，公司这艘大船会行驶地更为稳健。

——威廉·罗杰斯，UKRD集团有限公司首席执行官

（4）**能力**。彼得·德鲁克写道："为了使企业蓬勃发展，人们必须了解如何发挥自身的优势与价值为工作和组织出一份力。"而比个人的真实能力更为重要的是，人们相信万事皆可达成的信念。举个例子，如果经理开始让我们相信自己的无能，那最终只会导致我们的绩效表现如我们的自信一般一落千丈，敬业度也逐渐下滑。我们无法发挥出真实的能力，也不能再胜任自己的工作，只因为我们认是自己不能。所以，领导者的职责就在于运用各种方法来增强人们的信念，从而促使员工提升敬业度。

（5）**韧性**。这是种能够积极且富有建设性地应对挫折的能力。心理学家认为，与其回顾并分析成因，如果人们找到解决方法的话，他们更容易得以从挫折中恢复，特别是与同事并肩作战的时候。

直线经理

当员工个人在上述五种观念模式的促进下逐渐提升其敬业程度时，他们的直线经理也有重要的角色需要扮演。2004 年，由企业领导力委员会牵头的一项国际性研究报告归纳了 50 项最有效提升员工敬业度的行径，其中 36 项与直接经理的行为有关，其中有两项行经的影响力最大：

（1）与下属进行有内容有质量的动态沟通；

（2）建立并维系双方的信任。

英国职业研究所的鲁滨逊和海迪也得出了类似的结论，他们采访了 25 位经理及其所在的团队，他们均因在工作态度调研中得分较高而被组织提名。有趣的是，尽管这些经理人表现出一些共有的特质，但是他们的个性并不相同，彰显出各种不同的性格，有一些还是天生就十分安静（甚至害羞）的性格。然而，他们对于团队所采取的措施却非常统一。

动态沟通包括以下五个因素。

（1）给予员工挑战性的目标，并在过程中提供定期反馈。

（2）将员工当作独立的个体，根据他们的优劣势采取一贯的差异化管理。

（3）举行前瞻性的讨论会，以解决个人所存在的问题，并通过建设性的解决方案。

（4）调整员工的角色和职业发展路径以适应其个人技能、匹配其工作经验，而不是试图改变员工去迎合普适性岗位角色。

（5）根据员工的工作表现予以嘉奖和惩罚，并鼓励他们承担个人部分的职责。

> **卓越领导者之见**
>
> 有一位供职于一家全球性组织中的资深领导者曾告诉我，他组织150位高层领导者齐聚一堂，共同探讨"如何能与员工开展一场真诚的对话"。由此可见，即使企业领导者们的典范也不知道如何与下属进行开诚布公的对话。
>
> ——安·弗兰克，英国特许管理学会首席执行官

领导者与追随者之间的信任建设被视为创建敬业文化的关键性步骤。信任是指相信他人会尽全力行事，而不会故意采取不利于己方的行动。这是种生物化学成分，当你感觉到信任时，你会得益于体内的多巴胺、血清素和催产素水平升高，这些成分会对人际关系产生积极的影响。神经元经济学领域的先锋保罗·扎克（Paul Zak）将这种荷尔蒙催产素称为"信任分子"，能让人变得更为值得信赖。在与人接触时，大脑会释放出这种成分，而在充满压力的情景下，这种成分的分泌则会受到抑制。大卫·梅斯特（David Maister）与其合著者在《值得信赖的顾问》（*The Trusted Advisor*）一书中提到，人们对于他人的信任程度由四个方面决定：信用度、可靠性、亲密度，以及我们是被视为以个人为中心还是以他人为导向的人群。就我个人而言，我会对领导者加注如下要求：

- 设立清晰的目标；
- 委派及授权；
- 公开分享信息；

- 认可并奖励优秀的工作表现；
- 鼓励创新；
- 支持并维护属下。

所以，直线经理是提高员工敬业度的关键性因素，尤其是许多雇员都认为他们的直接上级就是他们的真实雇主。具有远见的公司能够意识到这一点，并嘉奖那些带领高敬业度团队的经理们，而对于那些敬业度较低的领导者和团队采取补救行动。

高级管理者

有一点是可以肯定的：如果高敬业度的员工在高效的团队工作，然而他们的高级管理者并不完全追求敬业的理念，那么组织也是很难从中受益的，员工也只是扮演了无名英雄。

堪萨斯大学临床心理学教授查尔斯·斯奈德（Charles Snyder）主张一个组织未来信念的搭建要借由高级管理者为组织勾画出鼓舞人心的蓝图才能立起来，蓝图包括如下几个要素。

- 公司为什么要做这个，以及社会如何受益于此；
- 公司前进的方向，以及这个方向为何是正确的；
- 这一过程会是怎样的，以及公司如何实现这一目标；
- 当公司实现目标之后，情境又会是怎样的；
- 要有说服性的理由，让人们相信这个目标是可实现的。

此外，这个故事必须经由高级领导者讲述，才能被认可为真实可信的。华而不实的演讲对于不走心的领导者来说并不是助力，人们可能会透过浮于表面的演说看到本质。信任是关键。YouGov 于 2013 年 3 月 27 日到 28 日的民意调查显示，在 1 918 位成人受访者中只有 22% 的人认为"大企业老板们"会讲真话，只比信任"保守党高层们"说真话的人高了一个百分点！

一些高层商业领袖会与公司内外的利益相关者讲述企业的社会责任。这明确了公司存在的原因，也包含了公司的使命、愿景、理念以及基于此的运营模式和市场定位。社会责任旨在界定组织的产品和服务（组织凭此盈利）如何提高人们的生活质量，以及能为社会带来哪些积极的影响。一些公司曾就社会责任发表过如下声明。

- 英国联合博姿公司——为人们提供带好气色和好感觉的产品。
- 葛兰素史克公司——让人们感觉更舒适、生活更长久，从而改善人类的生活质量。
- 巴西淡水河谷公司——我们将矿产资源转换为人类文明的繁荣与可持续发展。

【领导力最佳实践】

Pertemps公司意识到一家公司的成功很大程度上仰仗于当地的客户与候选人。因此每家分公司都会去资助当地的慈善项目。2012年，Pertemps整家公司资助了超过250家机构，包括儿童慈善机构、当地足球队，还曾为当地收容所做烘焙。

经济学人智库2012年1月所发布的一份报告由德勤支持，被命名为"社会责任：早期阶段之旅"，探讨企业为什么要在界定核心业务时顾及社会福祉。该报告征集了全球范围内的390位公司高管，发现这一观念有区域差异性：亚太地区受访者将社会责任视为企业的商业成熟度以及强有力的领导力，然而欧洲与北美地区的领导者则好恶相克。拉丁美洲和中东地区受访者认为企业的成功与社会责任联系得最为紧密。

企业总是以盈利为出发点来界定其业务范围，而企业的绩效与社会责任并不是直接挂钩的。然而人们对此的看法略有不同，有些消费者认为企业应该就它们影响社会和环境的行为负责，并且消费者的购买行为也会基于对此事的评估和考量之上。

越来越多的潜在客户有着明确的社会良知，特别是X和Y一代，所以报告提出未来商业领袖需要将组织的目标、行为与社会效益建立起联系，旨在解决当地社会的重大问题，甚至是国家和国际层面的难题。然而，报告还发现许多企业领导者对内讲故事的能力虽大大提高，但在促进和增强企业影响力方面还有大量的工作要做。

《Training Journal》2011 年 1 月那期引用了肯·布兰查德（Ken Blanchard）的一个有趣的观点，关于直接经理（运营管理者）与高级（战略层）管理者角色之间的关系。据他所述，运营领导力和战略领导力是不同的，但两者的工作必须首尾相连，因为员工敬业度 80%~85% 都受到运营领导者的影响，而战略领导者的主要职责是营造组织文化，以便运营领导者将工作持续进行下去。如果人们认为你站在他们这一边，他们就会为你鞠躬尽瘁，而这也是伟大企业所能做的事情。

同事

拉斯和哈特受 Gallop 公司的委托，分析了 1500 万受访者的反馈，发现在工作中交到朋友的雇员七成以上是敬业的。同时，员工离职率、工作质量、客户服务也会被工作中的人际关系的影响。积极心理学家费芭芭拉·雷德里克森（Barbara Frederickson）发现当人们在积极的、支持性的环境下工作时，人们更容易采取创新性的行动，对于新思想也更为宽容、理解和接受。

因此，所有同事在员工融入方面都发挥着不小的作用。他们可以选择对待他人友好与否，特别是对待新人。他们可以选择与他人建立亲密关系，也可以选择孤身奋斗或加入小团体。领导者的责任就是营造一种文化，鼓励人与人之间的交流，搭建起社交网络，然后就由追随者们决定自己在这个轻松愉悦的工作环境下扮演何种角色。

让我们总结下 Mind Gym 白皮书的论点，敬业型员工的承诺需要来自各方的共同努力：

• 员工个人对于组织和工作要有着积极主动的心态；
• 直线经理要与员工之间建立信任，并进行有效的绩效沟通；

· 高级管理者要向员工描绘出一个引人入胜的蓝图，关于公司积极的、可实现的未来；

· 同事要一起致力于创建轻松愉悦的工作环境。

英国政府商业创新与技术部在 2009 年发布了《Engaging for Success》报告，由大卫·麦克劳德（David MacLeod）和妮塔·克拉克（Nita Clarke）撰写，该份报告是 2011 年英国首相批准的那项运动的催化剂。报告中指出，提高员工敬业度这方面没有良方，只有如下四类促进者协力提供一个强大的平台才能实现这个目标。

（1）强大的战略领导者，明确地告诉高级管理者组织的初衷与前进的方向；

（2）敬业的管理者，能够独立看待每一位员工，指导下属完成具有挑战性的目标；

（3）员工的声音，组织内外要有每一层级的员工发声，能够强化并挑战现有的观点；

（4）组织完整性，将组织现有的价值观与日常行为联系在一起，让员工借此对组织产生高度的信任。

02
综合心理学方法：培养领导者魅力和风度

詹姆斯·斯库勒（James Scouller）2011 年在《领导力的三个层级：如何培养领导力、个人风采、知识和技能》（*The Three Levels of Leadership: How to Develop Your Leadership, Presence, Knowledge and Skill*）一书中探究，许多因素都会影响员工敬业度——如个人收获、信任、幸福、健康等。在书中，斯库勒试图将更多传统领导力理论与现代心理及哲学方法联系在一起。他将这种方法称之为"综合心理学方法"，结合了早期领导力理论的优势以及 21 世纪领导力相关的哲学论调，如服务型领导力、真诚型领导力和基于某种价值观的领导力

（会在本章稍后展开）。相较于之前的领导力见解，斯库勒发现：过去的领导力模式都各有优缺点。他们只抓住了领导力效能的一部分，但很大程度上忽略了领导力的魅力以及领导者的心理，并没有提供一套完整的指导方针以培养出更好的领导者。

斯库勒建议领导过程要有如下四个维度。

（1）设定目标和愿景，激发人们自发自愿地合作（与第一章所引述的查尔斯·汉迪方法相类似）。

（2）关注前进过程中的手段、前进速度和交付质量。

（3）保持团队凝聚力，并维护团队精神。

（4）对员工的选择、动力和效率要保持关注。

这几点与第一章所介绍的约翰·阿戴尔的"以行动为中心的领导模式"并行，要求领导者满足工作任务、团队和个人的需求。

斯库勒将领导描述为一个过程，是围绕着目标所做出的一系列选择和行为——这有助于我们区分"领导力"与"领导者"。斯库勒认为团队领导力可以根据所面临的情境不同进行分权，然而整个组织需要有一个公认的领导者去统领全局，定义公司愿景。他进一步解释："领导者的职责就是要确保领导力覆盖到了四个维度。这意味着领导者无需一直在前方引领众人，他/她可以或将职责分权给下属。然而，经济的重担还是在领导者身上。"

卓越领导者之见

对于当代领导者来说，要转换传统领导者的观念，领导者不再是高高在上，给下面的人发号施令的人。21世纪我们所需要的领导者是指辅导下属，培育他们，在背后支持他们（与之前的方式完全相反）的领导者。每个人都要担负起个人职责。

——菲尔·洛奇，西米德兰兹郡消防署署长

阿戴尔描述了不同情境下如何决定谁成为领导者，以及他/她所应采取的领导管理风格。他运用了一个沉船幸存者的案例。沉船幸存者们必须在荒岛上求生。我们可以想象的是炮兵军官负责防御与攻击野兽；船上的厨子负责采集并准备食物；船上的木匠负责搭建容身之所。然而，如果要确保所有幸存者保持健康愉悦，船长就必须针对这一目标，协调控制好各方资源。

斯库勒的领导力三层模型（有时也被称为 3P 模型，代表个人、私下和公开这三个层面）旨在帮助领导者了解他们的角色，使他们能够有效地履行工作职责，同时也能保持真实的自我，对他人持有真诚的态度。

斯库勒主张领导者在执行（上述）四个维度管理的同时，还要兼顾如下三个层面：公开场合——维度 1、2、3；私下场合——维度 2 和 4；个人层面——维度 1、2、3、4 都要关注。前两个层面（公开和私下的领导力）是行为层面，解释了领导者在两人及以上的场合中（公开场合）或在一对一的场合中（私下场合）应该如何施展其影响力。个人层面关注的是领导者风度、知识、能力、信念、情绪和无意识的习惯，或者按照斯库勒所述是"领导者的自我意识，自我修养与技术能力方面的进步，以及他与周边人的关系。它是内在核心，是领导者外显的领导力效能的源泉。"

对三个层级更详细的介绍如下。

（1）**公众领导力**是指领导者在某个群体内工作而一部分群体或者整个组织所施加的影响力，包括设定和沟通愿景；建立互信的氛围和团队精神；采取行动取得成功。要想取得这些方面的成功，领导者必须为方方面面合理配置好时间和资源。按此模型，提高公众领导力行为的关键在于个人领导力水平的提高。

（2）**私下里的领导力**是指领导者对群体内一对一进行管理的情况。斯库勒认为团队精神对于完成工作任务来说是极其重要的，因为个体在团队中的自信、经验和心理建设都会发生变化。所以领导者必须做些努力，去了解每个人的潜能，了解他们能够为团队和工作目标贡献出多少力量。一些必要的行为，诸如沟通绩效评价，被认为是私密的但又令人不舒服的行为，可能会导致员工低绩效表现。

个人领导力在改善与员工一对一接触方面非常重要，它能够缓解员工对于人际关系的恐惧与担忧。

（3）**个人领导力**与以往的领导力思维不同，它更集中于领导者心理、道德和技能发展方面，斯库勒断言这一领导力对于领导者的风度、行为和技能方面都有很强的影响，进而也会影响追随者对于领导者的反应。个人领导力主要有以下三个部分。

☆ 技能。不仅仅是指领导者所掌握的专业领域知识，还包括公开场合和私下场合领导能力的运用。每位领导者都义不容辞地更新他/她所必须掌握的知识与技能。

☆ 对于他人的态度。赞赏他人与赞赏自己一样重要，不能以赞赏为手段利用同事为自己谋福利。这里所介绍的就是道德层面的领导力：从优秀的领导力转变为积极正面的领导力。一位领导者的态度，或善意或恶意，都决定了追随者们对他/她的信任程度。领导者应该意识到自身的角色就是为所有与自己相关的角色服务的，不仅仅是服务于消费者和顾客，也服务于组织内比自己低阶或高阶的所有人员（服务型领导者的概念将在本章稍后部分进行展开）。

☆ 自我修养。自我修养被定义为"觉察、理解、控制、整合并转换你内心深处具有局限性的部分，克服内在分化矛盾的部分，使其融为一个整体，从而发挥出你最大的潜能。"斯库勒对"自我"这个概念进行了拓展，并要求领导者进行自我进修，做到：

　　√ 消除局限性的想法，改变个人形象，加强自尊与自信；

　　√ 更好地管理的精力分配，在更少的时间里完成更多的任务；

　　√ 更高效地处理压力问题，从而更好地发挥领导作用；

　　√ 领会并展现自身独特的风范。

"风度"是第三层领导力——个人领导力中最为基本的概念，因为它能激励人们成为追随者。风度的根本是整个内在：是自我认同、目标和感受的综合，使人自如地面对恐惧。风度显示的是自己作为领导者对于他人的吸引力和影响力，类似于人格魅力。然而，斯库勒认为有风度的领导者不等同于有魅力的领导者，因为有魅力的领导者并不总是有风度的。他认为风度是内在心理精神状态和外在的映射，而魅力只是没有深度内涵的外在形象。魅力型领导者可能通过社会声望和地位的光环影响他人，或者通过精心准备的演讲技巧征服他人。然而，风度则不是表演：它是每个人感到最舒服时所呈现的状态，来自于本真的自然流露。因此风度比魅力更为深刻、更富有力量，也更持久。

对于斯库勒来说，内在的整体感和外显的风度可以通过掌握如下七种品质得以获得。

（1）**个人能力**：担负起你的职责并贯彻你的意志，对你的人生负责，从而影响他人的行为与目标。

（2）**高度自信**：对自己以及自己与他人的关系感觉良好。

（3）**能做得更好的驱动力**：了解并处理好潜藏的局限性想法和心态。

（4）**平衡**：在个人目标与他人需求之间保持平衡。

（5）**直觉**：在复杂环境之下，保持创新性的洞察力。

（6）**专注于此时此刻**：不受限于过去消极的过往、想法、感受或对未来的疑虑。

（7）**内心的平静**：能自由地面对恐惧，认知到自身不足，也能平和地消化成就感及喜悦的心情。

由此可见，斯库勒的"综合心理学"方法顾及了过去的领导力思维，但也增加了心理学因素，更为贴近 21 世纪领导者和追随者之间的关系与期望。表 9-1 将第一章所阐述的一些领导力理论与综合心理学方法进行了比较。

表 9-1　综合心理学方法与传统领导力理论比较

领导力理论	劣势	综合心理学方法
领导性格理论	不能明确每一位领导者所需要的品质或性格清单	一张通用的性格特质清单并不能定义领导者风度。领导者应当通过个性的展示体现其个人素质

（续表）

领导力理论	劣势	综合心理学方法
领导行为理论	不适合所有的场景特定行为。领导者行为可能会受限于狭隘的理念和不佳的自我形象	为领导者提供一种培养其健康心理的机制，将这种机制作为一种手段，用以克服可能会限制他们合理行为的障碍
情境领导理论	虽然该理论试图将领导者行为与特地情景相匹配，但是它假设领导者们能够随着需求的变化而改变其行为方式。但如之前所述，领导者们可能会受到负面心理方面的影响	展示领导者如何通过自我管理的方法处理消极的想法和态度，从而保持本真
功能领导理论	功能领导理论虽然明确了领导者必须做什么以实现其目标，但该理论对于领导者如何为追随者创建"光明的未来"并没有给予足够的重视	自我修炼常用于培养领导者的风度，从而激励追随者

在 21 世纪之前，公认的领导力模型大多关注领导者如何通过下属完成既定目标。斯库勒的综合心理学方法另辟蹊径，介绍了领导者的行为是如何受其信念、价值观和态度所影响的。他声称"真正的领导力风度是可靠的代名词，代表了领导者崇高的价值观和为他人服务的态度"。这不禁引起了我们对领导哲学的思考，领导哲学是根据不同价值观和信仰所产生的思维与行动的模式，一种微妙却又有力的道德或行为准则。

领导哲学包括对于人类行为、政治和文明的更深层次的思考，而不仅仅局限于领导力模型。它们似乎不像是某种可应用的工具或模型，而是从更广泛的角度去思考领导者的职责。领导哲学的例子有：

• 服务型领导力

• 真诚型领导力

• 伦理型领导力

03
服务型领导力：将员工需求放在首位，确保人心稳固

服务型领导力的概念侧重于领导者服务其追随者的职责，而不是强调领导者引领他人的职责。变革型领导者拥有一个愿景，并鼓舞他人去实现它，而服务型领导者将他人的需求放在首位，运用他们的职权确保人们拥有资源去实现个人和组织的目标。

这一理念由罗伯特·格林利夫（Robert Greenleaf）首次提出，他创立了服务型领导力中心。他描述这个过程开始于"真正想要服务于人的自然流露，服务优先。接下来有意识的选择就能鼓舞他人去主导任务。服务型领导力鼓励通力合作、互相信赖、高瞻远瞩、聆听他人、合理运用权力以及授权"。

斯皮尔斯从格林利夫的研究中提炼了 10 项服务型领导者特质，具体如下。

（1）**聆听**：他们应当倾听他人的意见。

（2）**同理心**：他们应当接受并认可下属职员。

（3）**治愈力**：他们应当能够识别他人的情绪。

（4）**警觉**：他们应当警惕所有的问题，包括道德层面和价值观层面的。

（5）**说服力**：他们应该更能够说服他人，而不是胁迫他人。

（6）**概念化**：在维持日常工作的同时，他们应当有能力描绘出公司未来的愿景。

（7）**远见**：他们应当能够鉴别未来决策所带来的可能性后果。

（8）**管理工作**：他们应当鼓励人们对社会进步持有信心。

（9）**致力于员工成长**：他们不仅要致力于组织内员工的成长，也要关心组织的成长。

（10）**社区搭建**：通过承担他们对于社区的相关组织责任，从而体现其领导力。

卓越领导者之见

领队要在背后支持他们，让他们最大化地发挥个人能力，这会让他们感受很好，因为他们有一定的自由发挥空间。这样做允许他们稍微冒一点险；激发更多的想法；伙伴间互相依靠；也有自信能跟上领队的步伐。所有领队要做的就是密切关注最终的目标，关注团队如何发展，这就完全类似于极地探险或登山运动。

——马克·伍德，探险家

全世界范围内，服务型领导者的例子包括圣雄甘地（Mahatma Gandhi）、纳尔逊·曼德拉（Nelson Mandela）、马丁·路德·金（Martin Luther King）等，他们领导人民并不是出于对社会地位、财富、名望或权力的追求，而是源于一种强烈的愿望，希望追随者们的生活能过得更好，因此他们才受到他人的认可与尊敬。他们自觉、自愿、经常性地牺牲个人利益，扮演着事业及追随者们的仆人角色。正如圣雄甘地所言："在漫长的旅途中，人民的主人就是他们的仆人。"

事实上，服务他人的理念隶属于古典哲学。哲学家、皇家顾问考底利耶（Chanayka）在公元前370—283所写的《政事论》（Arthashastra）是一篇有关于治国、经济政策和军事战略的文章，他在其中写道："国王应当思量什么对臣民才是好的，不是为了取悦自己，而是要取悦臣民。国王是位有偿的仆人，与人民一起享受所有的资源。"此处"国王"代表是"领导者"，"臣民"代表的是"追随者"。

就其本质而言，服务型领导力有别于其他所有领导力理论和模型，因为"从身后支持员工"的领导者们正降低他们自身的需求，以满足他们追随者的需求。与其说一味地遵从传统型自上而下和/或自下而上的管理方法，还不如说服务型领导力囊括了这两种管理方向。自上而下的领导力的先决条件是领导者权威是由社会阶层中的相对地位决定的，权力分配由高到低排列。自下而上的权力分配方向是下层梯队决定的，并且可以直接拒绝上层所分配的指令。追随者们会通过接受或拒绝指令来认可或否定领导者的权威性。成功的自上而下的领导者模式，权力与支持力度都是自上而下的，以加强领导者的权威性。当领导者们获得追随者们的信任时，这股支持的力量就来源于他们，一旦追随者们认为领导者没有真正关心员工利益时，他们就不再支持这位领导者。

另一方面，服务型领导者在很多方面都仰仗于权力转移，即领导者们一方面服务于追随者们，同时也运用自己的权力相应地授权于他们。通过采用这种在权力和支持之间流动的中立立场，服务型领导者能够达成自身与追随者们利益最大化的目标。领导者们总是保留权力，只有在必要的时候使用，他们更倾向于延迟使用权力以满足服务对象的最大利益。服务型领导力无关于个人地位或是寻求物质层面的回报，而是基于想为他人谋取最大利益的动机。

从现代商业角度来看，诸如星巴克、联邦快递和阿斯达零售这些公司都采用的是服务型领导力，他们关注所有利息相关者的利益，包括雇员、顾客和普罗大众。将员工的福祉与公司利益绑定在一起，不仅培养了员工对公司的高度信任感和忠诚度，也促使公司成为好雇主。公司内所有层级的雇员都被鼓励进一步发展自己的事业，他们认为自己会在公司有个长远的未来。

服务型领导力的企业支持者们相信，它有助于组织创建一种文化，能够想员工之所想、无可挑剔地对待员工，从而提升客户服务质量，相应地也获得客户的忠诚度。在员工身上的投入会使公司产生更好的绩效，转而使公司获得可持续性的经济利益。然而，它不能被视为一时兴起的权宜之计，这种哲学理念需要更深入地渗透到组织中去，上到最高层的领导者，下到每一层级的雇员。它是一种文化的变革，围绕着也影响着公司的理念、价值观和态度。

哈迪明确了 10 项特质——主观能动性、善于聆听、同理心、警觉性、具有远见、说服力、管理能力、致力于他人的成长、值得信任和出镜率——这是服务型领导者所展示的最重要也最一目了然的属性。这些特质与斯皮尔斯所述的不尽相同，哈迪提出在践行服务型领导力时，值得信任、具有远见、说服力和管理能力是最为重要的。哈迪将这些特质套用在丘吉尔身上，作为对于丘吉尔是位服务型领导者的验证，论证如下。

（1）**值得信任**。丘吉尔在第二次世界大战期间，通过展现其开放、值得信赖、自信的一面，以及一定的出镜率，成功地鼓舞并稳定了大多数英国人民的民心。

（2）**具有远见**。格林利夫认为"预见性的能力能够使服务型领导者了解过去的经验教训，并确定未来决策可能会发生的后果。"丘吉尔会欣然回顾自己和其他领导者的错误决策和成功，以便取得军事和政治策略最终的成功。

（3）**说服力**。丘吉尔总是熟练地运用他的说服技巧，包括他对情商（早在这个术语被创造出来之前）的深刻理解。他借助强烈的爱国主义精神说服众人相信他的战略，那是必要且有效的。

（4）**管理能力**。当时英国面临着不确定的且令人深感不安的未来，那时丘吉尔挺身而出，带领大家取得最终的胜利。早在 1940 年他接受英国首相一职时，他就清楚地意识到自己作为保障国家和人们安全这一角色的重要性。

04
真诚型领导力：坚持真我，追求多方共赢

从本质来讲，真诚型领导力（又称为诚意型领导力）将你是怎么样的人（你的理念与价值观）和你如何领导员工（你的思维和行为）两者联系在一起。贝多丝–琼斯（Beddoes-Jones）在诺威森维克等人的初步研究基础之上提出了真诚领导力模型，将领导力心理学的两个方面（自我意识和自我调节）与哲学的两个方面（道德理念和行为）联系在一起。因此，这一模型集合了自我意识的认知性要素和自我调节的行为要素，以及对领导者伦理方面的思考（她称之为道德理念）与领导者的实际行为（道德行为）（如图 9-2 所示）。

比尔·乔治（Bill George）是真诚型领导力的早期拥趸。在他 2004 年《真诚型领导力：重新发现如何创造持久性价值观的秘密》（*Authentic Leadership: Rediscovering the Secrets of Creating Lasting Value*）一书中说道：

心理层面　　　　　　　　　　哲学层面

1. 自我意识　　　　　　　　　　　3. 道德理念

真诚型领导力

2. 自我调节（管理）　　　　　　　4. 道德行为

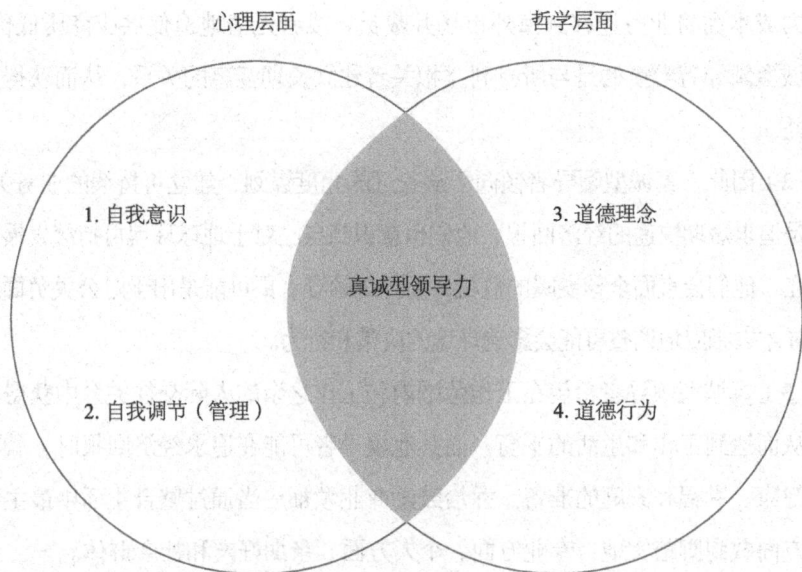

图 9-2　贝多丝−琼斯的真诚型领导力模型（基于诺威森维克等人的研究）

　　"我们不需要为了那些只知道谋求个人利益的高管运营公司。我们不需要名人领导我们的公司。我们不需要全新的法律法规。我们需要的是新的领导层。我们需要真诚型的领导者：高度诚信，致力于搭建可持续发展的组织；我们需要有强烈使命感的领导者，忠于他们自己的核心价值观；我们需要领导者有勇气组建能够满足所有利益相关者需求的公司，希望他们能够意识到服务社会的重要性。"

　　我们能够从乔治的这一段阐述中提炼出真诚型领导者不同于其他传统企业领导者的三个方面。

　　（1）真诚型领导者对于公司宗旨的设想是满足所有利益相关者的需要，而不仅仅是为股东谋求经济利益最大化。他们也会顾及雇员、客户、合作伙伴和与社会、环境相关的更广泛的需求。这并不是说这两者的优先级别是没有关联的，股东的看法会受到这几个方面的影响：员工的绩效表现；供应商的可信赖程度；客户的意见以及其购买行为。这是优先级别的问题。传统领导者会为了追求更低的劳动力成本而将业务迁移到海外市场并裁员，或者无情地迫使供应商压低价格，而真诚型领导者看重的是与所有利益相关者建立长期互惠的关系，从而获得更多的收益。

（2）因此，真诚型领导者倾向于从长远的角度谋划，建立可持续的业务关系，而不是追求短期快速的经济回报。他们也意识到自己对于地球环境可持续发展的责任所在。他们会直面全球变暖的危机，而传统领导者更可能是出于对公关负面影响的忌惮才去相应地调整可能会影响环境的决策和行为。

（3）真诚型领导者希望在工作范围内和工作之余的人际交往关系中获得满足感，从而达到工作和生活的平衡。而其他领导者可能在追求经济回报时，就有了放弃健康、幸福和家庭的准备。乔治鼓励商业领袖应当通过整合生活中最主要的四个方面做到脚踏实地：专业方面、个人方面、亲朋好友和社会群体。

【 领导力最佳实践 】

对于麦当劳（欧洲区）首席人力官大卫·费尔赫斯来说，真诚领导力意味着：与员工在思想、观念和情感层面的交流；识别商机；征询意见和聆听他人的想法并给予反馈；寻求灵感并为其建立联系；花时间换位思考他人的想法；达成共识，而不是简单地被动接受结果。

沃利奥等人近期关于真诚型领导力的研究报告中归纳了真诚型领导者的几点特征：自信、充满希望、乐观、适应力强、公开透明、尊重道德伦理以及以未来为导向。他们提出的"领导力本质特征"的概念是建立在领导者道德观和/或价值观（也就是他们的核心或本质）基础之上的。所采用的领导力风格就是功能的表象体现，如行为、情境、功用和变革等。然而，无论领导力风格多么有效，所采用的领导力模式也可能并没有坚实的道德基础。历史上充斥着在短期内取得极大成功却不具有很高道德标准的管理者。优秀的领导者和真诚型领导者还是有区别的。

因此沃里奥等人研究的是什么使领导者真实可靠，而不是考虑各种领导力风格的有效性。通过这样做，他们发现真诚型领导力的四个关键性因素。

1. 关系透明度

这是关于真实的你是什么样的，而不是假装成不真实的样子。真诚型领导者透过诚实、开诚布公地分享个人想法和情绪获得员工的信任，这样能够增进双方关系，互惠互利。他们能意识到个人的长处与短板，以及自己施加于他人身上的影响。

卓越领导者之见

你与员工分享的信息更多，他们对于事件的评估就会更负责也更合理。要把企业里的员工当作成人来对待，而不能像对待孩子一般。

——威廉·罗杰斯，UKRD集团有限公司首席执行官

2. 内在的道德

能确保真诚型领导者拥有是非观———一套明确的道德标准。即便是遭遇经济和商业困境时，他们也能够依凭着内心的道德准则来决策。

卓越领导者之见

你是士兵们的"道德标准"。

——西蒙·库普特斯上尉，英国陆军

3. 自适应性的自我反思

对自身的态度、价值观以及由此产生的行为进行反思，作为增进了解自我的一种方式。这种方式要求自我评估要保持开放性和诚实性，并与自我完善的渴求相匹配。自我反思是为了学习，而不是为了推卸责任；是为了谋划未来，而不

是为了沉湎于过去；是为了增强自己的能力以便更好地应对全新的挑战。人们往往在遇到新环境时会展现这一点，如更换工作，着手新项目，或是与新来的人共事，抑或是身处全然不同的文化环境中。

4. 公平处理

这涉及处理和评估信息时，能做到诚实可靠，不偏不倚，不会一味地否认或夸张。真诚型领导者能够客观地分析现有事实，然后做出公平公正的决策。该决策将平衡所有利益相关者的需求，以及他们会因此所受到的影响，同时还需完成任务。

【案例学习】Innocent 果汁公司

Innocent 是一家生产果汁和沙冰的公司，他们基于真诚型领导者原则建立而成，并一直遵守着这一原则。2013 年这家公司归可口可乐公司所有，该家公司始创于 1999 年的英国，由三位大学好友，也是 X 一代的青年才俊创立。公司自成立伊始就业绩斐然，品牌认可度不断提升，但与此同时他们仍然坚守着最初的核心价值观，例如如下几点。

- 商业道德：他们声称想为世人留下比之前的更好的事物，以更开明的态度做生意，并承担起对社会和环境的责任。他们公开声明："我们肯定不是完美的，但我们在努力尝试着做正确的事。"

- 可持续性：他们试图降低在产品制造过程中给环境带来的影响，他们关心员工，并坚持从保护环境的供应商那里采购。

- 与供应商联系：2007 年他们开展了一项由 Innocent 团队成员、独立审计师和国际性可持续发展组织拜访供应商的项目。

- Innocent 基金：他们每年将公司利润 10% 分拨给基金会，用以支援慈善项目，特别是将原材料引进国内的发展项目。

- Innocent 激情之夜：公司创始人为员工定期举办创新晚会，旨在加强并实现员工的自我价值。
- 零售商：他们欢迎零售商们致电或拜访公司总部，和他们探讨各种与产品相关的问题。
- 员工：他们提供给员工个人和专业发展的机会，包括每个季度提供三份价值为 1000 英镑的奖学金，以资助员工去做他们一直想要做的事情。
- 价值观：他们所追求的是"最贴近我们本心"的价值观，即自然不做作的、具有企业家精神的、富有责任的、具有商业价值的、真诚大方的的价值观。

Innocent 公司是践行真诚型领导力的榜样，但不是所有身居领导者之位的人都认同此番原则。临床心理学家奥利弗·詹姆斯（Oliver James）在其书《自私的资本主义：富贵病的起源》（*The Selfish Capitalist: Origins of Affluenza*）提到现代领导者所展现出的最普遍人格特质是如下三种。

（1）**反社会人格障碍：**鼓励以任务为导向，即使那对发展有效的人际关系造成损害。

（2）**强迫性人格障碍：**领导者受规则驱动，在过度工作中获得愉悦感。

（3）**自恋型人格障碍：**支持宏远的想法和权力意识，虽然常常对外表现得十分富有魅力。

显然，以上三种人格特质所导致的行径很可能与真诚型领导者所表现出的截然不同。这些特质会营造出一种对工作任务的痴迷、不宽容的企业文化，这种氛围会直接指向（也确实会）短期收益的提升。对于这些人来说，他们对于个人权力和职位的渴望将与公司内其他利益相关者的需求相左。

卓越领导者之见

当代领导者需要谨记，他们对于所管理的人员是极其重要的。他们需要铭记，如果没有这些人员他们就不能完成既定目标。在与之共事时，他们应当记得放下自己的自负。

——亨利·恩格尔哈特，Admiral集团有限公司首席执行官

中国对于真诚型领导力的解读

在第二章中我们所提出的 21 世纪领导人面临的挑战之一就是全球化和国际贸易的增长，有趣的是真正将真诚型领导力哲学纳入考量，并实际运用的是新兴国际化市场——中国。那么，现行的西方方法论是否适用于非西方的语境呢？

儒家思想是中国的主流哲学理念，在中国管理思维和行为方面起着举足轻重的作用。儒家学说认为道德和领导力是不可分割的，领导者的道德立场和他们的行为之间总是有联系的。在中国当代社会，不道德的行为被视为是不可靠的。儒家思想认为自我意识是领导者形成积极心理状态和道德行为的基础，也是一种理解他人的能力。事实上，儒家学派要求人们每日反思个人行为是否违背道德准则，认清并纠正错误行为。积极地认识自己的长处与短处，有助于领导者增强最初的信念，明确目标。甚至在儒家文化中，自律是受到普遍认可的进入社会的先决条件，因为人们会在既定的语境下，依据所学的仁义礼准则行事。

张等人研究了西方的真诚领导力模式，以了解其在中国文化背景下的应用。他们认为自我真实性是西方文化下真诚领导力的重要因素，而与他人关系的真实性是中国文化语境下另一个主要因素。当两种形式结合，在整个动态平衡之中所实现的就是真正的真诚型领导力（见图 9-3）。

因此，中国人对于真诚的看法，是要求领导者超越自己的价值观和道德准则，以便向既定的语境靠拢。他们必须借鉴积极心理状态和道德观，如自信、乐观和正直，以在变化的环境中成为真正的真诚型领导者。

自我意识和自我调节 ——————➤

自我真实性   真正的真诚   语境真实性
             型领导力

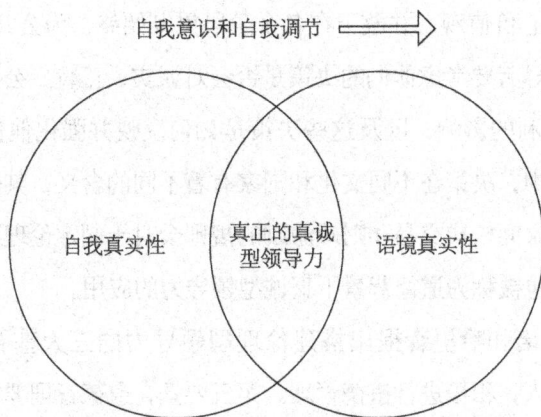

先决条件：积极的心理状态与道德观

图9-3 张等人对真诚型领导力的改良模型

张等人建议在中国环境和文化下工作的西方领导者们应当意识到该国对于真诚的理解。基于儒家哲学，真诚型领导者需要加倍强调自我真实性，以及在他们所管理的情境之下，与他人的关系也要保持真诚。中国的真诚型领导者通过诚实对待自己来实现自我真实性，并建立起和谐的社会关系。西方社会所强调的自主性鼓励围绕着道德准则培养自我意识和自我管理，这对于中国文化来说是难以接受的。

张等人归纳道：

> "在持续不断的转型中，有两个因素，一边是社会集体因素，另外一边是自发产生创造性的自我因素，这两个因素就像是恰好相反的两个极端，为中国社会带来和谐，并成为人们生活的目的与意义所在。"

05
伦理型领导力：以身正人，用品质折服员工

以价值观为基准的领导力被称为伦理型领导力，伦理领导力中心对它的定义

为"了解你的核心价值观，并敢于在各个阶段贯彻始终，为公共利益服务"。在商业环境中，领导者要考虑他们的决策是否会对诚实、正直、公正的原则和相关法律法规造成不利的影响，以及这些决策是如何反映并强化他们的个人价值观的。在全球环境中，决策在不同文化和国家有着不同的含义，其伦理立场会成为焦点。比如，国家间权钱交易和财政激励的规则会对于制定伦理决策施加额外的压力。因此，它也被称为道德背景下真诚型领导力的应用。

布朗、特维诺和哈里森提出搭建伦理型领导力的三大基石：成为道德典范，公平对待他人，积极进行道德管理。第三要素，道德管理要求领导者们提倡团队中的道德行为，采纳交易性措施，诸如奖励道德行为并惩戒不合乎伦理的行为。

布朗等人所搭建的第一基石中包括伦理型领导者所展现的特质，如以下几点。

（1）**敬重他人的尊严**：伦理型领导者不会将他/她的追随者视为实现个人目标的工具，而是以礼相待，认可并支持他们的理念、信仰和尊严。

（2）**服务他人**：把追随者的利益置于自己的利益之上，运用自己的权力支持和发展他们。

（3）**公平对待**：所有追随者都会受到公平对待，而且不加个人偏见。当遇到需要区别对待的情况时，也是基于公平、公开和道德的基准之上。

（4）**团体建设**：所采纳的决策总是要考虑到所有利益相关者（团队、组织、外部利益相关者）的需要。领导者和追随者的目标常常是与其他团体的利益绑定在一起的。

（5）**诚实可靠**：诚实和正直是伦理型领导者的基本特质，因为这是领导者和追随者互相尊重的基础。伦理型领导者会公开披露决策背后的逻辑，即这样做可能会使他们变得不受欢迎或遭人诟病。

【领导力最佳实践】

New Charter Housing有限公司有一套明确且广为人知的价值观，所有被聘用的雇员随后都要完成相应的测试。这套价值观是：真诚、自尊和尊重他人、卓越、成就和团结。为了便于记忆，就取了各项的首字母记为GREAT。

商业道德研究院提出了三个小问题，需要领导者思考自己的决策是否与之相左。

（1）公开透明度： 我是否介意他人知道我所做的决定？

（2）影响性： 我的决策会影响或伤害到谁？

（3）公平性： 我的决策在受影响的那些人看来是公平的吗？

Businessballs网站创始人艾伦·查普曼（Alan Chapman）介绍了P4模型（请勿与市场营销的4P原则混为一谈）作为21世纪管理哲学的准则，为健全的伦理型组织定性。现代组织的宗旨应当是协调好各方目标（股东的利益或者追求成本效益的公共服务机构）与人员（员工、客户和当地社会团体）需求之间的关系，同时还要充分考虑环境因素（可持续发展、自然资源、人类的后代和与其他社会之间的"公平交易"），并且自始至终都要正直廉洁（遵守规则），如此才能调和潜在性的冲突，成为可持续发展、具有伦理道德观的成功组织。

伦理领导力机构试图研究不同文化下伦理型领导者的行为和特质。他们罗列了一系列能力，旨在促进商业贸易和保持良好的人际关系，领导者也可以借此衡量自己在做决策时的心理基准。这一系列能力被命名为"伦理型领导力量表"，被运用于教学和研究，主要由三部分组成。

（1）伦理型个人能力维度；

（2）伦理型领导力维度；

（3）伦理型组织维度。

表9-2挑选了一些伦理型领导力维度的案例。

表 9-2　伦理型领导力量表

特质	释义
与自己的关系 1. 行为正直	伦理型领导者个人特质: • 信守诺言,也期望他人能遵守自己的承诺 • 对不在现场的人也保持忠诚 • 致歉真诚 • 诚信行事 • 承担责任,且修正错误
与他人的关系 26. 富有同理心	伦理型领导者与他人联系及帮助他人的体现: • 关心和善解人意 • 理解他人的需求 • 愿意帮助他人 • 行为出于善意 • 真心实意对待他人
与所有人的关系 38. 能够容忍矛盾和不安	伦理型领导者对重大计划和深远目标之间联系的领悟: • 能够处理好矛盾 • 做好结束的准备 • 能够容忍巨大的不安和紧张 • 理解矛盾和不安是成长的附属品

　　有一些情况容易让领导者们陷入伦理困境,如采购、国际间贸易谈判;在人员管理方面,如招聘、晋升、解雇和奖金分配。在 21 世纪的前十年,高级领导者不道德的行为丑闻规模和频率依然令人咋舌。无论是涉及财政部门(企业的贪污导致一些国家的金融机构形同虚设)、政府机关(高级官员不遵循道德准则做事,以期不为自身行为负责)还是参加体育赛事的运动员(违背他们的誓言去作弊)的不道德事例都将被永远记录在案。

　　借用领导艺术大师肯·布兰佳(Ken Blanchard)于 2011 年 1 月刊登在《培训杂志》(Training Journal)上的话:

　　　　"我们已经见识了自我服务领导者的结局了。他们认为领导力是服务于自身的。他们不关心自己的员工或客户。这就是经济萎缩的原因,许多自我服务型的领导者们只考虑他们自己,并不能做出英明的决策。每当你看到一段滑铁卢一般的失败案例,总会有如此这样一位领导者在其中发挥作用。在过去的十年间,相似的失败案例太多了。"

衡量一家公司是否成功的一个重要因素就是社会责任和绩效表现之间的关系。公司承受住社会压力与责任，才能表明他们是在社会上做好事的优秀公司。

卓越领导者之见

组织都非常清楚他们的目标和前进的方向，并期望组织的领导者成为吉姆·柯林斯所说的"第五级领导者"。"第五级领导者"关注组织的绩效以及公司在自己任期之后的可持续发展方向。而"第四级领导者"更倾向于关注自身的业绩，而非公司的业绩表现。

——乔纳森·奥斯丁，百斯特企业有限公司总经理

除了个人为了掩盖其不法行为而做出的决定，我们应该想一想为什么领导者会做出不属于伦理范畴的决策，包括稍微越界的决策。伦理偏差可能是领导者面对一系列道德困境或个人偏见的结果，包括如下几种可能的原因。

- 证实性偏见可能会导致领导者选择相关信息用以佐证自己所做出的决策。他们在判断伦理问题时，可能只选择性考虑相关论点或数据。
- 自我提升的偏见可能会导致领导者在做出决策时只考虑自己的需求，而不考虑他人的需求。他们可能更多地受到自己野心的影响，牺牲追随者的福祉。
- 主观看法会混淆判断，进而导致领导者做出不恰当的决定。领导者可能会基于主观的评估，凌驾于道德考量，而不是基于客观事实进行推理。
- 情境压力或期限可能会导致偏差，因为领导者可能会被说服，将个人价值观和道德观置后。

此外，人们往往高估了自己在既定情境下会做出的反应。当人们遭遇道德困境的时候，他们普遍表现得比事先预估的不尽如人意。有人认为产生这种偏差的原因是人们都是基于自己所理解的价值观去预测自己未来行为的，而不是通过过

去行为的具体事例进行预测的。事实上，历史证明人们对于未来的决策更应基于过去的经验，而不是个人价值观。

领导者有义务深刻地思考他们所制定的决策在伦理方面的影响，特别是对追随者的影响。这一点对于领导者作为榜样角色来说尤其重要，起着或积极或消极的作用。组织中所有层级的领导者们都会影响其下属的行为。领导者所掌控的奖惩大权会增强追随者模仿他们行径的意愿程度。因此，如果伦理型领导者奖励他人的道德行为，惩戒不道德行为，他们有足够能力影响整个组织的道德立场。

伦理型领导者的影响力也会随着他们在组织中人际关系网的扩大而扩大。在伦理型领导者的表率作用下，追随者们会更愿意倾听同僚们的观点，并会更多地考虑他们的需求。团队成员受伦理型领导者的道德表率行为的影响，人际关系给他们带来的紧张感也会相应减轻。

肖勃朗克等人研究伦理型领导力与伦理文化之间的关系（无论是在跨组织层面还是组织内部层面）以及这两者如何与下级追随者行为之间产生联系。他们发现如下三点。

- 伦理型领导者将他们的期望嵌入伦理文化中，让员工理解并接受它，他们会通过组内伦理文化间接地影响追随者的认知（比如德育方面）和行为。
- 伦理文化在很大程度上能够跨越阶层，从而使领导者的影响力以一种全新的自然的方式传播到各个阶层。
- 具有高伦理道德感的领导者能够助力下级领导者，提升他们伦理领导力对于追随者们的影响。

研究报告提出，组织里的每一个层级都应当更加重视道德行为和伦理文化。英国特许管理学会认为这势在必行，研究中也提出了这一点："太多的商业机构和公共部门没有维持伦理道德基准，他们也因此付出了巨大的代价，失去了声誉和客户。"

【案例学习】宝洁公司

虽然麦睿博并不在本书所采访的优秀领袖名单之上，但作为宝洁公司总裁及首席执行官他是运用伦理型领导力准则的最佳典范。在 2008—2009 这段期间，他拜访了几所美国大学，作为以价值观为导向的领导者发表演讲，阐述在过去 28 年里这一领导哲学对公司的影响。他以这句话开始他的演说："我认为人生的前提最好是有一个目标，能够通过一系列的准则、价值观或道德观引领你。"

他给在场学生的主要建议是他们应当"培养一套价值体系，能够让你在千变万化的世界里不迷失方向"。伟大的企业改变万物，除了他们的价值观；那些成为领导者的人已经做好了改变一切的准备，除了他们的伦理价值观，因为如果他们不迎接改变的话，他们自身就不会有所发展，也不能够为公司的成长做出贡献。麦睿博进而解释，当他 1980 年加入宝洁公司时，公司自身的文化已经足够使员工成为高效领导者，但时至今日，在全球化经济背景下，为了成为高效领导者你必须学习了解己以外的文化知识。

为了更好地说明这一点，他引用了公司的目标：

"我们将提供卓越的品牌产品和高质量的服务，改善全球消费者现在及未来的生活。作为回报，消费者们会购买我们的产品，给我们带来收益，肯定我们所创造的价值，允许我们的员工、股东和我们赖以生存或为之工作的社会群体们共同繁荣。"

他认为公司的价值观与他本人的价值观是一致的，可以归简为如下几点。

- 领导力和所有权。每一位员工都期望成为领导者，并以公司主人翁的角色行事。事实上，宝洁公司超过 10% 的股票是由雇员持有的，这能激发他们运营公司时，就如同花费他们自己的钱以及为自己做决定一般。
- 正直。公司不会说谎、欺诈或偷窃，也不容许员工这么做。
- 积极求胜。每天的工作目标就是赢得消费者，打败竞争对手。

• 信任。事实上宝洁公司所搭建的自有文化鼓励员工互为信任，这能够使整个公司更为高效。

麦睿博表示，经营一家公司不仅需要产出卓越的商业成果，也要保护环境，照顾好如今以及未来为该家公司工作的员工和社会团体。公司的既定发展策略是：感动并改善更多消费者生活的方方面面。

至于公司对于环境的影响，宝洁公司的可持续发展愿景是：

• 为工厂提供 100% 可再生能源；

• 所有产品和包装 100% 使用可再生或可回收材料；

• 消费或制造垃圾零排放；

• 在产品设计环节，保证在取悦消费者的同时，最大限度地节约资源。

此外麦睿博还有条更私人的建议，他与学生们分享了他个人的信条，鼓励他们明确并养成自己的价值观体系。对于他个人而言，他的第一信条是：有目标的生活是更有意义的，会比漫无目的地游戏人生收获更多。他坚信他的人生意义就是改善所有人的生活水平：世界上有 650 万人使用宝洁公司的产品，希望这对于他所遇到的每一个人都有着积极的意义。

伦理型领导力并不是那么容易做到的，但的确会为公司搭建起真正的价值体系，表 9–3 揭示了宝洁公司在他就任的 28 年中是如何发展起来的。

表 9–3　宝洁公司 1980—2008 年间的增长数据

	1980 年	2008 年
年销售额	100 亿美元	830 亿美元
美国本土之外销售额	32%	63%
价值数亿的品牌	0	24
雇员数	62 200	129 000
调整后的股价	2.32 美元	61.00 美元

| 本章小结 |

在最终章我提出了五个领导力方法，为了帮助领导者更好地应对 21 世纪的挑战，其中两种方法是基于上下级之间心理层面关系的，另外三种更偏向于哲学本质。

敬业型员工一次又一次证明了他们对于工作角色的忠诚和高效，在英国一项"Engage for Success"运动中，我详细地注明了其理论方法和指导意见，同时还有研究报告佐证员工敬业度的益处，包括MindGym发表的白皮书。员工个人、直线经理、高级管理者和同事对于营造敬业的工作氛围都发挥着各自的作用。第二个领导力模型是斯库勒的综合心理学方法，将传统领导力理论和现代心理学理念和应用结合在一起。

第二组理论是从人性的角度出发看待领导者职责。服务型领导者愿意将自己的需求置于追随者们的需求之后，并运用他们所属的权力帮助并满足员工的需求，甚至授权于他们。而真诚型领导者乐于将自身的信念与价值观融入他们的领导力行为中。Innocent果汁公司是运用真诚型领导力的企业典范。第五项，也是最后一个领导力方法是最适用于迎接未来挑战的领导力方法，也被称为以价值观为导向的领导力。我们对于伦理领导者的能力和特质进行了分析研究，包括伦理领导力机构所列的能力素质量表。本章最后以来自于宝洁公司的麦睿博的案例学习作为结尾。

结 语

Leadership Psychology
How the Best Leaders
Inspire Their People

　　如果你已经将这本书从头读到尾，或者大致浏览，抑或者挑选了一些你最感兴趣的段落仔细研读，希望你已经了解了成为鼓舞人心的领导者的先决条件：你必须了解你的员工，知道他们的想法，他们的期望，以及为了完成愿景，他们的需求。施展领导力的前提在于认清领导者和追随者之间相互依存的关系。领导力是领导者与追随者之间的共生关系。随着 21 世纪的到来，追随者的需求与期望正发生着转变。在过去，初级员工会自发地敬重领导者，而如今，身居领导者之位的当权者们必须赢得下属的尊重，因为越来越多的 Y 一代进入劳动力市场，他们的影响力也日益扩大。那些专制的指令和内部管控文化可行有效的日子已经一去不复返。在面对未来挑战时，能够获得最大成功的组织往往是由那些充满活力，且能够与所有利益相关者交流情感的领导者所引领的，而非那些依附于权力发号施令的人。

　　有趣的是，2012 年《星期日泰晤士报》在其发布的《最佳雇主》报告中开篇写道："组织在艰苦困难的时期需要强大的领导者指引，当今从萧条中复苏的企业无一不是由最富有活力和人格魅力的领导者引领前行的。"此外，我有幸采访了本书中的优秀领导者们，从他们身上领会了其精神和责任，他们无一例外地充分认识到了所聘用员工与组织未来之间的至关重要的联系。然而不幸的是，并非所有的领导者都能恰当发挥领导力，提升员工的工作活力。英国特许管理学会拥有超过 100 000 位经理级别的会员，他们表示："员工敬业度目前仍然是许多组织的期望，而不是现状。"

现代商业的核心主题是客户至上，然而并不是所有的组织都意识到，客户满意度很大程度上取决于企业员工和客户之间建立的联系。公司通过服务人员之手直接或间接地将服务传递给客户，所以事实上，管理者应当将提升客户服务的重心放在提升员工敬业程度上。2013 年英国特许管理委员会在其出具的名为《首席执行官的挑战》的报告中提到，英国首席执行官们将"如何在顾客面前表现得别出心裁"列为挑战榜单的榜首；而相比之下，全球范围内的商业领袖们更关注员工的成长和发展，他们将"如何吸引和留住最佳人力"视为最大的挑战。

我所担心的是，许多组织低估了员工的承诺、忠诚度和敬业度能为组织带来的价值，员工的发展常被视为是组织降低成本的一种方法和途径。然而，那些能营造出互相信任、互为协作的组织文化的领导者们，他们往往能非常稳妥地带领企业从近几年来的经济萧条中挺过来。《星期日泰晤士报》在其于 2013 年发布的报告中，以星期五股份有限公司举例，该公司的愿景是：我们将员工视为家人；我们与客户皆为朋友；我们的竞争对手羡慕我们；我们永远将员工置于首位。自卡伦·弗雷斯特于 2008 年成为这家公司的首席执行官，公司的年销售额增长率达 27%，同时员工离职率从 157% 降低至 38%。卡伦是个完全信任员工的领导者，她坚信每位员工都能为企业做出卓越的贡献。《星期日泰晤士报》从 2007 年至 2012 年历时五年的调查显示，该公司的营业额平均每年增长 50%，利润总共增长了 152%。图 I 中的数据来源于 2013 年的一份调查，统计了书中所引用的一些企业的股票收益表现，并将其与富时 100 指数作对比。

回溯本书引言，心理学是关于"了解人们的想法及其对行为的影响"的学说，该学说受到了顶尖公司领导者的认可，并加以贯彻应用。那些我有幸采访的领袖代表们，无论是来自于领先跨国企业，还是非营利性组织，他们都表现出坚定的决心去创建积极的企业文化，以便为员工打造最佳的工作环境。

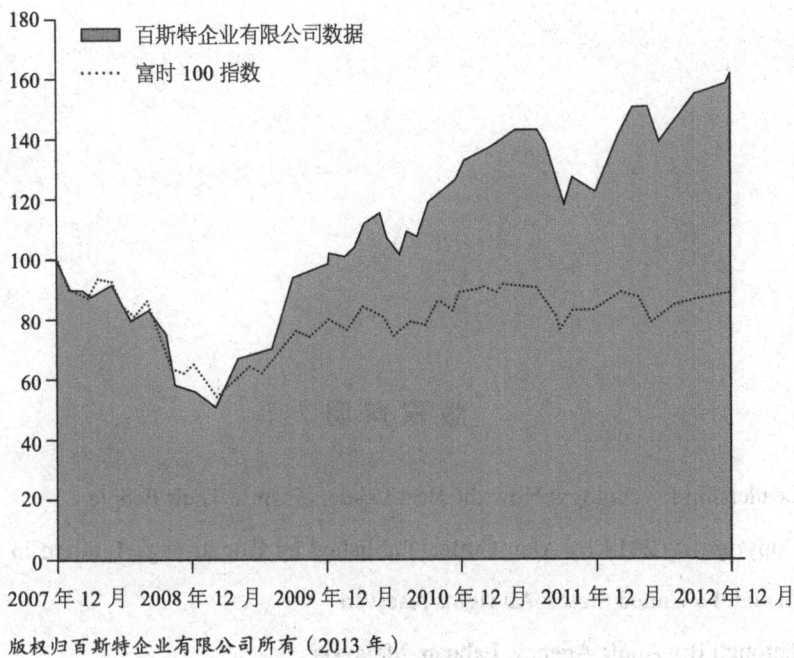

180

■ 百斯特企业有限公司数据
······ 富时 100 指数

2007 年 12 月　2008 年 12 月　2009 年 12 月　2010 年 12 月　2011 年 12 月　2012 年 12 月

版权归百斯特企业有限公司所有（2013 年）

图 I　富时 100 指数与百斯特企业数据五年收益回报率之比

版 权 声 明